Manfred Morstein
Der Pate des Terrors

Manfred Morstein

Der Pate des Terrors

Die mörderische Verbindung von Terrorismus, Rauschgift und Waffenhandel

Piper
München Zürich

Die Fotos des Bildanhangs stammen
von Friedrich Stark (S. 263, S. 264, S. 265,
S. 268 unten) und Wilhelm Dietl
(S. 266, S. 268 oben).

ISBN 3-492-2633-8

Gesetzt aus der Garamond-Antiqua
Satz: SatzStudio Pfeifer, Gräfelfing
Druck und Bindung: Clausen & Bosse, Leck
Printed in Germany

Inhalt

EINLEITUNG

Alles nur Gerüchte ...?

Dieses Buch handelt von einem der größten Waffen- und Rauschgifthändler der Gegenwart, dem Terroristen Monzer Al Kassar. Seine »Karriere« zeigt, wie hilflos die Polizei der international organisierten Kriminalität und dem Terrorismus gegenübersteht – insbesondere dann, wenn Politiker und opportunistische Wirtschaftsrepräsentanten aus »übergeordneten Interessen« die Strafverfolgung oder eine Aburteilung überführter Rechtsbrecher be- und verhindern und sich damit – zumindest im moralischen Sinne – der Mittäterschaft schuldig machen.

Das Spektrum der kriminellen Aktivitäten jener Personen, um die es hier vornehmlich geht – Mord, Waffen, Drogen und Terrorismus –, mag auf den ersten Blick konstruiert anmuten. Es ist jedoch ein Irrglaube, daß sogenannte politisch motivierte Straftäter, also Terroristen, und »schnöde« Kriminelle nichts gemein hätten. Der Pakt der Gewalt zwischen diesen beiden Gruppen ist längst geschlossen: Terroristen handeln mit Drogen, um ihren blutigen Kampf zu finanzieren, Drogenhändler bedienen sich der Hilfe terroristischer Organisationen für ihren lukrativen Handel mit Kokain und Heroin. Der Fachterminus dafür lautet »Narco-Terrorismus«.

Eine neue Variante des Verbrechens, die inzwischen eine maßgebliche Rolle spielt, ist als »Staatsterrorismus« zu bezeichnen. Gemeint ist damit die aktive Beteiligung einiger Regierungen an kriminellen und terroristischen Aktivitäten. Mit diesem Phänomen tun sich europäische Polizeibehörden und Nachrichtendienste besonders schwer, denn Täter mit Diplomatenausweisen kann man nicht festnehmen.

An die Stelle der alten Generation von Terroristen ist so ein neuer Typus getreten: elegant gekleidet, akademisch gebildet, reich und hervorragend bewaffnet. Diese Terroristen töten nie selbst. Aber sie geben die Befehle dazu.

Die Brutalität und Menschenverachtung bei der Durchsetzung ihrer Ziele hat zugenommen. Staaten mit dem Anspruch auf freiheitlich-demokratische Prinzipien sind ihren Strategien gegenüber nahezu macht- und hilflos, weil sie sich an einen Ehrenkodex halten. Der nämlich erkennt Staatsterroristen und Rauschgifthändler mit Diplomatenpässen als gleichberechtigte, ehrenwerte Gesprächspartner an. Die tödliche Konsequenz dieser Moralität wird in diesem Buch aufgezeigt.

Der Leser wird sicher häufig glauben, er vergnüge sich mit einem Roman, mit dem belletristischen Werk eines phantasievollen Autors: spannend – aber eben bar jeglichen Wahrheitsgehaltes. Die Schauplätze jedoch, die Personen, deren Kontakte untereinander und ihre Aktivitäten sind keineswegs der Dramaturgie wegen in einer der Wahrheit abträglichen Art und Weise dargestellt und willkürlich zueinander in Verbindung gebracht worden. Vielmehr erhebt dieses Buch den Anspruch, eine Dokumentation mit dementsprechenden Wahrheitsgehalt zu sein. Jedoch setzt sich immer wieder derjenige dem Vorwurf der Unwahrheit aus, der die verbalen Bekundungen honoriger Volksrepräsentanten, Staatspräsidenten und Minister als Lügen dekuvriert, obwohl deren Moral doch allzu häufig nichts als Fassade ist.

Einige der hier aufgestellten Behauptungen werden möglicherweise zu offiziellen Dementis oder gerichtlichen Auseinandersetzungen führen. Fakten und Beweise, die aus rechtlichen Gründen nicht in diesem Buch verwendet oder deren Quelle nicht angegeben werden konnten, weil dies nach deutschem Recht Handhabe gäbe, durch einstweilige gerichtliche Verfügungen das Erscheinen des Buches zu verhindern, mögen so im Rahmen justizieller Beweiserhebungen doch noch an die Öffentlichkeit gelangen. Vertrauliche Informationen westlicher Nachrichtendienste sind teilweise unter dem Kriterium des Quellenschutzes verwendet. Teils als VERSCHLUSSSACHE, GEHEIM, STRENG GEHEIM oder SENSITIVE klassifiziert, würde ein Abdruck solcher Dokumente ohnehin strafrechtliche Konsequenzen haben. Und: Rückschlüsse auf den eigentlichen Informanten, im Zweifelsfalle einen Agenten, den einzuschleusen mitunter Jahrzehnte gedauert hat, dürfen durch meine Veröffentlichungen natürlich nicht gezogen werden können. Das könnte fatale Folgen haben, zumal in diesem Buch insbesondere östliche Nachrichtendienste eine bedeutende Rolle spielen.

Oftmals sehr brisante Informationen erhielt ich auch von Freunden und aus jenen Zeiten, in denen ich zunächst Undercover-Agent im internationalen Rauschgifthandel und später Agent eines Nachrichtendienstes im Bereich des Links-Terrorismus war. Zu Lasten gelegentlicher Beweismängel werde ich also das mir entgegengebrachte Vertrauen wahren und die Verschwiegenheit diesen Freunden gegenüber höher als die Sensationsträchtigkeit einer Information einstufen. Dennoch: Diese Dokumentation basiert vornehmlich auf Fakten. In diesem Buch finden sich nur wenige Vermutungen, aber viele unwiderlegbare Beweise und Indizien sowie einige aus logischen Schlußfolgerungen resultierende dringende Verdachtsmomente.

Dieses Buch dokumentiert die erschreckenden kriminellen und terroristischen Aktivitäten der vier syrischen Al-Kassar-Brüder, konzentriert sich jedoch auf den zweitältesten dieses verbrecherischen Familienclans, auf Monzer Al Kassar, laut Bundeskriminalamt »einer der gefährlichsten Männer der Welt«. INTERPOL sieht in ihm »einen Terroristen und wahrscheinlich den größten Waffenhändler der Welt«, und die amerikanische Drogenbekämpfungsbehörde DEA vermutet in ihm gar einen »der mächtigsten Rauschgifthändler der Gegenwart«. Die Nachrichtendienste der westlichen Welt beschatten ihn, weil er mit den polnischen und bulgarischen Geheimdiensten zusammenarbeitet, Waffen und hochmoderne Technologie in den Ostblock schmuggelt und europäischen wie auch arabischen »Befreiungsbewegungen« Waffen liefert. Für sie ist er ein »Pate des Terrors«.

Obwohl mehrfach zu Freiheitsstrafen verurteilt, geht er weiterhin ungehindert seinen kriminellen Aktivitäten nach. Haftbefehle werden nicht vollstreckt, Einreiseverbote außer Kraft gesetzt. Warum? Weil er als syrischer Staatsangehöriger über unglaublich gute, teils verwandtschaftliche und oftmals freundschaftliche Kontakte zu namhaften Politikern verfügt.

Für den Südjemen darf er sich »Wirtschaftsattaché« nennen (inklusive Diplomatenpaß), bei Syriens Staatspräsident Hafez Al Assad und dessen Bruder Rifaat geht er wie ein Familienmitglied ein und aus. Den ehemaligen österreichischen Parlamentspräsidenten Leopold Gratz hat er nach eigenen Angaben in freundschaftlicher Verbundenheit im Krankenhaus besucht; bei Spaniens König Juan Carlos hätte er beinahe eine Privataudienz bekommen, weil einige spanische Minister ihn dessen für bedeutsam und würdig genug erachteten. Den Terroristen Abul Abbas, Organisator des Anschlages auf die »Achille Lauro«, nennt er selbst seinen »Blutsbruder«. Den Papst-Attentäter Mehmet Ali Agca kennt er ebenso wie Abu Nidal und den international gesuchten Terroristen »Carlos«. Der lebt nämlich unter dem Schutze der syrischen Regierung in Monzers Heimatstadt Damaskus. Monzer Al Kassar ist aktives Mitglied in einer palästinensischen Terroristenorganisation – und Multimillionär mit Traumpalästen. Nach Deutschland reist er ein, obwohl er Einreiseverbot hatte und das Bundeskriminalamt sich ausdrücklich gegen eine Visumvergabe ausgesprochen hatte.

Ein Wort zur Moral, auf die sich Politiker so gern berufen: Die Diplomatie kreiert längst eigene Reglements und beruft

sich dabei mit Vorliebe auf Interessen statt auf Moral. Dieser Verzicht auf oder die eigenwillige Interpretation von Ethik und Moral hat mittlerweile eine Eigendynamik in Gang gesetzt, so daß einige eigentlich der Rechtsstaatlichkeit verpflichtete Regierungen dadurch mehr oder minder handlungsunfähig geworden sind – jedenfalls bei der Kriminalitätsbekämpfung. Manch ein europäischer Volksvertreter gibt, nicht zuletzt in Zusammenhang mit dem Syrer Monzer Al Kassar vor, im nationalen Interesse zu handeln, unterläuft damit aber gleichzeitig die nationalen Interessen europäischer Nachbarstaaten. Die Verwirklichung des EG-Binnenmarktes im Jahre 1992 wird dieses Problem wohl kaum lösen. Manch ein Nachrichtendienst stellt – auf Anordnung von »oben«, also aus politischen Erwägungen heraus – Strafverfolgung als von sekundärem Belang hinter geheimdienstliche Interessen. Da wird der Handel mit Tonnen von Rauschgift schlichtweg ignoriert, geflissentlich übersehen oder geduldet, weil es um politische Interessen geht oder man diplomatische Verwicklungen verhindern möchte. Dazu ein Beispiel aus meiner eigenen Erfahrung:
Als Undercover-Agent im Rauschgiftbereich eingesetzt, stieß ich eines Tages auf einige marokkanische und libanesische Staatsangehörige, die tonnenweise mit Haschisch und Heroin handelten. Fast zwei Jahre operativer und verdeckt geführter Ermittlungen einschließlich Telefonüberwachung vergingen, bis an Festnahmen gedacht werden konnte. Weil die Ermittlungen die (Mit-)Täterschaft einiger ausländischer Botschaftsangehöriger aufgezeigt hatten, wurden neben dem originär zuständigen Bundeskriminalamt schließlich auch das Auswärtige Amt und das Bundesinnenministerium eingeschaltet. Die Beweislage war sehr gut.

Aber der Tag X, die Festnahme der Täter, kam nie. Statt dessen wurden zuerst der diese Ermittlungen koordinierende Dienststellenleiter und unmittelbar nach ihm auch ich ins Innenministerium gerufen. Eine Abteilungsleiterin erklärte mir, daß es bei dieser Gruppe einen terroristischen (sie sagte »politischen«) Hintergrund gäbe: Rauschgifthandel zur Finanzierung von Waffenkäufen für Befreiungsbewegungen. Prompt wurden alle polizeilichen Ermittlungen eingestellt, die Angelegenheit als GEHEIM klassifiziert und wir zum ewigen Schweigen verdonnert. Namen nannte sie nicht.

Durch Zufall erfuhr ich allerdings im Rahmen meiner späteren Tätigkeit im Terrorismusbereich: Es ging dabei um eine palästinensische Terroristengruppe. Eine, über die ich in diesem Buch schreiben werde und deren geistiger Vater, Yassir Arafat, sich neuerdings so geschickt auf dem diplomatischen Parkett bewegt, daß plötzlich viele Politiker bereit sind, ihm seine kriminellen Aktivitäten zu vergeben. Niemand spricht mehr davon, daß auch die PLO ihre Waffenkäufe durch Rauschgifthandel finanziert. Ein höchst verwunderliches kollektives Amnestie-Syndrom. Man nennt es Diplomatie, Politik – aber was ist das für eine Politik, die Waffen- und Rauschgifthändlern den roten Teppich ausrollt und sie zu Diplomaten macht?

1984 rief der damalige amerikanische Außenminister George Shultz die westlichen Demokratien zu aktiven Abwehrmaßnahmen gegen den staatlich unterstützten Terrorismus auf. Er nannte in diesem Zusammenhang Libyen, Iran und Syrien. England brach die diplomatischen Beziehungen unter anderem zu Damaskus und Tripolis ab. Die Bundesrepublik rief ihre Botschafter aus beiden Ländern zurück.

Seither hat sich ein wundersam anmutender Gesinnungswandel vollzogen. Die westlichen Regierungen wissen zwar noch immer – das wird in diesem Buch nachgewiesen –, daß diese Länder Drehscheiben staatlich geduldeten, unterstützten oder gar initiierten Terrorismus', des Rauschgift- und Waffenhandels sind. Aber seit geraumer Zeit eilen geschäftige Botschafter und Wirtschaftsrepräsentanten wieder gen Libyen, Iran und Syrien. Sie stimmen das Hohelied des wirtschaftlichen Aufschwungs und der Geostrategie an – und lassen es geschehen, daß Mörder und Kriminelle den Takt für diesen Ökonomisten- und Strategenchor angeben. Die diplomatischen Beziehungen zu diesem syrisch-libysch-iranischen Trio infernale sei, so geben sie ständig zu bedenken, von größter Bedeutung. Da stellt sich doch die Frage: Wer braucht hier denn tatsächlich wen?

Diese von westlichen Staaten praktizierte Politik, die (Staats-)Terroristen und Kriminelle nicht dem Gesetz, sondern den undurchsichtigen Spielregeln der Diplomatie unterwirft, schafft ein rechtlich-moralisches Vakuum, einen Freiraum, in dem ein Mann wie der Terrorist, Waffen- und Rauschgifthändler Monzer Al Kassar zu dem werden konnte, was er nun ist – »die gefährlichste Kakerlake der Welt« (so ein hoher Beamter des Bundeskriminalamtes).

Wenn manche Leser dazu neigen, die in diesem Buch berichteten Tatsachen als unwahrscheinlich und daher unwahr abzutun, so sollten sie sich Ursache und Folgen dieser voreiligen Bewertung vor Augen halten. Denn der Grundsatz, daß nicht sein kann, was nicht sein darf, hat noch immer die Realität verstellt und damit denen in die Hände gearbeitet, deren Handlungsmaximen jenseits des gesellschaftlich Gebilligten angesiedelt sind. Zudem ist die Uninformiertheit und Naivität der Menschen mit die wichtigste Voraussetzung für die erfolgreiche Arbeit von Nachrichtendiensten, die nun einmal nicht geradlinig und nachvollziehbar planen und operieren, sondern nach eigenen Spielregeln arbeiten.

Eine weitere Ursache für die mögliche Diskreditierung dieses Buches als ein Produkt blühender Phantasie liegt in dem Glauben, Politiker dürften und würden sich nicht in ein politisches Spiel mit Kriminellen und Terroristen einlassen. Eine solche Verbindung erscheint abenteuerlich, passend nur für ein Filmdrehbuch – und entspricht doch der Realität. Unbemerkt von der Öffentlichkeit spielen sich in dieser Sphäre Dinge ab, die maßgeblich Einfluß auf die wirtschaftlichen und damit politischen Geschehnisse in der Welt haben.

Würde die Öffentlichkeit mehr über die konspirativen Aktivitäten ihrer Politiker informiert, könnte ein Terrorist, Rauschgift- und Waffenhändler, verhinderter Mörder, Entführer, Erpresser und Nötiger wie der Syrer Monzer Al Kassar, um den es in diesem Buch geht, wohl kaum existieren. Weil aber alle Staaten sogenannte »übergeordnete politische Interessen« für sich in Anspruch nehmen, konnte Monzer Al Kassar zu einem solchen Machtfaktor werden. Er spielt die Regierungen gegeneinander aus und bewegt sich, teils unter dem Schutz diplomatischer Immunität, nahezu ungehindert in der ganzen Welt, geht seinen skrupellosen Geschäften nach, ohne daß sich eine Regierung findet, die ihn dessen anklagt, was sie sehr wohl in der Lage wäre zu beweisen.

Offiziell wird er zwar des Landes verwiesen, zur Persona non grata erklärt, tatsächlich wird er aber durch diverse Hintertürchen der Geheimdienste ein- und ausgelassen. Dieser Mann kann im Bewußtsein leben, daß niemand ihn aufhält.

Entgegen meiner sonstigen Bemühungen, möglichst nur mit Fakten und Beweisen zu operieren, möchte ich doch noch zwei Gerüchte anführen. Ich nenne sie Gerüchte, weil ich dafür keine Beweise habe, sie wohl auch nie erbringen kann.

Monzer Al Kassar, der Syrer mit Wohnorten in Österreich, Spanien, Libanon, Syrien, Südjemen, Marokko, Bulgarien und Polen, scheint inzwischen doch einigen Regierungen zu gefährlich geworden zu sein. Die amerikanische CIA plant deshalb angeblich eine »Sting Operation« gegen Monzer Al Kassar: Es sollen ihm 50 Kilogramm Kokain untergeschoben werden. Das gäbe im günstigsten Fall – je nachdem, in welchem Land man diese 50 Kilogramm dann »zufällig« bei ihm findet – eine lebenslängliche Freiheitsstrafe. Einem anderen Gerücht zufolge soll der israelische Geheimdienst MOSSAD Monzer Al Kassar auf der »Abschußliste« haben.

Der Mann, über den ich hier quasi eine »Biographie« schreibe, ist zu mächtig und unkalkulierbar geworden und: Er weiß zu viel über einige Politiker und Wirtschaftsrepräsentanten. Diesem Terroristen, Waffen- und Rauschgifthändler, dem Agenten und Handlanger östlicher Nachrichtendienste, dem Multimillionär und Gründer eines Wirtschaftsimperiums, Freund westlicher und (nah-)östlicher Politiker kann man jedoch mit rechtsstaatlichen Mitteln kaum mehr beikommen.

Aufgrund gewisser Geschehnisse in letzter Zeit mag er aber ahnen, daß es da irgendwo auf dieser Welt Personen, Interessengruppen gibt, die bereits daran sind, sich jenen symbolischen Schuh anzuziehen, dessen Absatz diese »Kakerlake« doch noch zerquetscht.

»Amtshilfen«

Pfingstsamstag, der 21. Mai 1988. Auf der Bundesautobahn A 8 zwischen München und Salzburg staut sich der Wochenendausflugsverkehr auf 40 Kilometern. Im Schrittempo bewegt sich die Blechlawine auf den deutsch-österreichischen Grenzübergang Bad Reichenhall zu. Die Sprecher des Verkehrsfunkes von »Bayern 3« und »Ö 3« tun sich schwer, den Autofahrern Ausweichmöglichkeiten anzuraten. »Nichts geht mehr«, kommentiert ein Rundfunksprecher die chaotische Verkehrslage auf den Autobahnen und Schnellstraßen in ganz Bayern.

Zu diesem Zeitpunkt sitzt der deutsche Grenzschutzbeamte Karl D. zusammen mit seinem österreichischen Kollegen Dieter H. vor dem Fahndungscomputer in der Wachstube am Grenzübergang Bad Reichenhall und hört sich die Beschwerde eines ADAC-Stauberaters an, der lautstark zum Ausdruck bringt, daß man angesichts dieses Verkehrsaufkommens die Ausweiskontrollen doch besser bleibenlassen und die Fahrzeuge einfach durchwinken sollte. »Sehn's, Herr Berater«, läßt sich der österreichische Grenzbeamte mit dem unverkennbaren Wiener Dialekt zu einer Antwort hinreißen, »sehn's, da gibt's ein paar böse Buben, die wollen genau das ausnutzen. Die reisen nur an solchen Tagen, weil's denken, die Grenzer san blöd und täten nicht kontrollieren bei einem solchen Verkehr...«

Er hat seinen Satz noch nicht beendet, als draußen ein schwarzer VW-Golf vorfährt. »Das ist er«, murmelt der österreichische Grenzer seinem deutschen Kollegen zu und versucht ein unbedarftes Gesicht zu machen. Die Insassen des Fahrzeugs sollen nicht merken, daß die Beamten sie bereits erwartet haben.

»Grüß Gott, kann ich bitt'schön die Ausweise der Herren sehen?«, wienert er dem Fahrer des VW-Golf entgegen und tritt gleichzeitig mit dem linken Fuß auf den Alarmknopf, worauf die 20 Meter weiter im Wachhäuschen am österreichischen Schlagbaum sitzenden Grenzbeamten die Verschlüsse ihrer Pistolenhalfter öffnen und aufmerksam den schwarzen VW-Golf und dessen Insassen beobachten. Weitere 100 Meter hinter der Grenzstation startet ein anderer österreichischer Grenzschützer den Motor seines Streifenwagens. Sein Kollege auf dem Beifahrersitz legt sich die Maschinenpistole griffbereit über die Knie und murmelt: »Na kooomm, versuch's, hau ab! I geb' dir ane österreichische Mozartkugel aus Blei zwischen die Rippen, wannsd ned artig bist ...«

Aber die beiden Insassen des Golf verhalten sich ruhig. Der Fahrer reicht dem Grenzbeamten zwei Pässe: seinen eigenen, einen österreichischen Reisepaß, ausgestellt auf den Namen Georg Postl, und den brasilianischen Reisepaß seines Beifahrers.

Der Grenzbeamte legt beide Dokumente auf das Fahndungscomputerlesegerät, wohl wissend, daß einer der beiden Pässe ein Signal auslösen, die Person »positiv« sein wird.

Noch bevor der Computer überhaupt reagiert, steht der Grenzbeamte auf, öffnet die Tür der Wachstube und tritt an die Fahrertür des VW-Golf. Sein deutscher Kollege steht seitlich-schräg hinter ihm, die Hand am Pistolenhalfter. »Würden's bitt'schön den Wagen dort hinüber auf den Parkplatz fahren, den Motor ausmachen und aussteigen, meine Herren?« Noch während der Fahrer des Fahrzeugs den Anweisungen des Grenzbeamten folgt, gibt der Fahndungscomputer einen Summton von sich. Auf dem Bildschirm tauchen die Daten eben jenes brasilianischen Reisepasses auf, der dem

Beifahrer, einem etwa 45jährigen Mann mit graumeliertem Lockenkopf, gehört. Darunter steht zu lesen:

FAMILIENNAME:	A L K A S S A R.
VORNAME:	M O N Z E R
GEB-DATUM:	01.07.1947 – oder 24.10.1945 – oder 01.07.1945
GEB-ORT:	Yabroud oder Nabek/Nabeq
NATIONALITÄT:	Syrien

ACHTUNG! PERSON IST IM BESITZ FALSCHER PERSONALDOKUMENTE.
WEIST SICH WAHRSCHEINLICH AUS MIT BRASILIANISCHEM REISEPASS NR. CC 173 972-2, AUSGESTELLT AM 28.11.1987 IN SAO PAULO/BRASILIEN AUF »A L K A S S A R«, VORN. »MONZER«, GEBOREN IN BLUMENAU, BRASILIEN.
PERSON REIST UNTER VERSCHIEDENEN ALIASNAMEN. IST IM BESITZ WEITERER PERSONALDOKUMENTE.

VORSICHT!!! EVTL. BEWAFFNET

BEI ANTREFFEN FESTNAHME – UNVERZÜGLICHE MITTEILUNG AN BKA/EA-13.
DATUM DER AUSSCHREIBUNG: BUNDESKRIMINALAMT, 18.05.1988.

Wenige Sekunden später erklärt der deutsche Grenzschutzbeamte Karl D. dem syrischen Staatsangehörigen Monzer Al Kassar: »Sie sind vorläufig festgenommen wegen des Verdachts eines Paßvergehens.«

Eine halbe Stunde später meldet der Verkehrsfunk von »Bayern 3«, der Stau vor dem Grenzübergang Bad Reichenhall habe sich aufgelöst.

Daß der brasilianische Paß des syrischen Staatsangehörigen Monzer Al Kassar an diesem Tag zur Fahndung ausgeschrieben stand, war das Ergebnis einer Reise, die ein Beamter des höheren Dienstes des Bundeskriminalamtes im Januar 1987 in die Vereinigten Staaten von Amerika unternommen hatte. Seine Gesprächspartner waren »Special Agents« und Abteilungsleiter der CIA, die starkes Interesse an dem Syrer Monzer Al Kassar zeigten. Die CIA hatte das BKA im Rahmen der internationalen Zusammenarbeit im Kampf gegen Terrorismus, Rauschgift- und Waffenhandel um ein Informationsgespräch gebeten, selbstverständlich ohne Rechtsanspruch auf Einsicht in die Ermittlungsergebnisse deutscher Behörden, aber mit der freundlichen Bitte um Erkenntnisaustausch. Gegenstand der mehrtägigen, sehr ausführlichen Gespräche im Hauptquartier der CIA war nicht zuletzt die Tatsache, daß besagter Al Kassar nachweislich mehrere Pässe unterschiedlicher Nationalität besitzt, sowohl auf seinen tatsächlichen wie auch auf diverse Aliasnamen ausgestellt; darunter, so wußte die CIA dem BKA-Beamten mitzuteilen, die brasilianische Identitätskarte (nationaler Personalausweis) Nr. 13980131, ausgestellt am 15.9.1980 in São Paulo, und die brasilianischen Reisepässe CB 594 179-2, ausgestellt am 12.9.1984 in São Paulo und CC 173 972-2 – jener Paß, mit dem Al Kassar schließlich an der Grenzstation Bad Reichenhall angetroffen und festgenommen wurde.

Als Wohnort war in all diesen Dokumenten São Paulo, Rua Antonio de Cauro 140, angegeben. Eine solche Anschrift, das hatte die CIA längst herausgefunden, existierte nicht. Es handelte sich um ein unbebautes Grundstück, das allerdings – über eine Immobilien-Holdinggesellschaft erworben – Eigentum von Monzer Al Kassar ist.

Der Syrer, so teilten die CIA-Agenten dem BKA-Beamten mit, versuche seit einiger Zeit, sich in Südamerika niederzulassen, was man seitens der amerikanischen Regierung zu verhindern bestrebt sei.

Daß diese Personaldokumente überhaupt und für brasilianische Verhältnisse in so außergewöhnlich kurzer Zeit weltweit für ungültig erklärt worden waren, war auf das wachsende Interesse der USA am Fall Al Kassar zurückzuführen. Entgegen üblichen Verfahrensweisen, die eine offizielle Ausschreibung der Dokumente über die nationalen brasilianischen Polizeibehörden, das INTERPOL-Büro in São Paulo und schließlich – meist erst nach vielen Monaten, Jahren, allzuoft auch gar nicht – über das INTERPOL-Hauptquartier in Paris-Saint Cloud vorschrieb, hatte die CIA diesmal diplomatische Kanäle benutzt, um den mit weltweiten Reisen verbundenen Aktivitäten des Monzer Al Kassar Einhalt zu gebieten.

Entsprechend zitierte das State Department in Washington auf Betreiben der CIA bereits im März 1987 den brasilianischen Botschafter in den USA zu einem persönlichen Gespräch ins Weiße Haus. Unter dezentem Hinweis auf die negativen Auswirkungen einer allzu laxen Haltung Brasiliens in Sachen Al Kassar bei den anstehenden Umschuldungsverhandlungen zwischen den USA und Brasilien zwang man den konsternierten Diplomaten zu schnellem Handeln. Monzer Al Kassar, erklärte die CIA dem brasilianischen Botschafter, ist »einer der gefährlichsten Terroristen, Rauschgift- und Waffenhändler der Welt«.

Das entsprach dem Wissensstand der CIA und veranlaßte die brasilianische Regierung, sowohl die benannten Personaldokumente als auch andere brasilianische Dokumente, die im Besitz des Al Kassar-Familienclans waren, schnellstens für ungültig zu erklären. Denn so sehr auch gewisse Wirtschaftsrepräsentanten und Politiker Brasiliens, insbesondere aus der staatlichen Rüstungsindustrie, mit den lukrativen Geschäften des Monzer Al Kassar liebäugelten: Diplomatische Verwicklungen mit den USA – die ja, wie man dem brasilianischen Botschafter unmißverständlich erklärt hatte, die Folge einer mangelhaften Kooperation in dieser Angelegenheit sein würden –, diplomatische Verwicklungen mit den USA wollte die brasilianische Regierung wegen eines syrischen Waffenhändlers nicht riskieren.

Im Mai 1987 begann die bürokratische Maschinerie des brasilianischen Auswärtigen Amtes, des Innenministeriums und schließlich der Ausländerbehörden anzulaufen. Am 12. November 1987 ging bei den INTERPOL-Büros Wien, Wiesbaden, Rom, Madrid und im INTERPOL-Hauptquartier in der Rue Armengaud 26 in Saint Cloud nahe Paris ein Telex aus Rio de Janeiro mit folgendem Wortlaut ein:

WIR INFORMIEREN SIE HIERMIT; DASS NACHFOLGENDE PERSONEN BETRÜGERISCH IN DEN BESITZ BRASILIANISCHER PÄSSE GELANGT SIND: HAITHAM AL K A S S A R (PASS–NR. CC 205 607, AUSGESTELLT AM 14.04.1987), MONZER AL K A S S A R (PASS-NR. CB 594 179-2, AUSGESTELLT AM 12.09.1984) UND EHEFRAU RAGHDA (PASS-NR. 285 244, AUSGESTELLT AM 12.09.1984.

Der weitere Wortlaut des Telex machte deutlich, daß die Brasilianer den impliziten Vorwurf der Amerikaner keineswegs stillschweigend hinzunehmen gedachten. Brasilien wollte bei den im Telex angeschriebenen INTERPOL-Büros in Europa den Eindruck ausräumen, Al Kassar und seine Familienangehörigen seien auf legale Weise, sprich durch Fürsprache brasilianischer Persönlichkeiten, wenn nicht gar Politiker, zu den (legalen) Personaldokumenten gelangt. Um den Schein zu wahren, die ausgeschriebenen Pässe seien auf dunklen Kanälen in den Besitz der Al Kassars gelangt, schrieb Rio de Janeiro:

WIR BITTEN DIESE PÄSSE EINZUZIEHEN UND FÜR UNGÜLTIG ZU ERKLÄREN. ZUDEM BITTEN WIR UNS NACH VERNEHMUNG DER BETROFFENEN MITZUTEILEN, WER DIESE PÄSSE AUSGESTELLT HAT UND WIEVIEL DAFÜR BEZAHLT WURDE. HABEN NOCH ANDERE AUSLÄNDER IN DIESEM ZUSAMMENHANG SOLCHE PÄSSE ERHALTEN? SCHICKEN SIE UNS FINGERABDRÜCKE DER OBEN AUFGEFÜHRTEN PERSONEN. WIR WISSEN, DASS DIESE PÄSSE ZU EINER PERSON NAMENS BASSAN SAFADI NACH ZYPERN GESCHICKT WURDEN ...

Dieses Telex wurde von den Brasilianern wider besseres Wissen formuliert. Denn auch sie hatten längst herausgefunden, daß die Paß-Dokumente samt der dafür erforderlichen Geburtsurkunden, die aus den drei syrischen Staatsangehörigen brasilianische Bürger mit deutscher Abstammung machten, sehr wohl amtlich und ganz regulär ausgestellt worden waren. Und zwar in Blumenau, einer 250 000 Einwohner zählenden brasilianischen Kleinstadt, in der einige Personen leben, die den brasilianischen Behörden, aber auch Nachrichtendiensten in aller Welt beständig Sorgen bereiten: Waffen- und Rauschgifthändler ebenso wie ehemalige NSDAP-Mitglieder, unverbesserliche Nazi-Fanatiker deutscher Abstammung, die sich nach ihrer Flucht vor deutschen und israelischen Gerichten unter falscher Identität im brasilianischen Blumenau eine neue Heimat geschaffen hatten: mit Deutsch als Umgangssprache, deutschen Kulturabenden, deutschen Straßennamen, deutschen Fahnen und nazideutschen Standarten, die in jedem dritten der mit deutschen Eichenmöbeln eingerichteten Wohnzimmer an den Wänden hängen. Das Oktoberfest in dieser Stadt nahe dem Meer, die in eine dem Schwarzwald ähnelnde Landschaft eingebettet liegt, ist so bekannt in ganz Brasilien, daß Karten dafür auf dem Schwarzmarkt in Rio gehandelt werden.

In diesem von Alt-Nazis und international organisierten Rauschgifthändlern kontrollierten Blumenau waren sämtliche Personaldokumente der Al Kassar-Familienmitglieder ausgestellt worden. Als Geburtsort der im Standesamt Blumenau als »deutschstämmig« verzeichneten Al Kassars stand in sämtlichen Pässen – Blumenau.

Wie in Zusammenhang mit der Sicherstellung größerer Mengen besonders reinen Kokains im August 1987 in Brüssel noch ersichtlich werden wird, waren die Al Kassars keineswegs die einzigen, die im Besitz solcher Blumenau-Pässe waren und sind. Daß Blumenau damit gleich mehrfach in Zusammenhang mit dem internationalen Kokainhandel, aber auch mit den Al Kassars auftaucht, ist kein Zufall.

Bereits im Januar 1988 führte die Ausschreibung der echten-falschen brasilianischen Pässe durch INTERPOL zur Einziehung des Passes mit der Nr. 285 244, ausgestellt auf Raghda Al Kassar, geborene Habbal, die libanesische Ehefrau des Syrers. Mit diesem Paß war sie bei einem Einwohnermeldeamt in Wien aufgetaucht, wo sie ihre eben geborene Tochter anmelden wollte – mit dem Hintergedanken, über die dann offiziell anerkannte Deutschstämmigkeit des Babys später auch für sich selbst leichter eine österreichische Staatsangehörigkeit erlangen zu können. Dieser clevere Gedanke war Teil eines raffinierten Planes, auch für den syrischen Vater des Neugeborenen eine »Naturalisierung«, sprich die Anerkennung als österreichischer Staatsbürger, zu erwirken – und beinahe hätte das auch geklappt.

Daß Monzer Al Kassar allerdings den mit Telex von INTERPOL Rio de Janeiro ausgeschriebenen brasilianischen Paß ohne Aufforderung selbst in Brasilien abgab, läßt Spielraum genug für Vermutungen; vor allem aber: Woher wußte er überhaupt von der Ausschreibung? Anlaß zu Spekulationen über »undichte Stellen« bei den brasilianischen Behörden gibt auch die Tatsache, daß Monzer Al Kassar nur kurze Zeit später einen neuen, diesmal wirklich falschen brasilianischen Paß erhielt, nämlich jenen mit der Nr. CC 173 972-2, mit dem er am 21. Mai 1988 in Bad Reichenhall angetroffen wurde. Der in Bad Reichenhall sichergestellte Paß war erst drei Tage vor seiner Festnahme, am 18. 5.1988, auf erneutes Betreiben der CIA und dann auf Ersuchen des brasilianischen Generalkonsulats in Hamburg in den Fahndungscomputer des Bundeskriminalamtes gelangt.

Sosehr sich CIA und BKA noch immer über Monzer Al Kassars eigentümliche Kontakte zu brasilianischen Behörden den Kopf zerbrechen, sosehr grübelte der Festgenommene in Bad Reichenhall darüber, woher die Grenzbeamten gewußt hatten, daß er an diesem Tag in diesem Fahrzeug nach Österreich einreisen würde. Denn von der Reise nach Wien hatten – aus gutem Grunde – nur zwei Personen gewußt: der Fahrer des VW-Golf und eine Vertrauensperson in Monzers Haus in Wien, die er kurz vor der Abfahrt aus München telefonisch informiert hatte. Daß er die Fahrt von München nach Wien als Geheimnis hütete, hatte seinen Grund: In Österreich hatte Monzer Al Kassar Einreiseverbot. Nachdem am 21.12.1985 vom österreichischen Inlandsbüro, also dem Staatsschutz in Wien, ein Verfahren gegen ihn wegen »Bildung einer kriminellen Vereinigung, Verdacht auf Unterstützung von Terroristen und internationalen Waffenhandels« eingeleitet worden war, erklärte man ihn zur Persona non grata, zur unerwünschten Person, und wies ihn samt Angestellten aus dem Land.

Eine Einreise mit falschen brasilianischen Personalpapieren hatte er da wohl für die einzige Möglichkeit gehalten, persönlichen Kontakt zu seinen österreichischen »Geschäftspartnern« aufzunehmen. Seine Festnahme, so sagte er in der späteren Vernehmung, könne eigentlich nur dadurch erklärt werden, »daß man sein Telefongespräch mit Wien abgehört habe«. Der vernehmende Beamte äußerte sich aus guten Gründen nicht zu dieser Vermutung.

Die Geschehnisse nach der Festnahme des Syrers Monzer Al Kassar am Pfingstsamstag, dem 21. Mai 1988, gegen 16.00 Uhr, geben Einblick in die Persönlichkeitsstruktur dieses Mannes, lassen aber auch seine Gefährlichkeit und Macht deutlich werden.

Wegen eines nach seinem Dafürhalten »lächerlichen falschen Passes« war er nicht gewohnt, von Polizisten behelligt zu werden. Weil er seine Situation – und die Bestechlichkeit deutscher Polizisten – falsch einschätzte, beging Monzer Al Kassar kurz nach seiner Festnahme durch die Grenzbeamten in Bad Reichenhall gleich zwei Fehler:

Kaum hatte der festnehmende Beamte ihm erklärt, der Grund seiner Inhaftierung sei der falsche brasilianische Paß, zog Monzer triumphierend einen anderen Paß aus der Tasche. Der Name mochte zwar nicht identisch mit dem im konfiszierten brasilianischen Paß sein, aber das Lichtbild, so glaubte er wohl in einer Mischung aus Größenwahn, Überheblichkeit und Unkenntnis der bundesrepublikanischen Gepflogenheiten im Umgang mit Inhabern mehrerer Pässe, würde zweifelsfrei beweisen, daß dieser Paß auf seine Person ausgestellt sei. Er grinste und legte dem Grenzbeamten einen syrischen Reisepaß auf den Tisch – mit rotem Umschlag und dem Aufdruck »Passeport Speciale«, ausgestellt vom Minister für Auswärtige Angelegenheiten in Syriens Hauptstadt Damaskus. Mithin ein Dokument, das den Besitzer als Mitglied des Diplomatischen Korps der »El Jamhouriya al Arabiya As Souriya«, der Arabischen Republik Syrien ausweist, und als Dokument der Immunität im Normalfall jedem Grenzschutz- und Polizeibeamten strafprozessuale Maßnahmen unmöglich macht. Inhaber solcher »Diplomatenpässe« dürfen weltweit weder festgenommen noch durchsucht werden.

Monzer Al Kassars siegessicheres Lächeln angesichts des zuerst merklich beeindruckten jungen Grenzbeamten, der den roten Paß im ersten Moment respektvoll begutachtet hatte, verflüchtigte sich in Sekundenschnelle und wandelte sich zu einer wuterfüllten Grimasse, als der Grenzer süffisant feststellte: »Ihr Paßbild ist da schon drin, aber leider ein anderer Name!« Er hielt dem Inhaftierten den aufgeklappten Paß entgegen, damit der selbst lesen möge, daß dort unter der Rubrik Vor- und Nachname nicht Monzer Al Kassar, sondern Maher Kailani stand.

Al Kassar besann sich kurz und kramte dann erneut in seiner Jackentasche. Schließlich zog er noch einen Paß hervor und las triumphierend und in gebrochenem Englisch vor: »Monzer Al Kassar, syrischer Staatsangehöriger, Paß-Nummer SR/233065, ausgestellt am 26.11.1979 in Damaskus ...«

Weiter kam er nicht. Denn dem jungen und unerfahrenen, aber auch selbstbewußten und längst hellhörig gewordenen Grenzbeamten waren das zu viele Paß-Offerten. Er fühlte sich durch die unglaubliche Dreistigkeit für dumm verkauft. Prompt stellte er alle drei Pässe sicher, rief seinen Vorgesetzten dazu und sprach in dessen Gegenwart erneut offiziell die Festnahme aus. Festnahmegrund: Verdacht auf mehrfaches Paßvergehen. Fünf Minuten später, er befand sich allein mit dem Festgenommenen im Vernehmungsraum, hätte er beinahe den Festnahmegrund um den Tatbestand der »versuchten Beamtenbestechung« ergänzt. Denn bei der Durchsuchung des Festgenommenen fanden sich unter anderem 30 000 Dollar in bar. »Even in Germany a hell of money«, grinste Al Kassar hoffend, gab seinen Versuch der Bestechung aber auf, als ein anderer Beamter den Raum betrat. Seine langjährige Erfahrung im Umgang mit Polizeibeamten ließ ihn ahnen, daß seine Macht, gestützt auf die Verlockung des Geldes, zumindest in diesem Augenblick kaum etwas nützen würde. Er berief sich deshalb auf sein Recht, als Beschuldigter die Aussage zu verweigern, und meinte selbstherrlich: »Ich will einen Anwalt, dann werdet ihr sehen, daß ich in einer Stunde hier raus bin ...«

Die Geschehnisse danach überstürzten sich. Entsprechend

der BKA-Ausschreibung im Fahndungscomputer setzte die Grenzstation Bad Reichenhall ein Fernschreiben an das Bundeskriminalamt in Wiesbaden ab, in dem die Grenzbeamten nicht verhehlten, sie seien überzeugt, einen »großen Fisch« erwischt zu haben: »... festgenommen. Es handelt sich wahrscheinlich um einen Terroristen und international gesuchten Rauschgift- und Waffenhändler.« Damit hatten sie, ohne es zu diesem Zeitpunkt sicher zu wissen, recht.

Zur gleichen Zeit informierte Georg Postl, der Fahrer des VW-Golf, der nach Überprüfung seiner Personalien freigelassen worden war, den syrischen Staatsangehörigen H. in München-Oberhaching, einen guten Freund Monzer Al Kassar. Der wiederum verständigte unverzüglich die syrische Botschaft in Bonn und wählte dann die österreichische Telefonnummern 0043-1-96 42 830 und 75 51 95 des Monzer Al Kassars-Rechtsanwalts Dr. Peter Schmautzer aus der Lerchenfelder Straße 39/7 in Wien. Dessen Kompagnon war, wie die österreichische Zeitung »Wochenpresse« berichtet, niemand anders als Dr. Harald Ofner, seines Zeichens Justizminister im Kabinett unter Regierungschef Dr. Franz Vranitzky.

Der Jurist und Politiker Ofner war, wenn diese Information richtig ist, zu einer Zeit oberster Vasall Justitias in Wien, als Österreichs Staatsschutzabteilung mit Nachdruck versuchte, den Syrer Monzer Al Kassar wegen des Verdachts terroristischer Umtriebe, der »Bildung einer kriminellen Vereinigung«, dingfest zu machen – ein Versuch mit äußerst mäßigem Erfolg.

Der Rechtsanwalt aus Wien war an diesen Pfingstfeiertagen jedoch nicht persönlich erreichbar; deshalb wurde ein Rechtsanwalt aus Langen bei Bad Reichenhall bestellt.

Wie schnell dieser auch dem mittlerweile in Polizeigewahrsam in Bad Reichenhall befindlichen Mandanten zur Hilfe eilte, so wenig konnte er verhindern, daß die zuständige Staatsanwaltschaft in Traunstein nach Rücksprache mit der Generalstaatsanwältin in München (zuständig wegen des vermeintlichen Diplomatenpasses und des damit involvierten Auswärtigem Amtes in Bonn) Haftbefehl beantragte gegen: »den syrischen Staatsangehörigen Monzer Al Kassar, geboren am 1. 7.1947 in Yabroud bei Damaskus, wohnhaft nach eigenen Angaben in Marbella, Spanien, Urbanisacion Atalaya de Rio Verde, Palacio Mifadil, Beruf Geschäftsmann«.

Als Haftgründe akzeptierte der Haftrichter sowohl »Fluchtgefahr« als auch »Verdunklungsgefahr«. Dieser zweite Haftgrund war die Folge von Monzer Al Kassars Versuch, mit verschiedenen Pässen, so der Wortlaut der Haftbefehlsbegründung, »seine wahre Identität zu verschleiern; es muß davon ausgegangen werden ..., daß der Beschuldigte bei einer Freilassung Handlungen unternehmen wird, die der Aufklärung des Sachverhaltes entgegenwirken«. Das entsprach den bisherigen internationalen Erfahrungen mit Monzer Al Kassar.

Was in den darauffolgenden Tagen geschah, könnte ebenso als Stoff für einen Polit-Thriller wie für eine Komödie herhalten. Bedingt durch die Pfingstfeiertage war der für das Verfahren Al Kassar bzw. die Ausschreibung des brasilianischen Reisepasses zuständige BKA-Beamte aus Wiesbaden-Biebrich zunächst nicht erreichbar. Als er schließlich mit Blaulicht vor dem Polizeigewahrsam von Bad Reichenhall vorfuhr, war er keineswegs der erste vor Ort. Zum Erstaunen des BKA-Beamten wurde er von einem Abteilungsleiter des Bundesnachrichtendienstes aus München-Pullach begrüßt. Woher der Geheimdienstler von der Festnahme Al Kassars wußte, wollte er dem verwunderten BKA-Beamten allerdings nicht sagen.

Inzwischen hatte Georg Postl, der Fahrer des VW-Golf, nicht nur die syrische Botschaft in Bonn und Monzers Wiener Rechtsanwalt, sondern auch den in Österreich naturalisierten Syrer Nabil Rafik Kuzbari in Wien von der Festnahme informiert. Postl, ein ehemaliger Radrennchampion, ist Privatsekretär, Chauffeur und Leibwächter Kuzbaris. Der austro-syrische Kuzbari, dessen Name seit Dezember 1988 auch offiziell beim Untersuchungsausschuß in der österreichischen LUCONA-Affäre genannt wird, ist Besitzer der Fluggesellschaft TRANSAIR – und enger Freund eines österreichischen Polit-Prominenten-Trios, dem Ex-Parlamentspräsident Leopold Gratz, Ex-Vizekanzler und Handelsminister Norbert Steger und Ex-Innenminister Karl Blecha angehören. Das Trio geriet in Verbindung mit der NORICUM-VOEST-Affäre und zusammen mit dem LUCONA-Spezi Udo Proksch in die Schlagzeilen – in ihrem Windschatten nun auch Nabil Kuzbari, den ein österreichisches Magazin im November 1988 »Österreichs geheimnisvollsten Milliardär« nannte. Monzer Al Kassar und Kuzbari sind beide Syrer – und nicht nur deswegen Freunde.

So gut Al Kassars und Kuzbaris Kontakte in Österreich sind, so hervorragend sind ihre direkten Verbindungen zur syrischen Regierung, darunter zu Syriens Präsident Hafez Al Assad, dessen Bruder Rifaat Al Assad, Verteidigungsminister Mustafa Tlass sowie dem Chef des syrischen Luftwaffengeheimdienstes, Ali Issa Duba. Mit dessen jüngster Tochter ist Monzer Al Kassars jüngster Bruder verheiratet.

In Bad Reichenhall tat sich nach der Festnahme des Terroristen, Waffen- und Rauschgifthändlers Bedeutsames: Aus dem Paßvergehen vom Samstag, dem 21. Mai 1988, gegen 16.00 Uhr, einem zunächst nationalen Problemchen, entwikkelte sich mit dem Auftauchen eines Abteilungsleiters des Bundesnachrichtendienstes plötzlich ein internationales Geheimdienst- und Politik-Verwirrspiel zwischen Bonn, Wien, Damaskus und Paris. Die Telefonleitungen zwischen dem syrischen Präsidentenpalast und europäischen Innen- und Außenministerien glühten. Denn Monzer Al Kassars bei der Vernehmung großkotzig verkündete Behauptung, wegen dieses lächerlichen Passes würde er spätestens in einer Stunde auf freiem Fuß sein, wurde durch eine Entscheidung des Bundeskriminalamtes zunichte gemacht.

Im BKA entsann man sich nämlich der Tatsache, daß Monzer Al Kassar in Frankreich per Haftbefehl gesucht wurde. Die 14. Große Strafkammer des Schwurgerichtes in Paris hatte ihn am 4. Juli 1986 wegen Gründung/Mitgliedschaft in einer terroristischen Vereinigung und Beteilung an der Vorbereitung von Attentaten auf jüdische Personen und Einrichtungen rechtskräftig zu einer Freiheitsstrafe von acht Jahren verurteilt – in Abwesenheit. Die Revision war abgelehnt worden.

Am 25. Mai 1988, Monzer Al Kassar war aus dem Polizeigewahrsam Bad Reichenhall in die Justizvollzugsanstalt München-Stadelheim verbracht und ihm der Haftgrund bekanntgegeben worden (»Abschiebehaft für Frankreich«), teilte das bayerische Innenministerium über das hierfür zuständige Bundeskriminalamt der französischen Regierung per Telex mit, daß der Syrer Monzer Al Kassar in der BRD wegen Paßvergehens festgenommen worden sei, man ihn aber nach der Vernehmung zur Sache in Anbetracht des französischen Haftbefehls in Abschiebehaft genommen habe. »Wir bitten um Stellung eines Auslieferungsersuchens – mit freundlichen Grüßen, Bundeskriminalamt Wiesbaden ...« Während der Inhaftierte im Knast zu München tobte, initiierten Monzers Freunde, Gesinnungsgenossen, Nachrichtendienste und befreundete Politiker eine gigantische Mauschelaktion, die ihren Höhepunkt erreichte, als eine namhafte deutsche Persönlichkeit am Pfingstmontag von Bayern nach Paris flog, um bei staatlichen Repräsentanten für Monzer Al Kassar zu intervenieren, also zu bewirken, daß Frankreich auf den Vollzug des Haftbefehls verzichtet. Der bayerische Syrien-Kurier war ganz offensichtlich erfolgreich in seiner Mission. Sonderbar!

Der französische Haftbefehl gegen Monzer Al Kassar jedenfalls war nämlich ebenso stichhaltig, wie das Gerichtsurteil (acht Jahre Haft) rechtsgültig war. Paris hätte also auf das Telex aus Deutschland antworten müssen.

Aber nichts geschah! Am Freitag, zwei Tage nach dem ersten BKA-Telex und sechs Tage nach der Festnahme Al Kassars, lag aus Frankreich noch immer kein Auslieferungs- und Rechtshilfeersuchen vor. Das BKA schickte erneut ein Telex und wies auf die Dringlichkeit hin. Wieder erfolgte keine schriftliche Stellungnahme zu der Auslieferung Al Kassars.

Statt dessen informierte ein französischer Verbindungsbeamter im BKA die deutschen Fahnder fernmündlich, daß er einen Anruf des französischen Nachrichtendienstes aus Paris erhalten habe: »Die französische Regierung legt keinen Wert auf die Vollstreckung des Haftbefehls und die Auslieferung des Syrers Monzer Al Kassar ...« Der Bitte des Bundeskriminalamtes um eine schriftliche Bestätigung der französischen Regierung, daß sie auf die Auslieferung des Terroristen, Waffen- und Rauschgifthändlers Monzer Al Kassars trotz des Haftbefehls keinen Wert lege und daß deshalb die Auslieferungshaft des Syrers in der Bundesrepublik aufgehoben werden soll und muß, kam man in Paris bis heute nicht nach!

Monzer Al Kassar, in Frankreich wegen terroristischer Aktivitäten zu einer Freiheitsstrafe von acht Jahren verurteilt, wurde am Montag, dem 1. Juni 1988, aus der Justizvollzugsanstalt München-Stadelheim entlassen. Für das in der Bundesrepublik Deutschland anstehende Verfahren wegen Paßvergehens wurde ihm eine Kaution von 300 000 Mark auferlegt. Unter Anrechung der zehntägigen Haft blieben 200 000 Mark, die sein Anwalt bei der Gerichtskasse in München hinterlegte.

Von der Polizei zum Flughafen Riem eskortiert, weil er in der BRD zur unerwünschten Person erklärt worden war, bestieg Monzer Al Kassar am Nachmittag desselben Tages einen bei der Firma ALPINE AIR gecharterten Privat-Jet. »Nach Wien«, befahl er, der es gewohnt ist, in privaten Jets für 4 000 Mark die Flugstunde um die Welt zu reisen, dem Piloten Oskar Possmann aus der Ameisgasse in Wien. Aber die bayerischen Polizisten schüttelten nur den Kopf: »In Wien haben

Sie Einreiseverbot!« Wutentbrannt soll Monzer Al Kassar gebrüllt haben: »Was? Ich darf nicht nach Österreich? Gut, dann rufe ich den Minister Blecha an« – wozu ihm die bayerischen Polizisten freilich keine Zeit mehr ließen. »Aufi geht's, gen felix Arabia«, sagte einer von ihnen und schloß die Tür des Jets.

Monzer Al Kassar nahm in einem Sessel im Fond des Jets Platz und schüttelte einem bereits dort sitzenden Mann die Hand. »Er hat dem Mann wieder und wieder gedankt«, erzählte der Pilot des Jets später angeblich seinen Kollegen und schilderte beeindruckt die Ankunft auf dem Flughafen von Malaga in Südspanien, wo Monzer Al Kassar und sein syrischer Begleiter von einem Offizier des spanischen Zolls mit Handschlag begrüßt worden waren: Keine Paßformalitäten, keine Zollkontrolle – nichts.

Noch in derselben Woche entschied die Amtsleitung des Bundeskriminalamtes in Wiesbaden, die bis dahin über einen Zeitraum von mehreren Jahren mit den Prioritäten einer Sonderkommission vorangetriebenen internationalen Ermittlungen gegen den syrischen Staatsangehörigen Monzer Al Kassar fortan nur mehr im Rahmen der routinemäßigen Ermittlungen weiterzuführen. »Er ist zu mächtig, reich und einflußreich geworden, als daß irgendein Polizist auf dieser Welt ihn noch stoppen könnte«, sinnierte ein an den jahrelangen Ermittlungen beteiligter Kriminalbeamter und resümierte frustriert: »Zwei Jahre lang habe ich geglaubt, durch eine bislang beispiellose Zusammenarbeit von Polizeibehörden und Antiterrorspezialisten aus aller Welt könne man einen so gefährlichen Mann wie Monzer Al Kassar dingfest machen. Es hatte 1986 so hervorragend angefangen mit unserer internationalen Kooperation...«

Konferenz bei Interpol

Blenden wir diese zwei Jahre zurück: Ein 30seitiger Ermittlungsbericht des Bundeskriminalamtes vom 20. Juni 1986, Tagebuch-Nr. 16/86, übersetzt in mehrere Sprachen und an Nachrichtendienste und Polizeidienststellen in Europa und Übersee weitergeleitet, kommt auf Seite 29/30 bezüglich der Brüder Monzer Al Kassar, geb. 01.07.1947, Ghassan Al Kassar, geb. 28.07.1942, Haitham Al Kassar, geb. 22.12.1948, und Mazen Al Kassar, geb. 09.01.1953, zu folgenden abschließenden Erkenntnissen und Empfehlungen:

»Die laufenden Ermittlungen zeigen eine tiefe Verstrickung aller vier KASSAR-Brüder in kriminelle Aktivitäten, besonders aber die Unterstützung terroristischer Gruppierungen im Nahen Osten und Westeuropa, des internationalen Drogen- und Waffenhandels und international organisierten Handels mit gestohlenen Luxusfahrzeugen auf. Gegenstand dieses Berichtes ist es nicht, andere kriminelle Aktivitäten wie Scheckbetrug, Dokumentenfälschung etc. aufzuzeigen ... Die KASSAR-Brüder haben ein weltweites Imperium aufgebaut, das nach strikten Regeln von der Familie geführt wird ... Es ist unübersehbar, daß die beiden älteren Brüder Ghassan und Monzer tonangebend sind. Sie leben in palastähnlichen Residenzen, besitzen Privatflugzeuge, luxuriöse Fahrzeuge, verfügen über nahezu unbegrenzte finanzielle Möglichkeiten und führen einen außergewöhnlich extravaganten Lebensstil ... Diese Basis ermöglicht ihnen den Kontakt zu VIPs aus Politik und Wirtschaft, durch die und mit denen sie ihren Einfluß geltend machen.

Zudem haben sie eine unüberschaubare Anzahl bezahlter Helfer, Unterstützer und Sympathisanten, mit denen sie in Europa und außerhalb Europas ihre kriminellen Aktivitäten lenken und durchführen.

Aus all diesen Gründen ist abzusehen, daß eine nationale Sicherheitsbehörde allein kaum in der Lage sein wird, die Organisation der KASSAR-Brüder zu zerstören. Dies wird nur durch eine enge internationale Kooperation und Koordination der Ermittlungen möglich sein ...«

Diesem BKA-Bericht vorausgegangen waren jahrelange Recherchen einzelner Abteilungen des BKA, darunter der Rauschgift- (RG), Terrorismus- (TE), Organisierte Kriminalität- (OK) und der (Sonder-)Ermittlungsabteilung (EA). Schon bald hatte die Amtsleitung des BKA erkannt, daß sich die Aktivitäten der Al Kassar-Brüder, ihnen allen voran Monzer und Ghassan Al Kassar, keineswegs auf die Bundesrepublik Deutschland beschränkten. Das BKA würde daher allein schon aus Zuständigkeitsgründen kaum in der Lage sein, das internationale Netz dieser straff organisierten Bande zu zerstören. Der aus gutem Grund mehrsprachig abgefaßte Ermittlungsbericht war denn auch lediglich als Basis für eine internationale Sonderkommission unter Federführung des »Secrétariat Général« der O.I.P.C., gemeinhin als INTERPOL bekannt, gedacht.

Dessen Generalsekretär, Raymond Edward Kendall, erkannte sofort, daß nur eine internationale Sonderkommission die Al Kassars dingfest würde machen können. Der 1933 in Canterbury geborene Afrika-erfahrene Polizeioffizier hatte im Laufe seiner Dienstzeit Kenntnisse in den unterschiedlichsten Abteilungen sammeln können, die es ihm nun ermöglichte, mit viel Sachverstand und Kompetenz die ungeheuerlichen Dimensionen der Aktivitäten der Al Kassar-Brüder richtig einzuschätzen. Unabhängig von seiner nachrichtendienstlichen Tätigkeit beim britischen Secret Service hatte sich R. E. Kendall mit der »Special Branch« der Kriminalabteilung von New Scotland Yard vertraut machen können, war ab 1971 Leiter der Drogenabteilung von INTERPOL gewesen, wurde 1983 zunächst zum Stellvertreter und 1985 dann zum Generalsekretär der internationalen Polizeiorganisation ernannt. Dieser praxiserprobte Polizeioffizier wird ob seiner hünenhaften Gestalt, seines kantigen Gesichts, aber auch wegen der von ihm ausgehenden Ruhe und Ausgeglichenheit oft als Inbegriff des intelligenten, aber auch draufgängerischen »Bullen« bezeichnet – ein Mann jedenfalls mit außerordentlichen Führungsqualitäten. Die 250 Beamten und Angestellten im INTERPOL-Hauptquartier von Saint Cloud bei Paris schätzen ihn denn auch als Mensch, Offizier und weitsichtigen Kriminalstrategen.

Bereits wenige Tage nach Vorlage des BKA-Ermittlungsberichts beauftragte der INTERPOL-Chef mit dem Kreuz eines Preisboxers, den schmalen Lippen und dem verschmitzten Lächeln einen seiner fähigsten und vertrauenswürdigsten Beamten, den »Specialized Officer« Peter Driscoll von der INTERPOL-Drogenabteilung, ein internationales Arbeitstreffen in Sachen Brüder Al Kassar zu organisieren.

In seinem diese Konferenz vorbereitenden Bericht vom 31. Juli 1986 schreibt Driscoll in dem als VERSCHLUSSSACHE klassifizierten Report (SUBJEKT: THE BROTHERS AL KASSAR) in englischer Sprache an den für Eigentumsdelikte, Tötungsdelikte und Terrorismus zuständigen Leiter der INTERPOL-Sub-Division 1: »Unter Berücksichtigung des oben erwähnten (BKA-) Berichtes wurde entschieden, daß das Generalsekretariat von INTERPOL sich eingehender mit den Aktivitäten der KASSAR-Brüder beschäftigen und eine internationale Sonderkommission gründen wird, (wörtlich) – to bring them to justice ...«

Nach Auflistung der bei INTERPOL vorliegenden Erkenntnisse über die Kassars und einige ihrer bekannten Mittäter schreibt Peter Driscoll unter dem abschließenden Stichwort »Recommendations« (Empfehlungen): »Es ist zu vermuten, daß nachfolgende Staaten sowohl Erkenntnisse über, als auch gesteigertes Interesse an den KASSAR-Brüdern haben: Bundesrepublik Deutschland, Frankreich, Spanien, England, Österreich, Italien, Dänemark, Kanada und USA. Davon ausgehend, daß alle über die KASSARS vorliegenden Informationen weltweit gestreut sind und daß vermutlich weit mehr Erkenntnisse als bislang bekannt existieren, wird empfohlen, dem Vorschlag des Bundeskriminalamtes Wiesbaden zur Bildung einer internationalen Sonderkommission unter Leitung des Generalsekretärs von INTERPOL zuzustimmen, und die Repräsentanten der einzelnen Länder nach Saint Cloud einzuladen ... Saint Cloud, den 31. Juli 1986.«

Sechs Monate später, am 16. Januar 1987, um 9.30 Uhr, eröffnete Raimund Wingenter, Leiter einer »Sub-Division« des INTERPOL-Hauptquartiers, tatsächlich eine Konferenz, die bislang einmalig in der Geschichte dieser Polizeiorganisation ist, galt sie doch faktisch einer einzigen Familie, sprich den zwei führenden Personen des Al Kassar-Clans.

Die beiden Polizeibeamten, die in einem Bus der französischen Police Nationale vor dem mit drei hohen Zäunen geschützten, fünfstöckigen INTERPOL-Gebäude Wache schoben, wunderten sich an diesem grauen Januartag über die Ankunft so vieler Drogenfahnder und Terrorismusexperten aus aller Welt. Sie ahnten, daß Außergewöhnliches in Vorbereitung war und achteten sorgsamer denn je auf alle vorbeifahrenden Fahrzeuge. »Stell' dir nur mal vor«, murmelte einer der beiden mit Maschinenpistolen bewaffneten Polizeibeamten vor dem Haupteingang in einem Anflug von Zynismus, »stell' dir vor, denen legt heute jemand ein großes Ei aus Plastiksprengstoff unter den Hintern! Das gäbe weltweit viele Offizierswitwen.«

Wie geschmacklos diese von einem der ankommenden

Konferenzteilnehmer mitgehörten Bemerkung auch war, so wenig entbehrte sie eines gewissen Realitätsbezugs. Im Jahre 1986 hatten Mitglieder der linksgerichteten französischen Terrorgruppe ACTION DIRECTE eine Bombe über den Zaun vor den INTERPOL-Bau geworfen. Der Sprengkörper war unter dem auf Betonpfeilern stehenden Gebäude explodiert und hatte es um Zentimeter angehoben, ja beinahe zum Einsturz gebracht. Erst danach hatte man den an die Rue Armengaud angrenzenden Zaun auf vier Meter Höhe aufgestockt und vor den Betonpfeilern einen weiteren Zaun errichtet. Seither steht permanent ein Bus der Police Nationale mit schwerbewaffneten Polizisten vor dem Hauptquartier jener Polizeiorganisation, die, wenngleich ohne jegliche Exekutivrechte versehen, doch als Schaltrelais aller 147 INTERPOL-Mitgliedstaaten faktisch eine gewaltige Nachrichten- und Informationszentrale ist und schon manch einer international operierenden Verbrecher- und Terroristengruppierung das Leben schwermachte. Und aus genau diesem Grunde war auch die Konferenz vom 16. Januar 1987 anberaumt worden: Man wollte nach Möglichkeiten suchen, den Terroristen, Waffen- und Rauschgifthändlern, Erpressern, Dieben, Hehlern und Fälschern Monzer, Ghassan, Haitham und Mazen Al Kassar samt ihren Komplizen das Handwerk zu legen – mit legalen polizeilichen Mitteln. Der 16. Januar 1987 sollte nach dem Wunsch der Initiatoren dieses Meetings im INTERPOL-Hauptquartier ein Meilenstein in der Geschichte der internationalen Terrorismus- und Verbrechensbekämpfung werden.

Raimund Wingenter, Konferenzleiter der Sonderkommission, tat sich anfänglich schwer, die anwesenden Spezialisten – durchweg Beamte des gehobenen und höheren Dienstes – einander vorzustellen, ohne nicht des öfteren auf sein Teilnehmerverzeichnis schauen zu müssen. Denn die Einladung des INTERPOL-Generalsekretärs hatte eine überwältigende Resonanz gefunden. Damit wurde bereits im Vorbereitungsstadium deutlich, wie umfassend das Interesse an den Brüdern Al Kassar bei den zuständigen Abteilungen für Terrorismus, Rauschgift und Waffenhandel sowie organisierte Kriminalität, aber auch bei nationalen Staatsschützern und Nachrichtendiensten war. Im Konferenzraum herrschte ein babylonisches Sprachgewirr, bis Driscoll über die Simultananlage die einzelnen Teilnehmer vorstellte, insgesamt 21.

Unter ihnen zwei Beamte des BKA, ein italienischer, zwei niederländische, zwei Angehörige der französischen Antiterroreinheit D.S.T., ein Mitglied der 6ten Division des französischen DCPJ, G. Moreno aus Spanien, F. Eaton von der amerikanischen Drogenbekämpfungsbehörde DEA und insgesamt 9 INTERPOL-Spezialagenten aus den Bereichen Terrorismus, Drogen und Falschgeld.

Die Zusammensetzung der Sonderkommission aus Vertretern nationaler Polizeibehörden, Spezialagenten, Staatsschützern und Nachrichtendienstlern dokumentierte, welchen Dimensionen die Al Kassar-Brüder zugerechnet wurden. Waren die Beamten der kriminalpolizeilichen Fachabteilung als Spezialisten mit gezielten nationalen Interessen anwesend, so sollten die INTERPOL-Vertreter in den einzelnen Staaten dafür Sorge tragen, daß die unterschiedlichsten Belange anderer nationaler Fachabteilungen berücksichtigt würden.

INTERPOL hat weltweit 147 Mitgliedstaaten, jeder von ihnen mit einem nationalen NCB (INTERPOL-)Büro. In der Bundesrepublik ist das NCB-Büro beim Bundeskriminalamt angesiedelt und zählt mit Dolmetschern und Sekretärinnen insgesamt mehr als 40 Mitarbeiter. Zweck dieser NCB-Büros ist es, den unmittelbaren Kontakt zwischen dem INTERPOL-Hauptquartier und den nationalen Polizeibehörden sicherzustellen, um lange bürokratische Wege zu vermeiden und damit eine weltweite, effiziente Kriminalitätsbekämpfung zu garantieren.

Bei dieser außergewöhnlichen Konferenz am 16. Januar 1987 waren aber auch – und das zeigt die Brisanz der Sonderkommission – Beamte des französischen D.S.T anwesend, eines mit dem deutschen Verfassungsschutz vergleichbaren Nachrichtendienstes, außerdem Beamte der 6ten Division der DCPJ, ein Agent der amerikanischen, aber weltweit tätigen Drogenbekämpfungsbehörde DEA und schließlich der bei INTERPOL tätige FOPAC-Spezialagent J. Laugton, ein Experte für »Money Laundering« – Geldwäscherei.

Nicht anwesend – die Staatsschützer und Polizeioffiziere registrierten es mit deutlicher Bestürzung – waren Kriminalbeamte und Nachrichtendienstler aus Dänemark, Kanada und Österreich. Daß Kanada und Dänemark keinen Beamten entsandt hatten, war in gewisser Weise nachvollziehbar. Schon die Vorermittlungen hatten gezeigt, daß sich die Aktivitäten der Brüder Al Kassar in diesen Ländern auf zurückliegende Jahre beschränkten. Daß allerdings kein Vertreter Österreichs nach Saint Cloud gekommen war, wurde mit Verwunderung kommentiert. Ja, diese Tatsache gab der Konferenz einen eigenartigen Beigeschmack. Denn Österreich hatte sich gleich der Bundesrepublik in den vergangenen Jahren durch gezielte Ermittlungen zu einer führenden Kraft beim internationalen Vorgehen gegen das Imperium der syrischen Brüder entwickelt. Das hatte seinen Grund in den besonders auffälligen Aktivitäten der Al Kassars in diesen beiden Ländern. Beim österreichischen Inlanddienst (Staatsschutz) in Wien gibt es umfangreiche Ermittlungsakten, deren Inhalt zumindest einen Teil des Gewalt-Imperiums der Al Kassars durchleuchtet. Unter dem Aktenzeichen 25/D/VR 11948/85 war von einem Gericht in Wien schließlich ein Verfahren wegen »Bildung einer kriminellen Organisation« gegen zwei der Al Kassar-Brüder eingeleitet worden. Bei der Durchsuchung ihrer Büroräume wurde Beweismaterial sichergestellt, aufgrund dessen das Einreise- und Aufenthaltsverbot gegen Monzer Al Kassar ausgesprochen worden war – was diesen freilich nicht gehindert hatte, mit Wissen und Unterstützung einflußreicher österreichischer Politiker und

Wirtschaftsrepräsentanten weiterhin nach Österreich zu kommen, wann immer ihm der Sinn danach stand. Ein österreichischer Beamter des Inlanddienstes gilt wegen seiner jahrelangen Recherchetätigkeit gar als *der* Al Kassar-Experte Europas, und genau dieser Experte des österreichischen Staatsschutzes fehlte nun in Paris.

So mußte sich die Konferenz ohne die Beamten aus Kanada, Dänemark und Österreich an die Arbeit machen. Jeder der anwesenden Polizei- und Nachrichtendienstexperten trug die ihm bekannten Erkenntnisse vor. Binnen weniger Stunden zeichnete sich ab, daß, wenngleich dies einhellig lediglich als »Spitze eines Eisberges« gedeutet wurde, die terroristischen und kriminellen Aktivitäten der vier Brüder Al Kassar derartige Dimensionen angenommen hatten, daß Roy Penrose, Chief Detective der »Drug Squad« (Drogenabteilung) von New Scotland Yard in London indigniert fragte: »Wie konnte das passieren? Die haben binnen weniger Jahre eine Organisation geschaffen, die so mächtig ist, daß ich aufgrund des Ausgangs aller bisherigen Ermittlungsverfahren bezweifle, daß sie je zerschlagen werden kann ...«

Er hatte allen Grund, eine derartige Skepsis an den Tag zu legen. Was da von den einzelnen Beamten an bereits vorliegenden Erkenntnissen über die Brüder Al Kassar vorgetragen wurde, hörte sich an wie das gesamte Strafgesetzbuch-Register: von »einfacher« Eigentumskriminalität über Betrug, Paßvergehen, Urkundenfälschung, Bestechung, Hehlerei, Rauschgifthandel, Kidnapping, Mitgliedschaft bei terroristischen Organisationen – bis hin zur (gerichtlich festgestellten) Beteiligung an Terroranschlägen und dem Verdacht auf Beteiligung an Mord und Totschlag. »Des Teufels Quartett«, meinte einer der Beamten und äußerte Zweifel, ob man diesem international tätigen und allzuoft von namhaften Politikern, aber auch von östlichen Nachrichtendiensten unterstützten Al Kassar-Clan überhaupt noch mit legalen Maßnahmen Herr werden könne.

Daß diese Zweifel gerechtfertigt waren, allerdings aus Gründen, die keiner der Anwesenden offen aussprechen wollte, wurde spätestens in jenem Augenblick deutlich, als die spanische Delegation begann, ihre Erkenntnisse mitzuteilen. Jeder der Geheimdienstler, Kripobeamten und Spezialagenten hatte den Worten der einzelnen Referenten längst entnommen, daß auch Spanien seit Jahren gezielt und in Form von nationalen Sonderkommissionen, bestehend aus Polizeibehörden, Terrorismusfahndern, Steuer- und Zollfahndern, hinter den Brüdern Al Kassar her war. Insider der Konferenz wußten gar, daß über einen längeren Zeitraum alle Telefon- und Telexverbindungen des syrischen Brüder-Quartetts in Spanien abgehört worden waren, daß spanische und französische Terroristenfahnder gar miteinander kooperiert hatten, um diverse Morde und terroristische Aktionen aufzuklären, in die die Al Kassars verstrickt waren.

Mit Neugier und voll Erwartung sah man denn auch dem Referat des spanischen Kollegen Guillamon Moreno entgegen.

Gegen 15.00 Uhr, viele der Konferenzteilnehmer waren angesichts der selbst für sie als Spezialisten unglaublichen Zusammenhänge bereits sprachlos, stand der Ermittlungsbericht Guillamon Morenos an. Er sprach – und die Konferenzteilnehmer begannen verwundert untereinander zu tuscheln. Denn Moreno wußte – ja, »nichts Handfestes, Beweisbares« über die Al Kassars! Er sprach, aber er sagte nichts, verfiel vielmehr in Formulierungen wie »könnte ... wäre denkbar ... müßte überprüft werden... ist mir nicht bekannt«.

Daß Spanien mit Frankreich bei der Aufklärung des versuchten Mordanschlages auf Elias J.A.A. Awad durch ein Mitglied der palästinensischen Terrororganisationen PLF und die Verstrickung Monzer Al Kassars in diesen Anschlag eng zusammengearbeitet hatten, war zumindest noch eine klare Aussage der spanischen Delegation. Danach aber schwante den Konferenzteilnehmern Böses.

Nachdem der Spezialist für Money Laundering (Geldwäscherei), der »Specialized Officer FOPAC«, James Laugton, aus gegebenen Anlaß einen grundsätzlichen Überblick über die Verstrickung der Al Kassars in illegale Geldtransaktionen gegeben hatte, fragte er seinen spanischen Kollegen Moreno, wie in dem schriftlichen Gesprächsprotokoll der Konferenz auf Seite 7 nachzulesen steht, ob es in Spanien eine Bank-Kommission gäbe, die spanische Banken überwache, worauf Moreno sichtlich nervös antwortete, daß es dafür zwar die Zentralbank gebe, für derartige Nachforschungen jedoch ein gerichtlicher Beschluß erforderlich sei. Im gleichen Tenor fragte hernach der Konferenzleiter Raimund Wingenter den Spanier Guillamon Moreno aus Madrid, ob nach spanischem Recht Ermittlungen hinsichtlich der Finanzen – und welche Gelder eventuell aus kriminellen Aktivitäten der Al Kassars herrühren – möglich seien, worauf Moreno sagte, abgesehen von einer sechsmonatigen Untersuchung, die unzulängliche Beweise (insufficient evidence) ergeben hätten, keine weiteren Ermittlungen bezüglich der Finanzen der Al Kassars geführt worden seien.

Als er es sagte, wußte er sehr wohl, worauf diese eher diskreten Fragen seiner Kollegen hinausliefen. Hintergrund waren nämlich nicht zuletzt zwei Passagen in Ermittlungsberichten des Bundeskriminalamtes. In einem für INTERPOL angefertigten und daher ins Französische übersetzten Bericht des BKA vom 16. März 1986 steht auf Seite 2: »Im Rahmen anderer Ermittlungen wurde bekannt, daß Monzer Al Kassar an der in Spanien etablierten BANCO DE BILBAO beteiligt ist. Es besteht der Verdacht, daß diese Bank den Brüdern Al Kassar und anderen Personen als Geldwaschanlage dient.« Und in dem 30seitigen BKA-Bericht vom 20. Juni 1986, Tagebuch-Nr. 16/86, steht auf Seite 25 im Zusammenhang mit dem international bekannten Kokainhändler Kenneth Sydney Young und dessen (Rauschgift)Handelskontakten zu Monzer Al Kassar ganz konkret: »Bei den Ermittlungen zu Young tauchte die BANCO DE BILBAO auf. Young unterhält aktive geschäftliche Verbindungen zu dieser Bank. Monzer hält 51 Prozent des Kapitals dieser Bank. Daher ist anzunehmen, daß er maßgeblich die Geschäftspolitik dieses Unternehmens dirigiert. Westliche Sicherheitskreise haben oftmals den Verdacht geäußert, daß die Kassar-Brüder und andere ›Klienten‹ diese Institution als Geldwäscherei benutzen.«

Guillamon Moreno von der Sektion eins der Brigada Informacion Exterior in der Puerto del Sol No. 7 begann in schlechtem Englisch und durch die gezielten Fragen sichtlich verunsichert zu hüsteln und sagte: »No evidence could be found to directly implicate Monzer Al Kassar!« Was nichts anderes hieß als: »Darüber ist uns nichts bekannt!« Eine Antwort, die für den als Konferenzleiter fungierenden INTERPOL-Gruppenleiter Raimund Wingenter Anlaß genug war, dem spanischen Kollegen weitere Ausführungen zu ersparen.

Um die Formen des Anstandes zu wahren und seinem Kollegen aus Madrid aus der heiklen Situation zu helfen, beendete er das Ich-weiß-nichts-Gestottere Morenos geschickt und resümierte: »Wahrscheinlich achten die Brüder Al Kassar gezielt darauf, daß ihre kriminellen Aktivitäten außerhalb Spaniens liegen, damit sie zumindest ein Land als Rückzugsgebiet haben, wo sie den Anschein erwecken, honorige Geschäftsleute zu sein.«

Daß Raimund Wingenter als Konferenzleiter damit lediglich einen Eklat verhindern wollte – und dafür hatte er gute Gründe –, war allen Konferenzteilnehmern klar. Wie dankbar ihm der bei INTERPOL bekannte spanische Al Kassar-Experte Guillamon Moreno für diese einfühlsame Geste war, wurde am Abend desselben Tages nach Beendigung des offiziellen Meetings auf eindrucksvolle, aber auch peinlich-bemitleidenswerte Weise klar. Denn nach einigen tröstenden Worten seiner Kollegen und einer entsprechenden Menge Beaujolais Primeur in einem Bistro gab Moreno schließlich seinen Kollegen gegenüber zu: »Ich habe in Madrid die Anweisung bekommen, nichts über die Al Kassars zu sagen, was nicht ohnehin bei INTERPOL schon bekannt ist....«

Genau das, argwöhnten seine verständnisvollen Kollegen aus Deutschland, Frankreich, Italien, Belgien, Holland, England und den USA, genau das war wohl auch der Grund, warum der österreichische Kollege erst gar nicht zur Konferenz gekommen war. Denn auch der Wiener Kollege, das war allen Kripo- und vor allem den Nachrichtendienstspezialisten hinlänglich bekannt, wußte Dinge über die Al Kassars, die Österreichs Regierung lieber nicht an die Öffentlichkeit kommen lassen wollte.

»Scheißpolitik«, fluchte einer der INTERPOL-Terrorismus-Spezialagenten am Ende des feuchtfröhlichen Bistroabends und bot seinen Kollegen an: Sollen wir wetten? »Da gibt's in Europa und im Nahen Osten ein paar Politiker und Wirtschaftsbosse, die zu verhindern suchen werden, daß wir dieses Verbrecherimperium der Al Kassars zerstören...«

»Anyway«, konterte sein Kollege vom amerikanischen DEA, »wir kriegen diese Ratten...!«

Wie Phönix aus der Asche der Gewalt

Etwa 100 Kilometer südlich von Paris, nahe Orleans und unweit der Loire, liegt ein kleines, anheimelndes Wasserschlößchen. Der Weg durch Eichenhaine und an einem Bauernhof vorbei führt auf ein Hoftor zu, an dessen Stelle früher eine Zugbrücke die Bewohner des Château vor unliebsamen Besuchern schützte. Verglichen mit den nahegelegenen Prachtschlössern der Loire mutet das Mini-Palais mit seinen knapp 30 Zimmerchen wie ein Gartenhaus an.

Das kleine Wasserschloß mit den schindelgedeckten Zinnen und dem verwilderten Garten dient INTERPOL als Gästehaus. Nur selten stört ein Rasenmäher diese Idylle. Der ehemals kiesbedeckte Anfahrtsweg ist von Unkraut übersät, im Garten wuchern Schlingpflanzen.

Der Waffennarr Raymond Edward Kendall, Generalsekretär von INTERPOL, besitzt in diesem Schloß eine Wohnung. Der Brite liebt es, hier die Wochenenden zu verbringen, Pilze zu sammeln oder seine Angel in den Wassergraben zu hängen und Karpfen für den Grill herauszuziehen. Daß Kendall und einige seiner leitenden Beamten diese ländliche Idylle im Frühjahr 1987 mehrfach aufsuchten, um beim Karpfenangeln wichtige Entscheidungen in der Ermittlungssache Monzer Al Kassar zu treffen, sei aber nur nebenbei bemerkt.

Weitaus bedeutsamer ist, was ab Mai 1987 in den häßlichen Betonflachbauten nahe diesem romantischen Schlößchen geschah.

Knapp 500 Meter vom Schloß entfernt stehen dort auf einer

fußballfeldgroßen Lichtung hinter Stacheldrahtzäunen drei Dutzend Antennenanlagen, riesige Parabolspiegel und Satellitenempfangsstationen – das Herz von INTERPOL. Hier laufen alle Nachrichten und Informationen der 147 INTERPOL-Mitgliedstaaten zusammen, um dann auf dem Landwege ins Hauptquartier nach Saint Cloud weitergeleitet zu werden. Nach der Sonderkonferenz in Sachen Al Kassar im Januar 1987 und den erwähnten Gesprächen zwischen Kendall und seinen Abteilungsleitern im Frühjahr desselben Jahres stellten die Techniker der Funkstation einen auffällig emsigen Funkverkehr zwischen Damaskus, Beirut, Athen, Rom, Mailand, Madrid, Wien, London, Den Haag, Brüssel, Rabat, Rio de Janeiro, Bogota, Washington, Ottawa, Wiesbaden und Genf fest. Wiewohl der Cheftechniker, ein kleiner, hagerer, liebenswürdiger Mann in den 50ern, und sein junger Kollege der Intensität der Funksprüche entnehmen konnten, daß in der Zentrale in Saint Cloud Außergewöhnliches geschah, hatten sie ihrer Aufgabe entsprechend doch wenig Ahnung davon, warum insbesondere die Funkverbindungen zwischen Saint Cloud, Madrid, Wien, Wiesbaden und Brüssel so häufig belegt waren. Sie sahen nur an den ständig aufleuchtenden roten Lämpchen über den jeweiligen Relais, daß diese Leitungen laufend besetzt waren. Das ging mehrere Monate so. Dann brach der Funkverkehr abrupt ab.

Auch die INTERPOL-Angestellten in der Zentrale von Saint Cloud, die jene von den Antennen bei dem Wasserschloß übermittelten Nachrichten in Form von Telegrammen und Telexen entgegennahmen, wunderten sich über die Intensität des Funkverkehrs. Die meisten Nachrichten trugen den Vermerk: Betrifft/Reference: BROTHERS AL KASSAR.

In dem 250 Beamte und Angestellte zählenden Hauptquartier entgeht Wichtiges kaum der allgemeinen Aufmerksamkeit. Mit Ausnahme der Terrorismusabteilung, deren stets verschlossene Tür nur befugten Personen Zutritt gewährt, kursieren wichtige Nachrichten schnell im Hause. So war denn ab Mai 1987 bekannt, daß man mal wieder im trüben große Fische zu fangen versuchte.

Unter der Leitung INTERPOLS sammelten alle direkt oder indirekt an der Sonderkommission BRÜDER AL KASSAR beteiligten Polizeibüros in Europa, Nord- und Westafrika, Süd- und Nordamerika, im Nahen und Mittleren Osten wie auch in Asien Informationen. Wie ein Puzzle wurden Daten, Erkenntnisse, Aktenzeichen, Verdächtigungen und Vermutungen der Nachrichtendienste zu einem voluminösen Dossier zusammengetragen. Was nach Monaten weltweiter Recherchen als Vorermittlungsbericht vorlag, war erschreckend. Das Spektrum der Straftaten, Verdachtsmomente und Gerüchte übertraf selbst noch die Erwartungen jener Beamten, die sich bis dahin als Kenner des Al Kassar-Imperiums betrachtet hatten. Was aber jene verwunderten Experten am meisten schockierte, war die Tatsache, daß dieses Imperium der Gewalt in so erschreckend kurzer Zeit hatte entstehen können – nahezu unbemerkt von den nationalen Polizeibehörden und ohne nennenswerte Versuche, den Anfängen zu wehren.

Die schillerndste Figur dieses Quartetts aus Syrien, die Vorermittlungen zeigten das eindeutig, war Monzer Al Kassar. Nur 15 Jahre hatte er seit seiner ersten polizeilich registrierten Straftat (Autodiebstahl) benötigt, um einerseits vom französischen Magazin »Paris Match« im Rahmen einer Reportage über die Jet-Set-Enklave Marbella ob seines Reichtums und seines extravaganten Lebensstils der »Prinz von Marbella« genannt, andererseits von einem britischen Journalisten des »Observer« verdächtigt zu werden, »der Banker der PLO« zu sein.

Als man in Paris das Dossier zusammenstellte, war von der österreichischen Presse längst berichtet worden, daß er von staatseigenen österreichischen Waffenkonzernen 100 Millionen Schilling Vermittlungsprovision für illegale Waffengeschäfte mit dem Iran erhalten habe, daß die CIA hinter ihm her sei und die DEA ihn längst zu den ganz Großen des internationalen Rauschgifthandels zähle. Und noch etwas war – durch ein Gerichtsurteil in Paris (s. S. 172) – ruchbar geworden: seine Unterstützung terroristischer Gruppierungen – und seine aktive Mitgliedschaft bei einer palästinensischen »Befreiungsbewegung«.

Eine solchermaßen außergewöhnliche Karriere als Rauschgift- und Waffenhändler, Autodieb und Terrorist, Jet-Set-Prinz und Imperator über eine straff organisierte Verbrecherorganisation ist bisher ohne Beispiel. Doch von dem Tag an, da er die Pfade der Tugend verließ, bis hin zu der INTERPOL-Sonderkonferenz, hinterließ Monzer Al Kassar Spuren – Blutspuren.

Monzer Al Kassar wurde als zweiter von vier Söhnen des Geschäftsmannes Mohamed Al Kassar und dessen Frau Mnwar am 1. Juli 1947 – ein Jahr nach dem offiziellen Abzug der letzten französischen und britischen Truppen aus Syrien – in Yabroud, einem kleinen Städtchen an der Nationalstraße Fünf, 38 Kilometer nördlich von Damaskus, geboren. So angesehen die Familie Al Kassar in Yabroud war, so erfolgreich entwikkelten sich des Vaters Geschäfte, von denen niemand im Ort so richtig wußte, welcher Art sie nun eigentlich waren. Unübersehbar aber war der wachsende Wohlstand Mohamed Al Kassars. Schon bald besaß er Geschäftsräume in der Hauptstadt Damaskus, gewann über die später nationalistisch-sozialistisch ausgerichtete Partei »Hisb el Baath el Arabi el Ischtirak«, Sozialistische Partei der arabischen Wiedergeburt (Baath-Partei), politischen Einfluß und trat kurz nach der Unabhängigkeit Syriens aktiv ins parteipolitische Geschehen ein.

Seine Zugehörigkeit zur religiösen Minderheit der Alauiten, zu der auch der jetzige Staatspräsident Syriens, Hafez Al Assad gehört, erleichterte ihm eine Senkrechtstarter-Karriere als Politiker. Schon wenige Jahre nach des Vaters ersten Gehversuchen auf dem parteipolitischen Parkett zog die Familie Al Kassar von Yabroud nach Damaskus. Sohn Monzer studierte an der dortigen Universität Rechtswissenschaften. Seine besten Freunde wurden sein einstiger Spielkamerad aus Yabroud, Farouk Al Kabbani, Sohn von Abdel und Fakhreyad Kabbani – und Mohammed Zaidan Abbas.

Das herrschaftliche Haus der Al Kassars in der Avenue Abu Raman im Diplomatenviertel der syrischen Metropole ließ die Bewohner Yabrouds argwöhnen, die Al Kassars hätten beim Handel ein besonders glückliches Händchen. Mit Handel meinten sie allerdings weniger des Mohamed Al Kassars kleines Schmuckgeschäft an der Port Said Road, wo er Gold und Juwelen verkaufte, nein, sie meinten Rauschgifthandel. Yabroud nämlich ist eines jener syrischen Dörfer, deren Bewohner ihren Reichtum auf den Handel mit Haschisch und Heroin beziehungsweise mit der Grundsubstanz des Heroins, der Morphinbase, gründen. Das im Libanon parallel zur Mittelmeerküste im Landesinnern gelegene Bekaa-Tal, von Yabroud durch den Gebirgszug des Antilibanon getrennt, war und ist eines der Hauptanbaugebiete dieser Rauschgifte im Nahen Osten. Und da weder die syrische noch die libanesische Polizei ernsthafte Bemühungen unternahm – und auch heute nicht unternimmt –, den lukrativen Handel mit Rauschgift zu unterbinden, wurde die Rauschgiftsucht der Menschen in Europa und Amerika alsbald zur Basis des Wohlstandes der nahe dem Bekaa-Tal wohnenden Syrer.

Die Vermutung, Mohamed Al Kassar sei tatsächlich an Rauschgiftgeschäften maßgeblich beteiligt – und der arabischen Familientradition entsprechend seine vier Söhne auch –, wurde erstmals im Sommer 1970 bestätigt. Vater Mohameds respektabler politischer Werdegang hatte ihn mittlerweile zum Sonderbotschafter Syriens gemacht – mit besten Kontakten zu Geheimdiensten. Er reiste samt Familie durch die Welt, hielt sich längere Zeit in Kanada auf, unterhielt intensive geschäftliche Beziehungen zu Europa – insbesondere zu Italien, England und Österreich – und wurde schließlich Botschafter in Indien.

Bald offenbarte sich die kriminelle Energie seiner vier Söhne. Sohn Ghassan, 1942 geboren und damit der Älteste, wurde laut einem Ermittlungsbericht des Innenministeriums in Rom am 24. Oktober 1969 in Mailand in Verbindung mit gestohlenen Luxusfahrzeugen und gefälschten Dokumenten festgenommen. Im Besitz seines ersten falschen (afghanischen) Passes reiste Ghassan unter dem Namen Galeb Hoscini, wohnhaft in Bagdad/Irak, umher und verscherbelte fünf geklaute Autos. Die Luxus-Boliden, so ermittelte die italienische Polizei und wunderte sich schon damals, wurden über Sofia weltweit verschoben.

Zwei Monate später, am 12. Januar 1970, wurde Ghassan erneut wegen des gleichen Deliktes festgenommen, diesmal in Wien und zusammen mit seinem Bruder Monzer. Schließlich, am 3. Februar desselben Jahres, wurden sie erneut ertappt, diesmal in Triest, wo wieder Monzer mit von der Auto-Klau-Partie war.

Die Ermittlungen in Triest freilich zeigten erstmals, in welch internationalem Maßstab die beiden Brüder aktiv waren. Mittäter Carlo Mazzoni stammte ebenso wie Giovanni Murino aus Italien; Constantinous Bertiou und Georges Kargadouris waren Griechen; Farouk Irabi, ein aus Israel gebürtiger Syrer, lebte zu diesem Zeitpunkt in Indien, und Mohamed Marwan Hamani, ein aus Aleppo gebürtiger Syrer, residierte in Sofia/Bulgarien. Beteiligt an den Deals mit den Luxusfahrzeugen waren nach Erkenntnissen des italienischen Innenministeriums aber auch die deutschen Staatsangehörigen Karl Heinz Fitten, Alfred Vogler, Hans Coestringher (alias Hans Baumgärtner, alias Hans Erich, alias Gert Dieter Poitermann) sowie der Österreicher Franz Stefan (alias Erich Fhum). Die Nationalität dieser Mittäter sollte für die späteren Aktivitäten der Al Kassars von erheblicher Bedeutung sein.

Eine herausragende Rolle spielte allerdings das Ostblockland Bulgarien.

Mit der Versetzung des Vaters nach Indien als syrischer Botschafter kristallisierte sich dann auch schnell heraus, daß der Al Kassar-Familienclan Diplomatie und kriminelle Aktivitäten bestens miteinander in Einklang zu bringen wußte. Aus der schmucken Diplomatenvilla in der Panchsheel-Marg-Straße Nr. 10 in Neu-Delhis noblem Vorort Chankiya Puri heraus entwickelten sie Aktivitäten, die so gar nicht zu dem Bild passen wollen, das man sich von einem Botschafter gemeinhin macht. Ein »Enquiry Report« der Kriminalpolizei Neu-Delhi vom 1. Okt. 1970 beschäftigte alsbald Scotland Yard in London. Es ging um Scheckbetrug und Scheckfälschungen, den Verdacht auf Kraftfahrzeugdiebstahl und den Besitz falscher Ausweispapiere. Als die Familie Ende 1970 Indien verließ, waren die dortigen Behörden für Momente versucht, diplomatische Verwicklungen mit Syrien heraufzubeschwören. Denn im Diplomatengepäck der Al Kassars befand sich nach Informationen sowohl der amerikanischen Drogenbekämpfungsbehörde DEA als auch nach Erkenntnissen indischer Behörden mindestens 100 Kilogramm Haschisch. Aber man ließ die Al Kassars unbehelligt.

Während der Vater seine geschäftlichen Erfolge und die Tatsache, daß die Polizei ihm bislang nichts anhaben konnte, auf Cleverness zurückführte, neigte die auffallend religiöse Mutter Mnwar eher zum Mystizismus. Die krummen Geschäfte ihrer vier Söhne ängstigten sie, und so begann sie immer dann, wenn einer ihrer Sprößlinge das Haus verließ, Allah um Schutz und Segen zu bitten. Diese Eigenart hat sie bis heute nicht abgelegt. Monzer selbst gab einmal zu: »Nur den Gebeten meiner Mutter habe ich die geschäftlichen Erfolge, mein Glück, zu verdanken.«

Aber zunächst blieben die Gebete der Mutter um Allahs Schutz und Segen für ihre Söhne jedenfalls bezüglich Monzer ungehört. Die Pechsträhne, von Monzers Mutter als »Zeichen Allahs« gedeutet, begann mit der Festnahme des zu dieser Zeit 25jährigen Diplomatensohnes Monzer Al Kassar am 15. Februar 1972 in Kopenhagen. Unter dem Aktenzeichen 196202/72 sind die Ermittlungen der dänischen Polizei zusammengefaßt. Zusammen mit drei libanesischen Mittätern wurde Monzer verdächtigt, große Mengen Haschisch in Autos versteckt, vom Libanon nach Dänemark geschmuggelt und dort verkauft zu haben. Monzer, längst mit gewissen Führungsqualitäten behaftet und finanziell bereits in der Lage, bezahlte Mittäter die gefährliche Arbeit machen zu lassen, schien zunächst unbeschadet aus dem Ermittlungsverfahren herauszukommen. Die Kripo konnte ihn erst in dem Augenblick des Drogenschmuggels überführen, als einer der Mittäter aussagte und bei einem anderen eine Telefonnummer gefunden wurde; unter dem Telefonanschluß Kopenhagen 19 22 65 wohnte in der Mariendalsvej Nr. 17 der in Damaskus geborene Libanese Samir Hanna, der nachweisen konnte, daß er Monzer Al Kassar zwar ein Zimmer seiner Wohnung vermietet, ansonsten aber nichts mit ihm zu tun habe. In dem Zimmer des »Untermieters« stellte die Polizei eine Tasche mit Haschischrückständen – und mit den Fingerabdrücken Monzers sicher.

Weil der Haftbefehl gegen ihn zwischenzeitlich mangels Haftgründen aufgehoben worden war und Monzer Dänemark schnellstens verlassen hatte, entging er einer längeren Strafe. Aber nur für kurze Zeit.

Die Nachermittlungen der dänischen Polizei ergaben nämlich, daß der Syrer Monzer Al Kassar nicht nur für den Schmuggel aus dem Jahre 1972 verantwortlich zeichnete. Im Februar 1973 belieferte er einen dänischen Rauschgifthändler mit drei Kilogramm Haschisch libanesischer Herkunft und bester Qualität. Gedacht waren diese drei Kilo, im Verkauf immerhin gut 20 000 Mark wert, allerdings nur als Probe. Weitere 96 Kilo sollten, in zwei Autos von Beirut auf dem Landwege nach Dänemark geschmuggelt, folgen. Das hätte

Monzer Al Kassar die nette Summe von rund 400 000 Mark eingebracht. Der Probekauf brachte aber erneut die dänische Polizei auf seine Spur. Am 16. März 1973 erließ ein Gericht in Kopenhagen Haftbefehl gegen Monzer wegen »des dringenden Verdachts des international organisierten Schmuggels großer Mengen Betäubungsmittel«.

Weil ihm das Pflaster in Dänemark zu heiß wurde, setzte sich Monzer nach England ab und gründete dort die Import-Export-Firma ESPARGO, mit Niederlassung in der Londoner Abbington Road Nr. 68 und einer Tochterfirma in Beirut. Scotland Yard war der Syrer mit dem väterlichen Diplomaten-Rückhalt vom ersten Tag der Einreise an höchst suspekt. Beamte überwachten ihn und seine Firma ESPARGO. Und prompt wurde er am 20. Oktober 1974 bei der Übergabe von 5,2 Kilogramm Haschischöl ertappt und festgenommen. Das Haschischkonzentrat war bei den Flower-Power-Hippies jener Zeit besonders beliebt. Man konnte den zähen Extrakt in völlig unverdächtige Pfeifen tröpfeln und paffend durch die Straßen laufen, während ein Joint gleich jeden Polizisten in Rage brachte. Und zudem war die Wirkung des Haschischkonzentrats so phänomenal, daß man von einer einzigen Pfeife gut 24 Stunden »high« war.

Nach sechs Monaten Untersuchungshaft verurteilte der Central Criminal Court in London Monzer am 28. April 1975 zu eine Freiheitsstrafe von 18 Monaten. Ganz glücklich war der vorsitzende Richter freilich mit dem Urteilsspruch der Geschworenen nicht. In London hatte man zwar inzwischen erfahren, daß Monzer Al Kassar in Dänemark wegen Rauschgiftschmuggels gesucht wurde, und hatte deshalb auf Ersuchen Dänemarks ein Sammelverfahren eröffnet. Doch von den drei anhängigen Verfahren mußten zwei (darunter das von Kopenhagen) mangels Beweisen eingestellt werden. Aufgabe des britischen Gerichts war es, anhand der von Kopenhagen übermittelten Beweise über eine Auslieferung Monzers nach Dänemark zu entscheiden. Doch die Beweislage war nach britischen Rechtsgrundsätzen sehr dürftig. Wieder und wieder waren die Geschworenen zur Beratung in ihrem Kämmerlein verschwunden. Aber sie kamen zu keinem einstimmigen Schuldspruch. Wohl ahnend, daß er da einen nicht unbedeutenden Rauschgifthändler vor sich auf der Anklagebank sitzen habe, aber der Rechtsstaatlichkeit verpflichtet, beendete Richter Henry Cravey die Verhandlung mit den Worten: »Ich habe leider keine andere Wahl, als Sie unter Anrechnung der Untersuchungshaft freizulassen.«

Sonderlich beeindruckt schien Monzer Al Kassar nicht, daß er nur knapp einer mehrjährigen Freiheitsstrafe entkommen war. Statt England zu verlassen, gründete er eine neue Import- und Exportfirma in London North 2, The Quadrangle Nr. 203. Kaum drei Monate nach der Firmengründung tickerte der Fernschreiber bei der Drug Squad von New Scotland Yard in London. Am 8. April 1976 teilte das Bundeskriminalamt Wiesbaden den Briten mit: »Am heutigen Tag Sicherstellung von 500 Kilogramm Haschisch in München. Das Haschisch (»roter Libanese«) war in einem für den Transport von Kühlschränken deklarierten und in Jugoslawien registrierten Lastwagen versteckt. Vermutlich syrische Hintermänner. Einige der Organisatoren sind wohnhaft in Frankfurt/Main. Die Ware war bestimmt für England. Es besteht der Verdacht, daß Drahtzieher des Transportes ein Syrer namens Al Kassar, Vorname Monzer, geboren 1. Juli 1945 ist.«

Doch so sehr Scotland Yard sich bemühte, Monzer Al Kassar für diese 500 Kilogramm Haschisch vor Gericht zu bringen, es gelang nicht. Zu viele der Informationen, die den Briten von den Drogenfahndern des BKA Wiesbaden übermittelt wurden, stammten aus Informanten-Quellen, waren nicht gerichtsverwertbar, weil damit die Gefahr der Enttarnung der vom BKA in diesem Rauschgifthändlerring eingesetzten »verdeckten Ermittler« bestanden hätte. Der Schutz solcher oftmals über viele Jahre aufgebauten »Untergrund-Fahnder« hat Vorrang vor jedem kurzfristigen Erfolg. Und entsprechend blieb es auch in der BRD bei der Sicherstellung der 500 Kilogramm Haschisch: Man erhob nicht Klage gegen Monzer Al Kassar der Organisation des Transportes wegen, obwohl man wußte, daß er der Drahtzieher war.

Aber sowohl in Wiesbaden wie in London widmete man Monzer Al Kassar fortan große Aufmerksamkeit. Denn die erfahrenen Drogenermittler konnten sehr wohl hochrechnen: 500 Kilogramm Haschisch kosteten den Einkäufer selbst zu Großmarktpreisen im Libanon immer noch gut 300 000 Mark. Die Organisation des Transportes, Bestechungsgelder für jene Zollbeamten, die den T.I.R.-Lastwagen im Libanon verplombten – womit der Ware Unbedenklichkeit bescheinigt und die Durchfahrt durch alle Transitländer sichergestellt ist –, die Bezahlung der Fahrer – all das ist so kostenintensiv, daß nur eine Organisation mit entsprechenden finanziellen Mitteln dahinterstecken kann. Das Risiko mit verplombten Fahrzeugen ist jedoch gering, die Gewinnspanne exorbitant. 500 Kilogramm Haschisch hätten in England – an Mittelsmänner verkauft – gut und gerne zwei Millionen Mark eingebracht. Und selbst wenn nur jeder zweite Transport sein Ziel erreicht, ist der Profit noch immer gewaltig. Verluste sind ohnehin im Preis einkalkuliert.

Im folgenden Jahr 1977 entwickelten sich die kriminellen Karrieren der Brüder Monzer und Ghassan Al Kassar beachtlich. Eine neue Dimension der Kriminalität zeichnete sich ab. Ghassan, Monzers ältester Bruder, mit dem er ständig in Kontakt stand, hatte bereits im Jahre 1975 unter den argwöhnischen Augen des italienischen Nachrichtendienstes Kontakt mit der italienischen Mafia-Familie Badalamenti aufgenommen.

Das Abkommen, das Ghassan mit der »ehrenwerten Familie« traf, war ebenso lukrativ wie neu für die europäischen Drogenfahnder: Drogen gegen Waffen. Ghassan lieferte den Mafiosi Heroin aus dem Bekaa-Tal und wurde statt mit Geld mit in Italien hergestellten Waffen bezahlt, die er im Nahen

Osten verkaufte. Dieser Tauschhandel gilt als Geburtsstunde des »Narco-Terrorismus«, einer neuen Variante der organisierten Kriminalität in Europa.

Das Geschäft blühte. Denn 1975 begannen die bürgerkriegsähnlichen Auseinandersetzungen im Libanon. Waffen waren begehrt, Heroin aus dem Bekaa-Tal en masse vorhanden. Und obwohl die italienischen Nachrichtendienste von diesem Waffen-Heroin-Geschäft wußten, schritten sie nicht ein. Ein am 5. Juni 1977 in Triest eingeleitetes Verfahren gegen Ghassan wegen »Bildung einer kriminellen Vereinigung, mit dem Ziel, Drogen und Waffen zu schmuggeln«, das auch bei der INTERPOL-Konferenz im Januar 1987 seitens der italienischen Delegation en détail erwähnt wurde, mußte mangels Beweisen eingestellt werden. Das Innenministerium hatte sich geweigert, als GEHEIM klassifizierte und von Geheimagenten gewonnene Ermittlungserkenntnisse dem Gericht vorzulegen. Es ging dabei letztendlich um die Wahrung politischer Interessen Italiens im Nahen Osten. Damals schon zeichnete sich ab, daß Italien innerhalb Europas eine gewisse Sonderstellung bei der Beurteilung der politischen Ziele der PLO und anderer palästinensischer »Befreiungsbewegungen« einzunehmen beabsichtigte. Sowohl für die Al Kassars wie auch für die terroristischen Aktionen palästinensischer Gruppen sollte das schon bald von erheblicher Bedeutung sein. Und: Rauschgift interessierte die italienischen Nachrichtendienstler in diesem Zusammenhang reichlich wenig. Damit aber halfen sie Ghassan und später auch Monzer eines der Fundamente ihrer späteren Macht zu festigen. Mit Heroin, das hatten beide nämlich schnell erkannt, war weit mehr Geld zu machen als mit Haschisch. Und Transportprobleme wie bei großen Mengen Haschisch gab es mit der pulverisierten Droge auch nicht. Für die zum Export von Waffen erforderlichen Endverbraucher (enduser)-Zertifikate – echte italienische Dokumente – sorgte die Mafia über ihre politischen Freunde in Rom.

Das Jahr 1977 verlief für Monzer entsprechend gewinnbringend, aber auch nervenaufreibend. Am 12. Februar informierte Scotland Yard, dessen Drogenabteilung Monzer Al Kassar unter ständiger Beobachtung hatte, das Bundeskriminalamt in Wiesbaden, daß Monzer ganz offensichtlich der Kopf einer international organisierten Rauschgifthändlergruppe sei. »Sie transportieren nach unseren Informationen Drogen aus der Türkei via Jugoslawien und die Bundesrepublik Deutschland nach Dänemark und England. Monzer Al Kassar reist unter dem Falschnamen Dalzeil, vermutlich ein deutscher Paß, Einzelheiten nicht bekannt. Mittäter sind: Henry Shaheen, geb. 22. Nov. 1943, und Michael Szarowicz, geb. 14. Sept. 1948. Beide Mittäter hier einschlägig bekannt.«

Shaheen und Szarowicz wurden aber schließlich doch zusammen mit Monzer Al Kassar des Rauschgifthandels überführt. Am 18. Oktober 1977 wird Monzer erneut vor dem Central Criminal Court in London wegen Drogenhandels zu einer Freiheitsstrafe von zweieinhalb Jahren verurteilt. Ein lächerliches Strafmaß in Anbetracht der Mengen, die er tatsächlich nach England geschmuggelt hatte. Doch auch in diesem Verfahren war die Beweislage äußerst dürftig. Monzer war längst mächtig und reich genug, bezahlte Handlanger die Drecksarbeit für sich machen zu lassen.

Die Haftzeit Monzers wurde noch zusätzlich getrübt durch die Mitteilung, sein Bruder Ghassan sei am 23. Januar 1978 am Flughafen von Paris im Besitz von 1,85 Kilogramm Heroin festgenommen worden. Einer der Mittäter Ghassans war Farouk Al Kabbani, Sohn von Abdel und Fakhreyad Al Kabbani aus Yabroud, dem Heimatdorf der Al Kassars. Mit Abdel Al Kabbani, einem ehrenwerten Geschäftsmann, hatte schon Monzers Vater Mohamed Heroingeschäfte getätigt. Aus Paris ging nach der Festnahme Ghassan Al Kassars ein Telex mit folgendem Wortlaut nach Rom, Bangkok und Damaskus:

Betr.: AL KASSAR, Ghassan, geb. 28.07.1942, syrischer Staatsangehöriger.
Festnahme der oben angeführten Person am Flughafen Orly bei der Übergabe von 1,85 kg Heroin. Schein-Ankäufer war kanadischer Undercover-Agent. 1 kg Heroin war im Besitz von AL KABBANI, der es aus Italien nach Paris transportiert hatte. 850 Gramm waren von Silvano GARINELLA, geb. 6.12.1944 in Triest, am gleichen Tag aus Damaskus via Beirut gebracht worden.

Am 9. Februar 1979 verurteilte ein Schwurgericht in Paris Ghassan Al Kassar in Paris wegen Rauschgifthandels zu einer Freiheitsstrafe von acht Jahren. Eine Revision wurde abgelehnt.

Ghassan Al Kassars Verbindungen zur italienischen Mafia-Familie Badalamenti seit dem Jahr 1975 und die schon 1969 deutlich gewordenen Verbindungen beider Al Kassar-Brüder nach Bulgarien stellten sich anfänglich als zwei völlig unterschiedliche Komponenten ihrer kriminellen Aktivitäten dar. Doch mit der Festnahme und Verurteilung Ghassans wurde deutlich, daß mehr dahintersteckte.

Die Badalamenti-Familie war eine jener Mafia-Gruppen, die sich entschieden hatten, ihre illegalen geschäftlichen Aktivitäten um den Rauschgifthandel zu erweitern. Während sich andere Mafia-Gruppierungen zunächst gegen das dreckige Geschäft mit Drogen verwahrten, es für nicht mit ihrem Ehrenkodex vereinbar hielten, entschieden sich Vito und Gaetano Badalamenti als »Paten« der Familie, aber auch als Mitglieder der geheimen Mafia-Dachorganisation, der »Kommission«, ins Drogengeschäft einzusteigen. Der Kontakt zu Ghassan Al Kassar schien dafür prädestiniert. Denn Ghassan verfügte durch seinen Vater, den langjährigen syrischen Botschafter, über gute Kontakte zu Diplomaten aus diversen Ostblockstaaten. Die UdSSR, und in ihrem Windschatten alle anderen Staaten des Warschauer Paktes, engagierten sich bereits Mitte der 70er Jahre sehr stark in Syrien. 1986 war Syrien mit 13,5 Milliarden Dollar im Ausland verschuldet. 8,5 Milliarden waren davon an die UdSSR für Waffenkäufe zu zahlen.

Mit den 1975 beginnenden bürgerkriegsähnlichen Auseinandersetzungen im Libanon wurde der Nahe Osten zum Tummelplatz internationaler Waffenhändler. Der Libanon rüstete ebenso auf wie Syrien. Hinzu kam der gewaltige Bedarf an Waffen für die unterschiedlichen palästinensischen Befreiungsbewegungen, die von Syrien und dem Libanon aus gegen Israel kämpften. In diesen Jahren waren die italienische Mafia und Ghassan Al Kassar mit die ersten, die erkannten, daß das Tauschgeschäft Heroin gegen Waffen gewaltige Profite abwarf. Ganz ihrer Tradition entsprechend verfügte die Mafia über hervorragende Kontakte zu Waffenhändlern aus aller Welt. Nur, eine perfekte Infrastruktur für den Drogenhandel hatte sie Mitte der 70er Jahre ebenso wenig wie Kontakte zu den Hauptanbauländern des Heroins: Libanon, Türkei und dem sogenannten Goldenen Dreieck – Thailand, Laos und Birma. Mit diesen Verbindungen konnte allerdings Ghassan Al Kassar aufwarten. Umgekehrt hatte Ghassan zwar hervorragende politische Kontakte zu Waffenabnehmern im Nahen Osten und beste Verbindungen zu Heroinproduzenten. Ihm wiederum mangelte es jedoch an Kontakten zu Waffenproduzenten und -lieferanten. Der Pakt mit der Mafia lag da nahe.

Ein BKA-Ermittlungsbericht vom März 1986 hierzu: »Ghassan Al Kassar unterhält beste persönliche Kontakte zu namhaften Personen und militärischen Kreisen in Syrien. Es sollte zur Kenntnis genommen werden, daß er seit 1975 mehrfach mit führenden Persönlichkeiten der Badalamenti-Familie zusammentraf. Ziel dieser Treffen war es, die Lieferung von Heroin gegen in Italien hergestellte Waffen zu organisieren.«

Die Festnahme Ghassan Al Kassars vom 23. Januar 1978 am Pariser Flughafen dokumentierte schließlich, daß sich Ghassan und die Badalamenti-Familie sehr schnell über die Aufgabenverteilung bei zukünftigen Waffen-Heroin-Geschäften geeinigt hatten. Einer der in Paris festgenommenen Mittäter, der dann zu acht Jahren Freiheitsstrafe verurteilte 23jährige Genuese Roberto Garupi, alias Silvano Garinella, war ein als Drogenkurier eingesetztes Mitglied der Badalamenti-Mafiosi!

Allerdings stand das erste Heroingeschäft von Anfang an unter schlechten Vorzeichen. Italiens Nachrichtendienste, sonst sehr zurückhaltend bei den Ermittlungen in Sachen Al Kassar/Mafia, weil einige der Waffenlieferanten für die Mafia schließlich staatliche italienische Rüstungsbetriebe waren, sahen nämlich in den Auslandsgeschäften der Badalamentis und Ghassan Al Kassars eine sehr willkommene Gelegenheit, sich einiger Probleme zu entledigen, ohne selbst in Aktion treten zu müssen. Sie informierten schlichtweg den in Rom ansässigen Agenten der amerikanischen Drogenbekämpfungsbehörde DEA über die Heroingeschäfte der Badalamentis und Ghassan Al Kassars. Daß die USA daran Interesse haben würden, wußten die italienischen Nachrichtendienstler längst. Denn der Mafia-Clan der Badalamentis hatte geschäftliche Kontakte via Brasilien in die USA. Das von Ghassan Al Kassar nach Italien an die Badalamentis gelieferte Heroin wurde, so hatte die DEA ermittelt, von Italien über die Iberische Halbinsel nach Brasilien und von dort nach Florida verschifft. Parallel dazu hatte Ghassan noch Heroinkontakte zu französischen Drogenhändlern der »Pied-Noir« in Marseille und libanesisch-syrischen Händlern in Madrid (mit engen Verbindungen nach San Sebastian) aufgenommen. Entsprechend stark engagierte sich die DEA, als der Tip von Italiens Nachrichtendiensten kam, da existiere jetzt auch noch eine Frankreich-Connection für Heroin.

Neun Monate brauchte die DEA, um über ein paar Vertrauenskäufe einen ihrer Undercover-Agenten einzuschleusen. Der DEA-Agent war zur Tarnung als kanadischer Kaufinteressent aufgetreten. Als am 23. Januar 1978 die 1,85 Kilogramm Heroin am Pariser Flughafen an den als Aufkäufer eingeführten DEA-Agenten übergeben wurden, schnappte die Falle zu. Die italienischen Nachrichtendienstler waren zufrieden, die französischen Drogenfahnder und die DEA auch – Ghassan Al Kassar und seine Badalamenti-Connection aufgeflogen.

Ghassans Knastaufenthalt konnte die ehrgeizigen Mafia-Pläne im Heroingeschäft allerdings nicht zunichte machen. Statt Ghassan übernahm nun Monzer die Geschäfte. Kaum daß er nach Verbüßung von zwei Drittel seiner Haftstrafe aus dem Londoner Gefängnis entlassen worden war, zeichnete sich seine Position im Heroingeschäft als Stellvertreter Ghassans ab. Am 26. September 1979, also nur sechs Wochen nach Monzers Entlassung aus der Haft in London, schickte New Scotland Yard ein Telex nach Paris mit der Bitte um Amtshilfe. Die Drogenfahnder aus London hatten unmittelbar nach Monzers Entlassung begonnen, dessen ehemalige Mittäter zu observieren. Bei einem von ihnen, Henry Shaheen, hatte Scotland Yard gar das Telefon angezapft und aus einem Telefongespräch entnommen, daß irgendeine Aktion anstand. Shaheen plante nach Paris zu fliegen. »Wir bitten um Mitteilung, wer Inhaber des Telefonanschlusses Paris 531-80-30 ist. Besagter Anschluß wurde hier bei Rauschgiftermittlungen bekannt«, telexten sie ihren Kollegen. Die Antwort aus Frankreich erstaunte die Männer der Drug Squad in London nicht. Unter dieser Telefonnummer war kein anderer als Monzer Al Kassar erreichbar. Und: dieselbe Telefonnummer war in Verbindung mit der Festnahme von Ghassan Al Kassar und in Verbindung mit Heroin aus dem Libanon schon einmal aufgetaucht.

Weil damit der begründete Verdacht bestand, Monzer Al Kassar und seine ehemaligen Mittäter würden die Heroin-

Connection weiter ausbauen, begannen die französischen Rauschgiftfahnder nach Monzers Rückkehr von einer Reise nach Tunesien, Syrien und dem Libanon den verdächtigen Syrer zu observieren. In der Akte Nr. 369 540 des Secrétariat Général von INTERPOL heißt es zusammenfassend: «In den ersten 15 Tagen des Juli 1980 wurde Monzer in Paris observiert. Seine Adresse wurde identifiziert als Rue Cépré No. 19, Paris XV. Er ist den französischen Behörden einschlägig bekannt und steht unter dringendem Verdacht, ein bedeutendes Netz von Heroinschmugglern zu leiten. Es steht zu vermuten, daß er die Position seines in Frankreich in Haft befindlichen Bruders Ghassan übernommen hat.«

Aber Monzer Al Kassar war cleverer geworden. Er hatte aus den Festnahmen der zurückliegenden Jahre gelernt und war zum Profi geworden. Fortan dirigierte er nur noch ein Netz von Mittätern, die alle von seinem Bruder Ghassan mit der Mafia-Familie Badalamenti ausgehandelten Transaktionen – Waffen gegen Heroin – für ihn ausführten. Und prompt waren die französischen Fahnder am 21. August 1980 erfolgreich. Sie schlugen nach vorausgegangener Observation zu, als ein Mann an der Gare du Nord einen Schließfachschlüssel an vier andere Personen übergab. Bei dieser Aktion wurden die drei männlichen tunesischen Staatsangehörigen Abdelkader Haddou, Béchir Gharbi, Mohamed Gueslati und die Tunesierin Dalila Rezgui festgenommen, alle geboren und wohnhaft in Tunis – wo Monzer einige Wochen zuvor gewesen war. Die Tunesier hatten unter den Augen der Polizei ein Kilogramm weißes Heroin aus dem Schließfach genommen. Das in dem Schließfach sichergestellte Geld, umgerechnet 100 000 Mark, da waren die Fahnder sicher, war für Monzer Al Kassar bestimmt – aber sie konnten es nicht beweisen.

Die Jahre 1981 bis 1983 gelten als Wendepunkt im kriminellen Werdegang Monzer Al Kassars. Ab Mitte 1981 zeichnete sich eine verstärkte Orientierung zum Waffenhandel und eine zunehmende Politisierung seiner Aktivitäten ab. Bezeichnend ist, daß aus diesen Jahren nur wenig Informationen bei den europäischen Ermittlungsbehörden und Nachrichtendiensten über Monzer vorliegen. Besonders auffällig – und, wie sich zeigen wird, für die nachfolgenden Jahre von erheblicher Bedeutung – sind jedoch einige wenige Aktennotizen.

Zunächst läßt sich Monzer Al Kassar 1980 in einem kleinen Appartement im südspanischen Marbella nieder, hält sich dort jedoch kaum auf. Die erste bedeutsame Information kommt im Juni 1981 vom französischen Geheimdienst, der feststellt, daß der Syrer Monzer Al Kassar sehr intensive Kontakte zu dem in Paris akkreditierten südjemenitischen Botschafter unterhält. Wenig später sickert durch, Monzer und sein Bruder Haitham hätten von Sofia aus einen größeren Waffentransport mit unbestimmtem Ziel arrangiert. Eine erst Jahre später entsprechend interpretierte Meldung des türkischen Nachrichtendienstes verdächtigt Monzer, bereits im Jahr 1980 über den bulgarischen Geheimdienst Kontakte zu der türkischen Terrororganisation »Graue Wölfe« – und auch zum Papst-Attentäter Mehmet Ali Agca gehabt zu haben. Aus Saudi-Arabien wird bekannt, daß ein Bruder Monzers des organisierten Schmuggels gestohlener Luxusautos verdächtigt wird, und die französischen Geheimdienste registrierten 1982 verschiedene Treffen Monzers mit international bekannten Waffenhändlern im Hotel Hilton in Paris.

Das Jahr 1983 beginnt mit einem Ermittlungsverfahren, das die amerikanische Drogenbekämpfungsbehörde DEA in Wien am 19. März gegen Monzer Al Kassar einleitet. Die weltweit operierenden US-Drogenfahnder, durch die Badalamenti-Connection Monzers auf den Syrer aufmerksam geworden, verdächtigen ihn in einem als DEA-SENSITIVE eingestuften Report, einer der »Großen« im internationalen Rauschgifthandel zu sein.

Die Informationen der DEA waren so konkret, daß sie die Al Kassars in den USA mit selbem Datum zur beobachtenden Fahndung ausschrieb. Dann häuften sich plötzlich nachrichtendienstliche Informationen. Seit Frühjahr 1983 tritt die politische Dimension der Al Kassar-Aktivitäten deutlich hervor. Als Österreichs damaliger Vizekanzler Norbert Steger nach Damaskus reiste, stand an der Spitze der syrischen Empfangsdelegation – Monzer Al Kassar! »Man hat gleich gemerkt, daß der Mann in Syrien unheimlich stark ist. Selbst hochrangige Offiziere sind vor ihm angetreten« – erinnert sich der österreichische Politiker laut Angaben des österreichischen Magazins »Profil«.

Am 11. März 1983 reiste Monzer offiziell nach Österreich ein und gründet in der Zelinkagasse Nr. 2 in Wien die Handelsgesellschaft m.b.H. ALKASTRONIC. Geschäftsführer sind, laut Handelsregisterauszug HR B 30633, Haitham Al Kassar, Marbella/Spanien, und Monzer Al Kassar, Wien. Als Einzelprokurist wird ein Dipl.-Ing. Herbert Beck angegeben. Niederlassungen, so geben die Brüder bei der Eintragung in das Handelsregister an, »haben wir in Damaskus, Beirut, Madrid und Marbella«.

Wenige Monate später, am 26. August 1983, sendet das INTERPOL-Büro Wien ein Telex an die Nachrichtendienste aller europäischen Staaten:

Am 6. August 1983 landeten zwei Passagiere in einem privaten Flugzeug mit der Registratur-Nummer C-CKR von Malaga kommend am Flughafen Wien-Schwechat. Die Personen wurden identifiziert als Ghassan Mohamed AL KASSAR, geboren am 28. Juli 1942, *Diplomatenpaß* der Volksrepublik Jemen, Paß Nr. 002695, ausgestellt am 2. Febr. 1982 in Aden, verlängert bis 2. Febr. 1987 – und sein Bruder Monzer Mohamed AL KASSAR, geboren 1947, ebenfalls im Besitz eines *Diplomatenpasses* der Volksrepublik Jemen, Paß-Nr. 002454, ausgestellt am 24. Mai 1982 in Aden, gültig bis Mai 1987. Es besteht der Verdacht, daß beide Pässe gefälscht sind.

Der Absender des Fernschreibens irrte. Die Diplomatenpässe waren keineswegs gefälscht!

Wie Phönix aus der Asche war plötzlich Ghassan Al Kassar wieder in Begleitung seines Bruders Monzer aufgetaucht. Kaum frühzeitig »wegen guter Führung« aus der Haft in Frankreich entlassen, betrat er österreichischen Boden in einer Art und Weise, die ahnen ließ, daß sich Unheilvolles anbahnen würde. Die südjemenitischen Diplomatenpässe gehörten ebenso zu dem wie eine Show wirkenden Auftritt am Flughafen Schwechat wie der Privat-Jet mit den beiden uniformierten spanischen Piloten M. Acedo-Campina und E. Garnero.

Daß beide Brüder jeweils mehr als 100 000 Dollar bei sich trugen, nachgewiesenermaßen am selben Tag bar von einem Konto der BANCO DE BILBAO in Marbella abgehoben, machte die Zollbeamten stutzig. Was aber die unverzüglich informierten Wiener Staatsschützer geradezu in Panik versetzte, war die Tatsache, daß die beiden Kassar-Brüder als Grund ihrer Reise nach Wien ein geschäftliches Treffen nannten. Eine flugs arrangierte Observation der Brüder und der Firma ALKASTRONIC in der Zelinkagasse Nr. 2 ließ den Observanten die Haare zu Berge stehen. Denn von den vier Männern, mit denen die Kassars da verhandelten, und die alle vier im Hotel Imperial nächtigten, waren zwei bei sämtlichen Nachrichtendiensten Europas als Waffenhändler bestens bekannt: der Engländer Simon Neal Main und der Franzose Philip Joseph Lethier.

Diese vier Herren hatten sich wohl kaum in Wien verabredet, um die weltberühmte Wiener Torte zu kosten. Als die beiden Kassar-Brüder zusammen mit Lethier am nächsten Tag dann im privaten Lear-Jet Wien Richtung Warschau verließen, mögen die Wiener Staatsschützer geahnt haben, daß die syrischen Brüder ihnen in nächster Zeit noch viel Kopfschmerzen bereiten würden.

Das kam früher als erwartet. Im September 1983, wenige

Wochen nach dem Treffen mit den Waffenhändlern in Wien, wurde in Hamburg der israelische MOSSAD-Agent Ephraim Halpern auf offener Straße erschossen. Zur Tat bekannte sich eine damals noch unbekannte terroristische Gruppe »Schwarzer September – Sabra und Shatila«, eine Killer-Clique, die mit der »Palästinensischen Befreiungsfront« (PLF) des Abul Abbas in Verbindung gebracht wird. Der Anschlag galt als Racheakt für das Massaker an etwa 1000 Zivilisten in den in Westbeirut liegenden palästinensischen Flüchtlingslagern Sabra und Shatila (16.-18. September 1982) im Rahmen einer israelischen Großoffensive.

Damit aber steht Monzer Al Kassar im Brennpunkt des internationalen terroristischen Geschehens. Denn zu dem als Killer des in Hamburg »hingerichteten« MOSSAD-Agenten verdächtigten PLF-Kämpfer Kamal Ghazoul unterhielt Monzer nach Wissen westlicher Geheimdienste Kontakt. Und binnen weniger Tage hatte der BND in Pullach herausgefunden: Monzer Al Kassar, der Syrer mit der schillernden kriminellen Vergangenheit, war ebenfalls ein eingetragenes Mitglied der terroristischen PLF-Organisation des Arafat-treuen Palästinensers Abul Abbas. Mit diesem Abul Abbas, dessen bürgerlicher Name Mohammed Zaidan Abbas lautet, hatte Monzer seine Studentenjahre in Damaskus verbracht. Beide verstanden sich so gut, daß Monzer auch heute noch behauptet: »Abul Abbas ist mein Blutsbruder.«

Daß diese innige Freundschaft schon in früheren Jahren höchst kriminelle Züge aufwies, belegt eine Aktion aus dem Jahr 1978. Monzer und Gesinnungsgenosse Abul Abbas entführten damals in Beirut den saudischen Geschäftsmann Housni Suleiman Scudian und versuchten ein Lösegeld von fünf Millionen Dollar von den Angehörigen des reichen Saudis zu erpressen. Es war die Zeit, da Syriens Truppen Beirut besetzten. Doch die erste gemeinsame Joint-Venture-Aktion von Monzer und Abul Abbas mißlang kläglich. Der Zufall nämlich hatte es gewollt, daß sie einen indirekten Verwandten des saudischen Königs erwischt hatten. Der setzte sich persönlich mit Syriens Präsident Hafez Al Assad in Verbindung und bat ihn als Geste der Freundschaft, den dreisten Kidnappern auf die Finger zu klopfen. Assad kam dem Wunsche des Königs nach. Nach 20 Tagen in der Hand seiner Kidnapper war der Entführte wieder auf freiem Fuß. 65 000 Dollar hatte er freilich noch als »Aufwandsentschädigung« zahlen müssen. Für diese Unverschämtheit fing sich Monzer Al Kassar vom syrischen Präsidenten selbst einen Verweis ein.

Bruder Ghassan hatte sich mittlerweile einer anderen palästinensischen Terrororganisation fest verschrieben und war zu ihrem Mitglied geworden: der PFLP-SC (»Volksfront für die Befreiung Palästinas/Special Command«) des Dr. Georges Habasch – Kriegsname Abu Maiser –, jenes extrem radikalen Terroristenführers also, der für die Entführung der AIR FRANCE-Maschine nach Entebbe und der LUFTHANSA-Maschine »Landshut« nach Mogadischu ebenso verantwortlich zeichnete wie für das Geiseldrama im Wiener OPEC-Hauptquartier im Jahre 1975 – und der mit Unterstützung Syriens vornehmlich von Damaskus aus operiert.

Aus den Autodieben und Haschischhändlern der 70er Jahre, den Nachrichtendiensten Europas schwante es 1983, hatten sich reiche Drogen- und Waffenhändler mit terroristischem Hintergrund und hervorragenden Kontakten zur politischen Sphäre entwickelt. Eine höchst außergewöhnliche Konstellation, ein furchterregender Pakt der Gewalt war da entstanden. Was die polizeilichen und nachrichtendienstlichen Ermittler Westeuropas dabei am meisten beunruhigte: Beide Hauptakteure dieser Organisation waren nun im Besitz legaler südjemenitischer Diplomatenpässe – und damit quasi unantastbar.

Schatten des Todes

1984, in Madrid: Der Mann auf dem Beifahrersitz sah die Waffe zu spät. Reflexartig duckte er sich. Die Kugel durchschlug das Beifahrerfenster, bohrte sich neben dem Nackenwirbel in seinen Hals und blieb am Großhirn im Kopf stekken.

Von der Wucht des Geschoßaufpralls wurde er nach hinten gegen die Kopfstütze geworfen, dann aber durch das abrupte Bremsmanöver des Fahrers nach vorne katapultiert. Das rettete sein Leben. Das zweite 9-mm-Projektil verfehlte den anvisierten Punkt zwischen Augen und Nasenwurzel, riß aber die rechte Stirnhälfte weg.

Der Fahrer schrie. Glassplitter des Seitenfensters hatten sich in seine rechte Gesichtshälfte gebohrt. Er blutete aus einer großen Schnittwunde neben der Halsschlagader.

Ein weiterer Mann, auf dem Rücksitz, blickte entsetzt auf das schwer verwundete Opfer: Denn es war Zaki el-Helou, für Spanien zuständiger militärischer Führer des von Dr. Georges Habasch geführten »Special Command« der PFLP, jener radikalen palästinensischen Terrororganisation, der auch Ghassan Al Kassar angehört.

Auf dem Bürgersteig neben dem Fahrzeug sank eine alte Frau ohnmächtig nieder.

BRIGADA INF. EXTERIOR
Sec 1a.
Puerto del Sol, No. 7
Tel. 22216516, ext. 251
Madrid

Madrid, den 17.08.1984
15.45 Uhr

Vernehmungsprotokoll

Auf mündliche Vorladung vom heutigen Tag erscheint die Zeugin
Sign. Maria Louisa V.
geb.: 12. August 1929 in Ronda
Beruf: Rentnerin
wohnhaft: Madrid

und macht nachfolgende Angaben zum Attentat am heutigen Mittag.
(...)

Frage: Haben Sie etwas Verdächtiges gesehen, bevor die Schüsse fielen?

Antwort: Aber ja doch, das hab' ich doch dem Polizisten heute Mittag schon gesagt! Da war dieses Motorrad mit den zwei Männern drauf.

Frage: Was war mit dem Motorrad? Warum fiel es Ihnen auf?

Antwort: Ich habe die beiden Männer sofort wiedererkannt!

Frage: Wieso wiedererkannt? Wann und wo sahen Sie sie zum ersten Mal?

Antwort: Das war an meinem Geburtstag, also vor fünf Tagen. Da bin ich nachmittags gegen vier Uhr zur Sign. R. gegangen, weil wir zusammen ein bißchen feiern wollten. Na ja, als ich in die Straße, wo sie wohnt, ging, ist mir dieses Motorrad aufgefallen, weil die dreimal um den Block herumgefahren sind.

Frage: Was war denn so verdächtig an den Motorradfahrern?

Antwort: Was heißt verdächtig. Die fuhren eben dauernd so langsam um den Block herum, irgendwie komisch, und da ist mir eingefallen, daß Francesco mir vor ein paar Monaten erzählt hat, ich solle ihm sagen, wenn ich mal irgendwelche verdächtigen Leute in der Nähe seines Hauses sehe, weil ich doch so oft auf dem Grünstreifen inmitten der Castellana spazierengehe.

Frage: Wer ist Francesco?

Antwort: Das ist der Hausmeister von dem Hochhaus Castellana Nummer 169 bis 173, dieses Eckhaus mit den Marmortreppen, wo die reichen Leute drin wohnen.

Frage: Warum hat Francesco Sie darum gebeten aufzupassen?

Antwort: Ich weiß nicht genau. Er hat mir nur gesagt, daß bei ihm im Haus so viele reiche Leute wohnen. Und dann hat er noch gesagt, einer von denen habe ihm 50 Dollar gegeben, damit er darauf achtet, ob irgend jemand das Haus beobachtet. (...)

Frage: Und dieses Motorrad haben Sie heute Mittag wieder gesehen?

Antwort: Aber sag' ich doch! Ich stand vor dem Zebrastreifen direkt vor der Cafeteria und wollte rübergehen. Aber dann kam dieses blaue Auto und ich blieb am Straßenrand stehen. Dann hielt das Auto und der Fahrer ließ mich über die Straße gehen. Gerade in dem Moment, wo ich losgehen will, kommt von hinten dieses Motorrad angebraust, hält direkt neben dem blauen Auto und dann habe ich nur noch gesehen, wie der Mann hinten auf dem Motorrad irgend etwas aus einer Tasche zog. Und dann hat er in das blaue Auto hineingeschossen. (...)

Aus der Aussage der Rentnerin Signora Maria Louisa V. wurde, zusammen mit den Angaben anderer Augenzeugen und nach ersten Ermittlungen der Polizei, folgender Tathergang rekonstruiert:

Ghassan und sein Bruder Haitham Al Kassar hatten gegen 11.30 Uhr in Begleitung von Zaki el-Helou die Wohnung

Monzer Al Kassars in der Paseo de la Castellana No. 169 – unmittelbar gegenüber dem Tatort – zu Fuß verlassen, waren vorbei an der bolivianischen Botschaft zu der 300 Meter entfernten Budget Car-Autovermietung in der nahe gelegenen Calle de Estebanez Calderon gegangen und hatten sich dort einen BMW 745i gemietet. Mit dem Fahrzeug, amtliches Kennzeichen 10-M-5019, fuhren sie zur gegenüberliegenden Seite des hier etwa 80 Meter breiten Boulevards, vorbei an der niederländischen Botschaft zum Café Niagara. Als sie anhielten, um Signora V. und ihren Hund Paco passieren zu lassen, fuhr von hinten ein Motorrad neben die Beifahrerseite des BMW. Der Sozius schoß aus einer Entfernung von einem Meter durch das Fenster auf den neben dem Fahrer sitzenden Zaki el-Helou und verletzte diesen durch einen Kopfschuß lebensgefährlich.

Dann hatte der Schütze noch versucht, auf die beiden anderen Fahrzeuginsassen zu schießen. Die hatten jedoch die Fahrzeugtür aufgerissen und sich aus dem Wagen fallen lassen. Nachdem das Motorrad davongebraust war, hatten Ghassan und Haitham den Verletzten auf der Fahrerseite aus dem Fahrzeug gezogen und ihn auf die Straße gelegt. Blut floß im Rhythmus des Herzschlages aus der Wunde und rann über den Asphalt.

Eine sofort eingeleitete Ringfahndung der Polizei verlief negativ. Die Halterfeststellung ergab, daß es sich bei dem von mehreren Zeugen notierten Kennzeichen des Motorrades um eine »Doublette« handelte: Das gleiche Kennzeichen war auf ein Motorrad desselben Fabrikats (500er HONDA) zugelassen, dessen Halter für die Tatzeit ein Alibi nachweisen konnte. Die verwendete Waffe – eine tschechische Pistole –, das Kaliber (9 mm Parabellum) und der Modus operandi ließen bei den unverzüglich am Tatort eintreffenden Beamten der spanischen Antiterroreinheit keine Zweifel aufkommen: Die Täter waren Killer des israelischen Geheimdienstes MOSSAD gewesen. Sie hatten gewußt, daß sich an diesem Tag verschiedene Repräsentanten radikaler palästinensischer Gruppen in Madrid treffen wollten.

Daß es sich bei dem Schwerverletzten um Zaki el-Helou handelte, fanden die spanischen Ermittler allerdings erst am darauffolgenden Tage heraus. Denn el-Helou war – wie auch Ghassan und Haitham Al Kassar – im Besitz eines südjemenitischen Diplomatenpasses, ausgestellt auf den Namen Awad Ahmed Salam gewesen. Zudem trug er noch einen Paß auf den Namen Abu Said bei sich. Abu Said ist der Kriegsname des Palästinensers Khaleff Hassan, eines engen Vertrauten von PLO-Chef Yassir Arafat.

Da Spanien keine diplomatischen Beziehungen zum Südjemen unterhielt, fragten die spanischen Behörden bei der südjemenitischen Botschaft in Paris nach, ob dort ein Diplomat namens Awad Ahmed Salam bekannt sei. Das war nicht der Fall. Erst über die Fingerabdrücke wurde die wahre Identität des Attentatsopfers ermittelt.

Daß die Killer ihren Auftrag an Zaki el-Helou auf diese Art und Weise vollstreckt hatten, entbehrte nicht des Zynismus': Nach Erkenntnissen westlicher Nachrichtendienste war es nämlich Zaki el-Helou als einer der militärischen Führer des »Special Command« der PFLP gewesen, der diese Terrortaktik mit dem Motorrad in den Ausbildungscamps der PFLP immer und immer wieder hatte trainieren lassen. Er war Opfer seiner eigenen terroristischen Strategie geworden. Daß er nach dem Kopfschuß noch lebte, war ein Wunder.

Doch die Killer gaben sich mit diesem Ausgang ihres Liquidierungsauftrages nicht zufrieden. »Tod« hatte ihr Befehl geheißen. Sie versuchten es noch einmal:

Gegen 14.32 Uhr geht der zum Schutze des verwundeten Zaki el-Helou auf der Intensivstation der Neurochirurgie im Krankenhaus La Paz Wache schiebende Polizist zur Stationsschwester, um den Dienststellenleiter der Antiterrorabteilung anzurufen. Er steht mit dem Rücken zur Tür im Büro. Als er sich umdreht, sieht er einen Mann in einem weißen

Arztkittel über den Flur gehen. Der Polizist legt den Hörer hin und ruft dem Mann hinterher.

Der vermeintliche Arzt zieht eine Waffe mit Schalldämpfer und schießt auf den Polizeibeamten, der sich durch einen Sprung zurück ins Zimmer retten kann. Als er vorsichtig auf den Flur der Intensivstation schaut, ist der als Arzt getarnte Killer weg.

Erneut wird eine Ringfahndung nach den Killern ausgelöst. Der Flughafen wird überwacht. An den Ausfallstraßen Madrids kontrollieren schwerbewaffnete Polizeieinheiten Tausende von Fahrzeugen.

Monzer Al Kassar steht zur gleichen Zeit auf dem Balkon seiner Wohnung in der Paseo de la Castellana No. 169 und beobachtet die Polizei bei deren Suche nach einem der beiden Projektile, als Ghassan ihn anruft und über den zweiten Mordanschlag auf Zaki el-Helou informiert.

Um 16.15 Uhr wählt Monzer Al Kassar an seinem Telefonapparat in dieser Wohnung in Madrid die Rufnummer seiner österreichischen Firma ALKASTRONIC: Wien 66 41 97. Am anderen Ende meldet sich sein Prokurist, der Pilot Herbert Beck. Monzer ist aufgeregt: »Komm morgen mit dem Lear-Jet nach Madrid. Sie haben versucht, Zaki umzulegen. Er muß aus Spanien raus...«

Um 15.30 Uhr des darauffolgenden Tages landet der Lear-Jet mit der österreichischen Registratur-Nummer OE-GBR auf dem Flughafen Madrid-Barajas. Ein Krankenwagen, eskortiert von vier spanischen Polizeifahrzeugen und gefolgt von einem Fahrzeug mit zwei hohen Beamten des Innenministeriums fährt heran. Zaki el-Helou wird am Tropf hängend auf einer Bahre in den Privat-Jet gebracht. Der Tower gibt dem Flugzeug auf Anordnung des Innenministeriums »High Priority«, so daß die Linienmaschinen in Warteposition stehen bleiben müssen. Um 16.52 Uhr hebt der Jet mit dem schwerverletzten Zaki el-Helou ab.

An Bord der Maschine sind der österreichische Pilot Herbert Beck und der Syrer Monzer Al Kassar – ein sehr guter Freund Zaki el-Helous. Nicht genug der geschäftlich-terroristischen Freundschaften und Gemeinsamkeiten Monzers mit Zaki el-Helou und anderen Persönlichkeiten des Terrors: Im Frühjahr 1984 hatten sich Monzer und sein Bruder Haitham in Ungarns Hauptstadt Budapest zu einer »Strategie-Konferenz« mit Männern getroffen, deren Namen allein den Antiterroreinheiten dieser Welt Gänsehaut über den Rücken laufen ließ: Abu Mohammed, Klarname Hamed Salim Abu Salim al'Haq Saleh, Chef der PFLP, Zaki el-Helou (ein militärischer Führer der PFLP-SC), Dr. Georges Habasch (Führer der PFLP-SC), Marwan Al Khatib (Leiter des PFLP-Büros in Kuweit), Zediki Hatari (Leiter des PFLP-Büros in Bagdad/Irak) und Abu Firad, ebenfalls ein radikaler Palästinenser.

In dem entsprechenden Absatz des INTERPOL-Konferenz-Gesprächsprotokolls von 1986 (Seite 6) wurden die Mitglieder dieses Meetings unterschiedlicher radikaler palästinensischer Gruppen mit den Worten »Crème de la Crème des Terrors« bezeichnet. Daß die Tage in Budapest keine Bildungstour waren, darüber bestand bei den Nachrichtendiensten Europas kein Zweifel. Da ging es um terroristische Attentate. Vor diesem Hintergrund war es denn auch nicht verwunderlich, daß sich Monzer Al Kassar so rührend um seinen angeschossenen »Blutsbruder« Zaki kümmerte und mit ihm höchstpersönlich nach Warschau flog.

Nach sieben Stunden Flug landete der Lear-Jet laut BKA-Bericht in Warschau. Ein Krankenwagen wartete bereits auf der Piste und transportierte den Schwerverletzten in Begleitung Monzer Al Kassars ins polnische Militärhospital außerhalb Warschaus. Zaki el-Helou überlebte. Der Mann mit der Halbglatze, dem Oberlippenbart und den kleinen Schweinsäuglein ist heute querschnittgelähmt und lebt an einem versteckten Ort nahe Aden, der Hauptstadt Südjemens.

Madrid, am 3. November 1984 – zehn Wochen nach dem Mordanschlag auf Zaki el- Helou. Es ist gegen 9.00 Uhr. Ein kleiner, untersetzter Mann mit arabischem Aussehen verläßt das Nobelhotel Melia Castilla und geht stadteinwärts.

Aus einer Entfernung von etwa einem Meter trifft ihn eine Kugel neben der Wirbelsäule in den Nacken. Er bricht leblos zusammen und schlägt auf dem Bürgersteig auf. Der zweite Schuß auf den am Boden Liegenden reißt nur eine Fleischwunde in den Hals unterhalb des rechten Ohres.

Passanten auf der Paseo Castellana sehen einen stämmigen Mann mit orientalischem Aussehen davonlaufen. In der Hand hält er eine Pistole.

Ein Krankenwagen fährt den Schwerverletzten in die Rubber-Klinik. Die Polizei löst wenige Minuten später eine Ringfahndung mit einer sehr konkreten Personenbeschreibung aus. Zwanzig Minuten später wird der Täter gestellt – wenige Schritte vor dem Haus Castellana No. 169 – wo Monzer Al Kassar seine Wohnung hat. Es handelt sich um den Libanesen Abdul Kamal Ghazoul.

Die Ermittlungen der spanischen Polizei ergaben schnell, daß das Opfer Elias Awad, ein libanesischer Agent ist (identisch mit J.A.A. Awad; s.S.43). Der Täter wiederum war ein Mitglied und »Offizier« der palästinensischen PLF des Abul Abbas – »Blutsbruder« Monzer Al Kassars. Bei der Festnahme besaß er einen gefälschten marokkanischen Reisepaß. Das Attentat galt – ebenso wie jenes an dem israelischen Agenten Ephraim Halpern am 13. September 1983 in Hamburg (dessen Ghazoul ebenfalls verdächtigt wird) – als ein Racheakt für das Massaker an Zivilisten in den palästinensischen Flüchtlingslagern Sabra und Shatila, an dem auch libanesische Soldaten beteiligt gewesen waren.

Spaniens Nachrichtendienst und das Innenministerium gerieten jedoch nach der Aussage des Opfers in helle Aufregung und erinnerten sich mit sorgenvollen Mienen an das Attentat auf Zaki el-Helou, bei dem die Kassars ebenfalls eine große

Rolle gespielt hatten. Die beiden Tatorte lagen kaum 800 Meter auseinander. Und der durch den Schuß in den Hals halbseitig gelähmte libanesische Agent Elias Awad machte schon wenige Tage nach seiner Einlieferung in die Klinik gegenüber spanischen Journalisten eine Aussage, die insbesondere deswegen einen konkreten Verdacht zuließ, weil die spanischen Geheimdienste längst herausgefunden hatten, daß der schwerverletzte libanesische Agent offensichtlich als Waffenhändler getarnt auf Monzer Al Kassar angesetzt war:
»Es gibt zwei Personen, die für diesen Anschlag als Initiatoren in Frage kommen«, kombinierte er und konkretisierte seine Verdächtigungen, »ein Palästinenser namens Ahmed Khalid Abu Morshed – genannt Abu Zaid – oder Monzer Al Kassar! Beide kennen sich sehr gut – und beide kennen mich. Monzer Al Kassar hat mich in den letzten zwei Tagen mehrfach aus Warschau angerufen, obwohl er keinen wirklichen Grund dafür hatte. Ich hatte einfach das Gefühl, daß er feststellen wollte, ob ich im Hotel bin, damit der Killer sich darauf einstellen kann ...«

Der Generalstaatsanwalt hatte offensichtlich keinerlei Probleme, die Täterschaft Ghazouls nachzuweisen. Denn schon bei der ersten Hauptverhandlung beantragte der Ankläger eine Freiheitsstrafe von 27 Jahren wegen »versuchten Mordes an dem libanesischen Staatsangehörigen Elias Awad«. Die Zeugenaussagen waren unumstößlich, der politisch-terroristische Hintergrund durch entsprechende, dem Gericht unter Ausschluß der Öffentlichkeit vorgelegte Erkenntnisse erhärtet. Dennoch ging der Rechtsanwalt des Täters in Berufung – um sich dann jedoch krank zu melden. Die Verhandlung wurde vertagt.

28 Tage nach der Krankmeldung des Rechtsanwaltes und 43 Tage vor der anberaumten Berufungsverhandlung, es war im April 1985, ordnete der vorsitzende Richter der 6. Schwurgerichtsstrafkammer der Provinz Madrid nach Einschätzung

spanischer Zeitungen völlig »unvorhergesehen und nach Rücksprache mit dem Justizminister« die Freilassung des wegen Mordverdachts inhaftierten Kamal Ghazoul an. Denn zeitgleich zu der Verhandlung hatte das spanische Verfassungsgericht eine Reform des Strafprozeßrechts verabschiedet, wonach es unzulässig war, eine angeordnete und zeitlich fixierte Untersuchungshaft zu verlängern. Das gelte auch für jene Untersuchungshäftlinge, die vor der Reform inhaftiert worden seien – also auch für den Mörder Kamal Ghazoul. Er wurde freigelassen!

Neun Tage später erklärte das spanische Justizministerium der Öffentlichkeit, die Ausweitung der verfassungsrichterlichen Reform auf Häftlinge, die vor der Reform inhaftiert worden waren, sei nicht zulässig, mithin ein Mißverständnis gewesen. Dementsprechend hätte Ghazoul nicht freigelassen werden dürfen.

Der eigentlich nur noch lächerlichen Aufforderung durch die 6. Schwurgerichtskammer von Madrid an den nun frei herumlaufenden Mörder Kamal Ghazoul, freiwillig zur nächsten Hauptverhandlung zu erscheinen, kam dieser natürlich nicht nach. Obwohl er bei seiner richterlichen Vernehmung angegeben hatte, er kenne den Syrer Monzer Al Kassar überhaupt nicht, war Kamal Ghazoul von Madrid nach Marbella geflogen, wo er in den ersten Tagen nach seiner Freilassung mehrfach in den Appartmentanlagen von Puerta Banus gesehen wurde. Monzer Al Kassar besitzt dort mehrere Luxuswohnungen. Danach flüchtete Ghazoul nach Aden, der Hauptstadt des Südjemen, wo sich zu diesem Zeitpunkt bereits Zaki el-Helou aufhielt.

Für Monzer Al Kassar war 1984 ein Jahr voller Aktivitäten und Aufregung. Aus dem einst schlanken, drahtigen und fraglos gutaussehenden Beau war ein beleibter Geschäftsmann mit faltigem Gesicht und grau-schütterem Haar geworden – seine zahlreichen Unternehmungen waren offenbar nervenaufreibend. Dabei dokumentierten die beiden Zwischenfälle in Madrid, aus denen er, rein juristisch betrachtet, unbescholten hervorging, nur die spektakulären, teils auch von der Öffentlichkeit wahrgenommenen »geschäftlichen« Machenschaften des agilen Syrers. Unbemerkt von der Presse, aber nicht unbemerkt von den Nachrichtendiensten und Polizeidienststellen Europas, hatte sich um Monzer herum allerdings noch viel mehr getan.

Im Februar 1984 erteilte ihm England endgültig auf Lebzeiten Einreiseverbot wegen Rauschgift- und Waffenhandels. Am 25. Februar informieren die spanischen Drogenfahnder aus Madrid alle Staaten Europas, daß Monzer Al Kassar in dringendem Verdacht stehe, weltweit mit Heroin und Haschisch zu handeln, und daß in Spanien Ermittlungen gegen ihn anhängig seien. Wieder tauchte der Name Badalamenti auf. Und wieder wurde von einer USA-Connection der Al Kassars gesprochen. Am 21. März benachrichtigte die amerikanische Botschaft in Damaskus/Syrien die Europäer:

»Mehrere Angehörige der Familie Al Kassar versuchen seit einigen Wochen über diverse Botschaften im Nahen Osten, Einreisevisa für England zu erlangen. Sie benutzen dabei Pässe auf verschiedene Namen unterschiedlicher Herkunft. Nach dem derzeitigen Stand sind die Al Kassars im Besitz von Reisedokumenten der Volksrepublik Südjemen (Diplomatenpässe), syrischen ›Passeport Speciale‹ für Angehörige des diplomatischen Korps und syrischer Reisedokumente für palästinensische Flüchtlinge. Die Familie hat hervorragende Verbindungen zu hohen syrischen Regierungsstellen und legte diplomatische Referenzschreiben des syrischen Außenministeriums und hoher Militäroffiziere vor.«

Ebenfalls im März 1984 erfuhr die CIA, daß Monzer Al Kassar mit dem texanischen Flugzeughersteller Gates Learjet Corporation, Tucson/Arizona, in Kontakt getreten war, weil er vier Jets kaufen wollte. Über die deutsche Firma Aero-Dienst GmbH, Executive Jet Service, 8500 Nürnberg 99 –

Flughafen –, die als Vertragshändler des texanischen Jet-Herstellers fungiert, bestellte Monzer schließlich über seine Firma ALKASTRONIC in Wien und zusammen mit der JET-AIR-Bedarfsfluggesellschaft mbH & Co. KG, Sieveringer Straße 131, Wien 19, einen Gates Lear-Jet. Der Düsenjet, Modell 35A S/N 088, mit dem der unter dauerndem Zeitdruck stehende Monzer fortan um die Welt fliegen sollte, kostete 1,8 Millionen US-Dollar, laut Vertrag »zahlbar bei Auslieferung von Tucson. Zahlung auf die Bayerische Vereinsbank Nürnberg, Konto Nr. 677 540«.

Am 26. März 1984, das Flugzeug aus Texas ist noch nicht geliefert, stellt Monzer Al Kassar in der US-Botschaft in Wien Visaanträge für sich, seine Brüder Ghassan und Haitham, Haithams Frau Najah Chaban, seine eigene Frau Raghda, geborene Habbal, und für seine zweijährige Tochter Monnawar. Aber aus dem Familienausflug nach Amerika wird nichts. Das DEA-Büro in Wien schreibt per Telex via DEA-Headquarter Washington an das State Department in Washington: »Die Al Kassars sind seit Jahren in den Schmuggel von Waffen und großen Mengen Rauschgift verwickelt. Sie stehen im Verdacht, mit die größten internationalen Rauschgifthändler (major international narcotics traffickers) zu sein.«

Damit war klar, daß die Al Kassars nie in ihrem Leben nach Amerika kommen würden. Was den amerikanischen Drogenfahndern in Wien allerdings mißfiel, war die Tatsache, daß sie keine Chance sahen, den Kauf des Privat-Jets zu verhindern. Sie hätten es gerne getan, weil sie ahnten, die Drogen- und Waffengeschäfte Monzers würden mit einem Privatflugzeug nur noch perfektioniert. Womit die DEA recht behalten sollte. Zunächst aber war Monzer noch mit anderen dringenden Geschäften ausgelastet.

Am 31. Juli 1984 ging beim österreichischen Inlanddienst ein vertraulicher Hinweis ein, über die Monzer gehörende Firma

ALKASTRONIC in Wien seien sechs Tonnen Sprengstoff verschoben worden. Maßgeblich beteiligt beziehungsweise Initiator dieser Lieferung sei ein Tadeusz Koperwas. Ein Blick der Staatsschützer in die Firmenunterlagen der ALKASTRONIC zeigte, daß es da binnen kurzer Zeit personelle Veränderungen gegeben hatte. Neben Monzer und seinem Bruder Haitham tauchten plötzlich noch zwei Geschäftspartner auf. Es war zu einem Joint-Venture gekommen. Nichts Ungewöhnliches bei einem exportorientierten Unternehmen. Auffallend war allenthalben, daß es zwei polnische Geschäftspartner waren, die sich da in den Geschäftsräumen der Al Kassar-Firma eingenistet hatten. Routinemäßig gaben die österreichischen Geheimdienstler die beiden polnischen Namen in ihren Computer ein:

Henryk MAJORCZYK
geb. 30.09.1926 in Somain/Frankreich
wh.: Wien 19
Sieveringer Str.
Polnischer Paß Nr. SA 909334
polizeilich angemeldet unter 41–43/1/2

Tadeusz KOPERWAS
geb. 26.02.1950 Warschau/Polen
wh.: Wien 19
Jagdschloßgasse
polizeilich angemeldet unter 24 A1/3

Beide waren »positiv«. Auf dem Bildschirm stand, als STRENG GEHEIM klassifiziert: »Personen sind Mitglieder des polnischen Nachrichtendienstes.«

An diesem Tag begannen die österreichischen Staatsschützer, sich intensiv mit Monzer Al Kassar und seiner Firma ALKASTRONIC zu beschäftigen.

Das aber taten die deutschen Behörden schon seit einiger Zeit. Am 2. Mai desselben Jahres war in dem griechischen Hafen Halkidia das Motorschiff »Atanasios« aufgebracht worden. Die griechischen Zöllner hatten an diesem Abend allen Grund zu feiern. Denn auf dem Schiff waren insgesamt 27 Tonnen Waffen sichergestellt worden. Darunter 19141 Gewehre und Handfeuerwaffen sowie 1,99 Millionen Schuß Munition. Genug, um eine kleine Armee auszurüsten. Und weil sie genau dafür auch vorgesehen waren, nämlich für die Bewaffnung der PLO, hatte der israelische Geheimdienst MOSSAD den Behörden in Griechenland auch einen entsprechenden Tip gegeben. Die PLO, das wußten die Agenten des MOSSAD, residierte zu dieser Zeit unter anderem nahe der südjemenitischen Metropole Aden und versuchte sich nach den militärischen Niederlagen im Libanon nun wieder zu erholen und aufzurüsten.

Um die gigantischen Waffengeschäfte Monzer Al Kassars und seine intensiven Kontakte in diverse Ostblockstaaten im Jahre 1984 verstehen zu können, bedarf es eines Rückblicks auf die Geschehnisse im Libanon. Denn der Krieg dort machte Monzer Al Kassar zu einem der größten Waffen-, aber auch Drogenhändler der Welt:

Am 6. Juni 1982 überschreiten israelische Truppen in einer Großoffensive die Grenze des Libanon und dringen am 13. Juni bis nach Westbeirut vor, wo Tausende Palästinenser eingeschlossen werden. Nach einem von dem US-Nahost-Sonderbeauftragten Philip Habib ausgehandelten Abzugsplan beginnt am 21. August unter Aufsicht einer amerikanisch-französisch-italienischen Friedenstruppe die Evakuierung der PLO-Kämpfer aus Beirut. Binnen zwei Wochen werden rund 8000 PLO-Mitglieder, darunter auch Yassir Arafat und Dr. Georges Habasch auf dem See- und Landweg aus dem Libanon evakuiert. Sie werden in Jordanien, Sudan, Syrien, dem Jemen und Tunesien aufgenommen. Arafat errichtet sein provisorisches Hauptquartier nahe Tunis. Der erst wenige Wochen vorher zum neuen libanesischen Staatspräsidenten gewählte Beshir Gemayel kommt bei einem Sprengstoffanschlag am 14. September 1982 ums Leben. Neue Unruhen brechen aus. Israel läßt seine Truppen erneut in Westbeirut einmarschieren, angeblich, um weitere Kämpfe zu verhindern. Wenige Tage später kommt es in den Palästinenserlagern Sabra und Shatila zu Massakern unter der zivilen Bevölkerung. Die PLO spricht von 5000 Toten und macht Israel dafür verantwortlich.

Nach Angaben der Israeli sind seit Beginn der Offensive 386 israelische Solaten getötet und 2400 verwundet worden. 300 syrische Solaten und 7000 Palästinenser sind in israelischer Gefangenschaft. Während Israel die eigenen Kosten der Invasion mit 2,8 Millionen Mark angibt, war es für die PLO ein beinahe vernichtender Schlag. Das gesamte Waffenarsenal der PLO und der syrischen Armee wird von den Israeli beschlagnahmt. Schätzungen belaufen sich auf etwa 3 Milliarden Mark an Waffenverlusten.

Durch die Vermittlung der USA handeln Israel und der Libanon unter seinem neuen Präsidenten Amin Gemayel einen Friedensplan aus, der am 17. Mai von den Parlamenten ratifiziert wird. Israel knüpft an den Abzug seiner Armee aus dem Libanon jedoch die Auflage, auch die syrischen Truppen und die Streitkräfte der PLO müßten sich sämtlich zurückziehen. Syrien weigert sich, womit die Verwirklichung des Abkommens scheitert.

In Tripoli, das unter syrischer Kontrolle ist und wo sich noch viele PLO-Kämpfer aufhalten, kommt es zu schweren Kämpfen zwischen pro- und antisyrischen Gruppen. Syrische Truppen kontrollieren das strategisch bedeutsame Bekaa-Tal, wo es bald zu Flügelkämpfen in der AL FATAH, der größten PLO-Gruppe, kommt. Der Rebellenführer Abu Musa (Oberst Said Mousa Ma'arara), seit seiner Trennung von Arafat im Jahre 1983 von Syrien unterstützt, gewinnt die Kontrolle über das Bekaa-Tal und sichert damit Syriens Einfluß in dieser Region.

Für die PLO ist die Großoffensive der Israeli und die nachfolgenden internen militärischen Auseinandersetzungen abtrünniger Palästinenser die größte Niederlage seit Bestehen. Mit dem militärischen Zusammenbruch und der Evakuierung in verschiedene Staaten kommt es auch zu einem finanziellen Aderlaß. Die überstürzte Flucht aus dem Südlibanon und aus Beirut machen erstmals die wirtschaftlichen Strukturen der PLO deutlich. Innerhalb weniger Tage brachten sie etwa 400 Millionen Dollar in die Schweiz.

Bei dieser überstürzten Flucht aus dem Libanon mußten von der PLO-Führung zahlreiche Akten und Kontobücher zurückgelassen werden, so daß erstmals ein Einblick in die Finanzstrukturen der PLO möglich war. Bislang war – zumindest in der westlichen Welt – nicht bekannt, wie reich die PLO wirklich war und ist. Demgemäß lag 1982 das Einkommen der PLO bei einem Überschuß von 1,25 Milliarden Dollar. Das war mehr, als manch ein kleiner Staat als Budget verzeichnen kann. 1983 wurden allein 600 Millionen Mark Gewinn aus laufenden Konten, Beteiligungen an Industrieunternehmungen und Schenkungen reicher Araber (1986 ca. 300 Millionen Dollar) erwirtschaftet. Damit ist die PLO die reichste und mächtigste »Befreiungsbewegung« – aber auch die reichste Terrororganisation der Welt!

Über die »eigene« Bank der PLO, den »Palästinensischen Nationalfonds« (PNF) – eine Holdinggesellschaft –, werden sämtliche Transaktionen getätigt. Erster Chef der PNF war Abdul-Majeed Shoman. Der in Amman/Jordanien residierende Banker ist heute Vorsitzender der weltweit bekannten ARAB BANK, die, als »Hausbank der PLO« tituliert, immerhin ein Guthaben von rund 10 Milliarden Dollar hat. Eine Bank, die sämtliche Investitionen der PLO an der Wall Street koordiniert und tätigt. Das Finanzimperium der PLO erfordert solche professionellen Aktivitäten. Denn längst hat sich die Palästinensische Befreiungsorganisation finanziell an Banken, Fabriken und im weltweiten Immobiliengeschäft legal beteiligt. Grundstücke in verschiedenen Ländern Afrikas gehören ebenso zu ihrem Vermögen wie Beteiligungen an Geschäften in den USA. So wurde das PLO-Büro in New York in der 115 East/65th Street 1980 bar gekauft – und ist heute eine Million Dollar wert. Sämtliche Geschäfte in den USA werden über die Chemical Bank bei den Vereinten Nationen getätigt, wo die PLO einen Beobachterstatus innehat. Unter dem Dachverband der PLO sind aber auch andere palästinensische Gruppierungen wirtschaftlich und finanziell aktiv. So investiert beispielsweise die marxistisch-leninistische »Demokratische Volksfront für die Befreiung Palästinas« (PFDLP) in Plastik- und Textilunternehmen im Libanon und in Jordanien. Die »Volksfront für die Befreiung Palästinas« (PFLP), zu der Ghassan Al Kassar gehört, so kapitalistisch strukturiert wie ein Großkonzern und insbesondere in der westlichen Welt sehr investitionsfreudig, macht dagegen auch satte Gewinne mit einer eigenen Fälscherwerkstatt, wo nicht nur die falschen Dokumente wie Pässe und Geburtsurkunden für die eigenen PFLP-»Kämpfer« und befreundete Befreiungsbewegungen auf der ganzen Welt, sondern auch Falschgeld hergestellt wird. Nach dem Motto, daß illegales Geld weder stinkt noch der vermeintlich guten Sache der Palästinenser abträglich ist, hat die PLO auch ihre Finger dick im internationalen Drogengeschäft.

Im Bekaa-Tal, einem der Hauptanbaugebiete des Nahen Ostens für Haschisch und Standort unzähliger sogenannter Heroinküchen, in denen, so die DEA, die aus Mohn gewonnene Morphinbase zu Heroin verarbeitet wird, hat die PLO beziehungsweise einige PLO-Splittergruppen Jahr für Jahr ihre festen Kontingente bei der Ernte. Über Mittelsmänner und unter Obhut syrischer Geheimdienste sowie im Bekaa-Tal traditionell einflußreiche Clans wird das Rauschgift oftmals auf Militärlastwagen und eskortiert von Polizisten an die libanesische Küste transportiert. Eine der maßgeblich an diesem

Rauschgiftgeschäft beteiligten libanesischen Familien sind die Ajamis, deren Name weltweit für exklusive Teppichgeschäfte und Restaurants steht. Im gleichnamigen Restaurant Ajami in der Rue Lincoln 58, nahe den Champs-Elysées in Paris, pflegt Monzer Al Kassar zu speisen, wenn er sich in der französischen Metropole aufhält – und das ist oft der Fall. Der Ajami-Chef begrüßt ihn dann stets wie einen Bruder.

Nach Erkenntnissen der amerikanischen Drogenfahnder bei der DEA, die via Satellit die Hauptanbaugebiete für Rauschgift auf dieser Welt ständig unter Beobachtung haben, um möglichst frühzeitig eingreifen zu können, hat die PLO im Jahre 1984 etwa 400 Millionen Mark aus dem Rauschgiftgeschäft mit dem Bekaa-Tal erwirtschaftet. Wobei sie bevorzugt nach dem Motto Rauschgift gegen Waffen handelt. Nach eben diesem Prinzip erlangte Ghassan Al Kassar – und später auch sein Bruder Monzer – eine führende Position im internationalen Rauschgifthandel. Ihre Abnehmer für Drogen war schon 1981 der Mafia-Clan der Badalamenti, der den Kassars im Gegenwert Waffen – für die PLO – lieferte.

Parallel zu diesen Drogen- und Waffengeschäften ist die PLO nach Erkenntnissen der westlichen Nachrichtendienste noch an unzähligen Unternehmen auf der ganzen Welt beteiligt. Dazu gehören Anteile an der nicaraguanischen Fluggesellschaft AERONICA. 1979 »schenkte« die PLO dieser Fluggesellschaft zunächst eine Boeing 727, später noch einige andere Maschinen – wobei die Nachrichtendienste argwöhnen, über solche legalen Geschäftsbeteiligungen solle illegales Geld, nicht zuletzt aus dem Rauschgiftgeschäft »gewaschen« werden. Zu solchen Geld-Waschanlagen gehören vermutlich auch einige Duty-Free-Shops und die maledivische Fluggesellschaft, an denen die PLO beteiligt ist.

Der derzeitige Chef des Palästinensischen Nationalfonds, PNF, Jawid El Gussan, enger Freund Yassir Arafats und gleichsam Eigner diverser Firmen in den Vereinigten Arabischen Emiraten und in Kuweit, verwaltet somit ein Finanzimperium, das faktisch die Basis der teils terroristischen Aktivitäten der PLO ist.

Nutznießer der Milliardenumsätze der PLO sind allerdings auch die Familien der PLO-Angehörigen. Jeder PLO-Kämpfer erhält ein Monatsgehalt von umgerechnet 550 Mark. Offiziere bekommen ca. 750 Mark. Bei einer Heirat werden 2000 Dollar Prämie an das Ehepaar ausgeschüttet. Etwa 70 Prozent des Budgets werden für die etwa 100 PLO-Büros auf der Welt verwendet – und für soziale Zwecke. Über den PLO-eigenen Versicherungsfonds und eine Pensionskasse wird die Altersversorgung gesichert. Die Familienangehörigen von »Märtyrern« – das ist jeder PLO-Kämpfer, der im Kampf oder bei terroristischen Aktionen umgekommen ist – erhalten feste Monatsbezüge. Derzeit gibt es bereits 20 000 Empfangsberechtigte Märtyrer-Angehörige! Berücksichtigt werden aber auch Verwundete und Krüppel, Opfer des Befreiungskampfes – und die PLO-Jugend, die Stipendien für ein Studium an ausländischen Universitäten erhält. Ohne Geld, die geistigen und wirtschaftlichen Führer der PLO wissen es, hat der Befreiungskampf auch in Zukunft keine Chance.

Doch insbesondere PLO-Chef Yassir Arafat sieht sich immer häufiger Kritik aus den eigenen Reihen ausgesetzt, weil sein Finanzgebaren dem Image der PLO abträglich sei.

Mißwirtschaft, Korruption und Bereicherung auf Kosten der Mitglieder werden angeprangert. Arafat aber lehnt es strikt ab, die vornehmlich in der Schweiz und in Jordanien eingerichteten Konten durch den Palästinensischen Nationalrat, den Zentralrat oder das Exekutivkomitee kontrollieren zu lassen. Dazu hat er wohl allen Grund. Denn er gibt sich tatsächlich allzu oft als Krösus. Und weil er von Ängsten geplagt wird, trägt er angeblich stets 200 000 Dollar als »Notgroschen« bei sich.

Die Großzügigkeit Arafats kennt aber auch bei seinen engsten Vertrauten keine Grenzen. Sein Sicherheitschef Salah Khalef, mit Kriegsnamen Abu Iyad, erhielt zu seiner Silberhochzeit stolze 45000 Dollar von »Abu Ammar« – wie sich Arafat als Krieger nennt. Abul Abbas bekam aus der PLO-Kasse gar 100 000 Dollar zur Finanzierung der prächtigen Hochzeit seines Sohnes. Und 80 000 Dollar legte die PLO auf den Tisch, um einen viermonatigen Aufenthalt eines »Offiziers« in Tunis zu bezahlen. Ziemlich erregt gab sich Jordaniens PLO-Führer Attallah über die Verschwendungssucht Arafats anläßlich einer Reise durch Afrika, wo der PLO-Chef fünf afrikanischen Politikern jeweils eine Million Dollar schenkte, um sie davon abzuhalten, diplomatische Beziehungen zu Israel aufzunehmen. Entsprechend hat die PLO im Haushaltsjahr 1983/84 allein für Flugtickets 3,2 Millionen Dollar ausgegeben. Wer so wirtschaftet, muß sehen, daß es in der Kasse klingelt. Aus dieser Selbsterkenntnis der PLO resultiert ein mörderischer Kreislauf: Mit Drogenhandel werden Millionen erwirtschaftet und mit diesem Geld Waffen erworben. Denn ohne Waffen kein »Befreiungskampf«, kein Krieg und kein Terror.

Monzer Al Kassar steht im Zentrum dieser miesen Geschäfte. Er liefert alles an alle. 1984 waren es insbesondere Waffen an die im Südjemen aufrüstende PLO. Das Bundeskriminalamt in Wiesbaden hatte nach der Sicherstellung der 27 Tonnen Kriegsgerät in Griechenland schnell herausgefunden, welche Wege die Waffen gegangen und von wem sie geliefert und transportiert worden waren. In enger Zusammenarbeit mit dem Bundesnachrichtendienst in Pullach und dem Bundesamt für Verfassungsschutz in Köln, Abteilung VII (Terrorismus), kam es im Mai 1984 zum ersten großen Ermittlungsverfahren gegen Monzer Al Kassar in der Bundesrepublik Deutschland – dem sogenannten »Bagdhadi-Fall«.

Am 11. April 1984, so steht es in einem BKA-Bericht vom 20. Juni 1986, Seite 2 bis 8, geschrieben, reisten Monzer und sein Bruder Haitham Al Kassar in die Bundesrepublik Deutschland ein und ließen sich bis zum 17. April im Hotel

Bachmaier am See in Rottach-Egern nieder. Daß sie sich in diesem für seine exklusive Jet-Set-Klientel berühmten Haus, in dem sich nach Erkenntnissen deutscher Fahnder angeblich auch schon per Haftbefehl gesuchte Terroristen der RAF als reiche Jet-Setter getarnt aufgehalten haben, niederließen, mag Zufall gewesen sein. Es könnte aber auch Sinn in anderer Hinsicht machen, wenn man berücksichtigt, daß die deutsche RAF-Terroristin Monika Haas mit Zaki el-Helou, dem Spanienrepräsentanten der Palästinensischen Befreiungsbewegung, PLF, gut bekannt war. Vielleicht kam von Monika Haas oder Zaki el-Helou der Tip, das noble Bachmaier am See sei ein ideales Fleckchen für die Kassars, um sich vor deutschen Fahndern zu verbergen. Fest steht allemal, daß es den beiden syrischen Brüdern nicht gelang, die deutschen Fahnder abzuschütteln. Die nämlich hatten sich, informiert von ihren österreichischen Kollegen, schon vor der Ankunft Monzers und Haithams im »Bachmaier« niedergelassen – und überwachten fortan jeden Schritt des suspekten Brüderpaares.

Am 12. April wählte Monzer von seiner Suite aus die Telefonnummer 02 71/6 54 66. Das nachfolgende Gespräch mit dem Syrer Mazen Sabban aus Siegen gilt als ein Indiz im Ermittlungsverfahren »Bagdhadi«. Wie schon in den zurückliegenden Jahren zeigte sich Monzer Al Kassar allerdings sehr zurückhaltend. Er ließ seine illegalen Geschäfte von gedungenen Mittätern erledigen, während er im Hintergrund die Abwicklung lediglich koordinierte. In diesem Fall tat er das offensichtlich vom Hotel Bachmaier aus. Alles, was in der Zeit vom 11. bis 17. April zwischen der Bundesrepublik, Österreich, Bulgarien, Jugoslawien und Griechenland in Sachen Waffenhandel geschah, stand ausnahmslos mit allen an diesem gigantischen Waffentransport beteiligten Personen direkt oder indirekt in Verbindung. An dem Tag, als die Waffen die Bundesrepublik verließen, reisten auch Monzer und sein Bruder Haitham aus. Die Ermittlungen des Bundeskriminalamtes ergaben folgenden Ablauf des Waffen-Deals:

Die in Griechenland sichergestellten 27 Tonnen Waffen für die PLO im Südjemen waren in drei brandneuen Tanklastwagen mit deutschen Zollkennzeichen nach Griechenland eingeführt worden. Käufer der Lastwagen war ein Kamel Bagdhadi, gebürtig 1925 aus Amman/Jordanien und zu diesem Zeitpunkt wohnhaft in der Oberbilker Allee 36 in Düsseldorf. Gekauft hatte Bagdhadi die Lastwagen – angeblich im Auftrag eines Said Marwan aus dem Nordjemen – bei der Firma Schallex in Siegen. Überführt wurden die Fahrzeuge vermutlich von Bagdhadi und dem Deutschen Bernd Lothar Z., der, in der DDR geboren, in Castrop-Rauxel wohnte.

Nach dem Kauf, die weltweiten Ermittlungen des BKA und des BND zeigten dies auf, setzte ein perfekt inszeniertes Verwirrspiel ein. Die Fahrzeuge wurden letztendlich über Österreich nach Bulgarien gebracht. Weil Bagdhadi ähnliche Transporte bereits im November 1983 und im Februar 1984 organisiert hatte, wußte man, daß die Waffen mit an Sicherheit grenzender Wahrscheinlichkeit erst in Bulgarien in die Tanklastwagen geladen wurden. In den deutschen Frachtbriefen und Exportpapieren für die Lkws stand als Bestimmungsland jedenfalls der Nordjemen. Als verantwortliches Speditionsunternehmen für Schiffstransport von Griechenland in den Nordjemen war die Firma Schmitt aus der Schwanthaler Straße 130 in München angegeben. Diese Firma existierte nicht! Und schnell fand das BKA auch heraus, daß fast alle Transportpapiere und Rechnungen für die drei Tanklastwagen Totalfälschungen waren. Da wunderte es die BKA-Fahnder auch nicht mehr, daß es sich bei den angeblichen Käufern im Nordjemen, Mohamed Abdallah Kakkah, Mani Mihdi und Hussein Azziz um drei Palästinenser mit gefälschten Ausweisen handelte.

Weil der Ankauf und Transport der Lastwagen aus der Bundesrepublik nach Bulgarien allein noch kein Verstoß gegen deutsche Gesetze darstellte, mußten die Ermittler des BKA hilflos zuschauen, wie sich quasi vor ihren Nasen eines der größten Waffengeschäfte seit Jahrzehnten abspielte. Tangiert aber waren davon ausschließlich Österreich, Bulgarien, Jugoslawien und Griechenland.

Unter Einschaltung von INTERPOL wurde denn auch festgestellt, daß ein Großteil, der in Griechenland sichergestellten FN-Pistolen aus einer Lieferung von 6000 dieser belgischen Handfeuerwaffen stammte, die von Brüssel über den Flughafen Wien-Schwechat nach Sofia und von dort an die Firma Abdoo Lally in Karachi/Pakistan gehen sollten. Transporteur von Bulgarien nach Karachi war die staatseigene bulgarische Firma DESPRED gewesen.

Als »Broker« fungierte in diesem Waffen-Deal die Firma WINAMEX, Sechshauser Straße 79/4/24 in Wien. Managerin der WINAMEX war, so ein BKA-Bericht, eine in der Tschechoslowakei geborene Frau namens Monika Hasselstein. Das Stammkapital war eingebracht worden von einem Mann, der als internationaler Waffenhändler bekannt war: dem in Amsterdam wohnhaften Holländer Gerard Groenendaal.

Die in Griechenland sichergestellten Astra-Pistolen, Kaliber 7,65 mm, No. A 0108, Modell Falcon, hatten seltsamerweise kein Prüfsiegel. Sie waren, wie sich herausstellte, im Ostblock nachgebaut worden. Das gleiche galt für die sichergestellten automatischen Kalaschnikow-Gewehre (Kaliber 7,62). Aus der CSSR stammten auch die in Griechenland gefundenen Ceska-Pistolen. Wie freilich die in Österreich von der Firma HIRTENBERGER hergestellten, nach Bulgarien gebrachten und dann in Griechenland entdeckten 1,99 Millionen Schuß Munition auf diesen Transport gen Jemen zur PLO kamen, konnte nicht ermittelt werden. Erst viel später sollte sich herausstellen, daß zwischen dieser Firma und Monzer Al Kassar eine enge, sehr persönliche Beziehung bestand. Was den Syrer betraf, hatten die ermittelnden Behörden zwar Grund genug zu vermuten, er sei der Drahtzieher des 27-Tonnen-Waffengeschäftes gewesen, doch an Beweisen mangelte es. Das einzige was man im Frühjahr 1984 wirklich wußte, war, daß der Hauptverdächtige, Kamel Bagdhadi, von Deutschland aus mehrfach die Telefonnummern 00 35/ 92 22 32 44 und 92 22 93 15 in Sofia angewählt und mit einem Syrer namens Abu Assad (Kriegsname, Klarname Ali Racep) telefoniert hatte. Daß diese Rufnummern nicht nur der amerikanischen DEA, sondern auch verschiedenen westeuropäischen Behörden bereits mehrfach in Verbindung mit größeren Lieferungen Rauschgift aufgefallen waren, erhärtete den Verdacht, Monzer Al Kassar habe hinter dem Deal mit den 27 Tonnen Waffen gesteckt. Daß Monzer persönlich unter einer dieser Telefonnummern erreichbar ist, wurde erst später herausgefunden. Dennoch kam der Bagdhadi-Fall – und damit Monzer Al Kassar nie vor ein europäisches Gericht.

Aufgeschreckt durch die Dimensionen der Waffengeschäfte Monzer Al Kassars, auch wenn sie im Bagdhadi-Fall nicht zu einer Verurteilung in der BRD ausgereicht hatten, ließen die Nachrichtendienste Europas Monzer Al Kassar nunmehr nicht aus den Augen. Ein Problem bereitete den Nachrichtendienstlern allerdings die Mobilität des Syrers. Ob mit seinem Privat-Jet oder mit Linienmaschinen – selbstverständlich stets Erster Klasse –, Monzer baute in all seine Flugrouten einen Abstecher in den Ostblock ein – wohl wissend, daß kaum ein Observant eines westlichen Landes ihm dorthin folgen würde, wegen der Gefahr diplomatischer Verwicklungen. Wo immer er aber im Westen auftauchte, folgten ihm Observationstrupps. Und so registrierten die westlichen Behörden denn auch mit Argwohn seltsame Kontakte des Syrers zu sehr namhaften österreichischen Politikern und den Repräsentanten der (teils staatlichen) österreichischen Waffenkonzerne VOEST, STEYR DAIMLER PUCH und NORICUM. Man observierte Monzer, als er sich im Herbst 1984 im Noga Hilton Hotel in Genf mit den drei international bekannten Waffenhändlern Thierry Gaillard (Schweizer), Jürgen Gryzik (Deutscher) und Peter Ivanovic (Jugoslawe) traf. Daß dabei in der 1000-Franken-Suite Monzers (mit Seeblick) über die Lieferung von 25 Phoenix AIM-54 C Luft-Luft-Raketen verhandelt wurde, konnten die Nachrichtendienstler allerdings nie öffentlich bekanntgeben, denn sie hatten ihr Wissen illegal durch eine Wanze im Zimmer Monzers erlangt. Aber eins wußten sie: 25 Raketen dieses Typs bedeuteten bis zu 25 abgeschossene Flugzeuge!

Ein Tip an die CIA war aber dennoch nach diesem Treffen der Waffenhändler fällig. Denn die besagten Phoenix Luft-Luft-Raketen, ausschließlich für amerikanische F-14 Düsenjäger geeignet – auch in Europa wußte man das –, waren ein streng gehütetes militärisches Geheimnis im Pentagon. Zu Zeiten der Schah-Regierung hatten die USA solche F-14 samt den Raketen in den Iran geliefert. Dem Regime unter Khomeini nutzten aber die F-14 überhaupt nichts im Krieg gegen den Irak, ohne die mit einem speziellen Radar-Steuerungssystem ausgestatteten Raketen. Als die CIA von dem Treffen in Genf in Sachen Luft-Luft-Raketen erfuhren, hatte man dafür nur ein Lächeln: unmöglich! Man war sich in Washington sicher, daß niemand auf der Welt in der Lage sein würde, diese als Staatsgeheimnis gehüteten F-14-Raketen illegal zu beschaffen. Als neun Monate später die ersten irakischen Jagdbomber von iranischen Jägern mit Phoenix-Raketen abgeschossen wurden, avancierte Monzer Al Kassar, der schon zu den »major international narcotics traffickers« gehörte, in den USA zu einem der »most wanted arms-traffickers of the world«. Angesichts der unglaublichen Kontakte des Syrers tat man sich allerdings mit dessen Verfolgung sehr schwer.

Etwas nämlich war seit dem Bagdhadi-Fall allen europäischen Polizeidienststellen und Nachrichtendiensten klar: Die Kassar-Brüder genossen aus irgendwelchen Gründen höchst intensive Unterstützung durch die Staaten des Ostblocks, allen voran Polen und Bulgarien. Insbesondere beim Staatsschutz in Wien hatte man das mit Sorge registriert.

Die Ostblock-Connection

Im Jahre 1971, so wissen Geheimdienst-Insider zu berichten, setzte sich Oberst Stefan Sverdlev, Mitglied des bulgarischen Geheimdienstes Komitet Darjavna Sigurnost (KDS, heute DS) über Griechenland in den Westen ab. Der Nachrichtendienst DS ist das bulgarische Pendant zum sowjetischen KGB. Bei seiner gut vorbereiteten Flucht nahm Oberst Sverdlev gleich einen ganzen Koffer voll streng geheimer Dokumente mit. Darunter befand sich ein Dossier mit dem bulgarischen Aktenzeichen M 120/00–0050 des KDS, das unter anderem das Gesprächsprotokoll eines Treffens aller Nachrichtendienstchefs der Warschauer-Pakt-Staaten im Jahre 1967 in Moskau enthielt. Wenn auch nicht sonderlich ausführlich, so doch in der Gesamtaussage für die westlichen Nachrichtendienste höchst aufschlußreich war jener Tagesordnungspunkt der Konferenz, in dem es um die »Beschleunigung der Korruption, wie sie in der westlichen Gesellschaft vorhanden ist«, ging. Die ersonnene Strategie war eine ganz neue Variante der vom Ostblock betriebenen Destabilisierungspolitik: »Eine aktive Unterstützung internationaler Drogenhändler mit dem Ziel, den gesellschaftlichen Zerfall westlicher Staaten zu forcieren.«

In einem Folgetreffen der Geheimdienstchefs in Sofia im Jahre 1970, an dem auch der später übergelaufene Oberst Sverdlev teilnahm, wurde im Rahmen eines Dreijahresplans beschlossen, daß Bulgarien Transportwege zum Einschleusen von Drogen in die westlichen Staaten schaffen sollte. Man hatte sich auf Bulgarien geeinigt, weil dieses Land mit der unmittelbaren Grenze zur Türkei eine der Hauptverkehrsachsen vom Orient nach Europa ist und ohnehin schon immer von Rauschgifthändlern als Transitland frequentiert wurde. Dieser Beschluß der Ostblock-Nachrichtendienstler trägt das Datum des 16. Juli 1970.

Zum ausführenden Organ dieser Strategie wurde ganz offensichtlich die bulgarische Staatsfirma KINTEX auserkoren. Diese Firma ist eine Tarnorganisation des bulgarischen Geheimdienstes KDS/DS, dessen Offiziere nach der »Befreiung« Bulgariens durch die Rote Armee im Jahre 1944 durchweg beim sowjetischen KGB ausgebildet worden waren. Unter allen Ostblockstaaten ist die Bindung Bulgariens an Moskau die intensivste, ja, es kann gar vor einem ideologischen Vasallenverhältnis gesprochen werden. Vor allem aber: Der bulgarische Geheimdienst untersteht der ständigen Kontrolle durch den KGB. Und KGB-Agenten waren es dann auch, die darauf achteten, daß die Strategie der »Destabilisierung mittels Drogen« perfekt in die Praxis umgesetzt wurde. Eigens dafür wurde unter anderem eine KINTEX-Lastwagenflotte mit Servicestationen entlang den bulgarischen Hauptverkehrsstraßen, aber auch in westeuropäischen Ländern und geeignete Lagerhallen geschaffen. Monzer Al Kassars Firma ALKASTRONIC in Österreich war Partner von KINTEX.

Daß diese Tarnfirma des bulgarischen Geheimdienstes ganz offensichtlich sehr intensive und mannigfaltige Geschäftsbeziehungen zu den Kassars pflegte, geht auch aus einem BKA-Bericht (Tgb.-Nr. 16/86) eindeutig hervor. Auf Seite 17 des sehr ausführlichen Dossiers steht geschrieben: »Ghassan (Al Kassar), der mehrere Jahre in Bulgarien gelebt haben soll, unterhält enge Geschäftsbeziehungen mit der staatseigenen bulgarischen Handelsfirma KINTEX, die im Verdacht steht, Drogen, die von der bulgarischen Polizei sichergestellt wurden, wieder auf den Markt zu bringen. Diese staatliche Firma steht auch im Verdacht, eine Dreh- und Angelscheibe des internationalen Waffenhandels zu sein... Vertrauliche Informationen zeigen, daß Ghassan Al Kassar 12000 sowjetische Gewehre (vermutlich Kalaschnikows) illegal nach Saudi-Arabien verschiffte – unter Beteiligung der genannten Firma.«

Unabhängig von dem bereitwilligen »Übersehen« der Rauschgifttransporte jener ausländischer Drogenhändler, die man zu dieser Kooperation auserkoren hatte, erkannte der bulgarische Geheimdienst schnell, daß sich darüber hinaus eine andere hervorragende Devisenquelle auftat. Wurden Rauschgifthändler, die ohne Wissen und Genehmigung des KDS Haschisch und Heroin gen Europa zu schmuggeln versuchten, ertappt, stellten die Bulgaren das Rauschgift sicher – um es dann gegen harte Devisen an »ihre« Joint-Venture-Drogenhändler zu verkaufen. Die brachten schließlich das »sichergestellte« Heroin und Haschisch unter Aufsicht des KDS via Jugoslawien nach Westeuropa. Das Geschäft lief so ausgezeichnet, daß der 1980 der Firma KINTEX als Generaldirektor vorstehende Radoslav Todorov mit einer Ehrenmedaille des »großen Bruders« in Moskau ausgezeichnet wurde.

Aber die westlichen Nachrichtendienste und Drogenfahnder kamen doch dahinter, daß sich da unter der Schirmherrschaft östlicher Geheimdienste eine verhängnisvolle Drogen-Connection aufgebaut hatte. Im Jahre 1983 wurden im sogenannten Palermo-Tribunal die italienischen Staatsangehörigen Ilario Martella, Ferdinando Imposimato und andere in einem Gerichtsverfahren unter Ausschluß der Öffentlichkeit von den italienischen Anklägern beschuldigt, nicht nur Waffen, sondern auch Drogen aus Bulgarien nach Italien geschmuggelt zu haben – in Zusammenarbeit mit dem bulgarischen Geheimdienst KDS. Im Februar 1982 hatte der syrische Drogen- und Waffenhändler Henry Arsan auf dem Frachter »Mami« 800 Kilogramm Rohopium nach Italien geschmuggelt. Hintermann des Deals war der als »Pate« der Türkei bekannte Bekir Celenk. Er war einer jener Hauptdrahtzieher des verhängnisvollen Drogenhandels des bulgarischen Nachrichtendienstes DS. Und er soll es nach Erkenntnissen der italienischen Justiz auch gewesen sein, der Mehmet Ali Agca mit dem Mord an Papst Johannes Paul II. beauftragte. Zwei Jahre lang deckte der bulgarische Geheimdienst Bekir Celenk und verhinderte seine Auslieferung an die italienische Justiz. Nach seiner Festnahme in der Türkei begann er über die enge Zusammenarbeit zwischen der Mafia und dem bulgarischen Geheimdienst auszusagen. Er wurde im Gefängnis ermordet. Der Kronzeuge in der Mafia-Bulgarien-Connection fiel damit aus.

Die italienischen Staatsanwälte hatten wenig Probleme, den Beweis dafür anzutreten, daß der bulgarische Geheimdienst über diese italienischen Mittelsmänner aus Palermo Heroin an Mitglieder der terroristischen Gruppierung »Rote Brigaden« geliefert hatte. Die Terroristen wiederum lieferten die Drogen an die Mafia und die Camorra und erhielten dafür Waffen für ihre Terroranschläge. Auch das ist eine Variante der östlichen Destabilisierungspolitik.

Staatsanwalt Luciano D. und der vorsitzende Richter Angelo T.-M. meinten zwar, dieses Dreiecksgeschäft höre sich an »wie aus einem schlechten Roman«; an den Fakten aber führte – zumindest in diesem italienischen Verfahren – kein Weg vorbei.

Vor dem Hintergrund dieser Ostblockstrategie muß auch der für die UdSSR peinliche Zwischenfall vom 2. Juni 1986 gesehen werden.

Die holländische Polizei stellte an diesem Tag im Hafen von Rotterdam auf einem sowjetischen Schiff 200 Kilogramm Heroin im Verkaufswert von immerhin 20 Millionen Dollar sicher. Die 4600 Bruttoregistertonnen große »Merchantman Captain Tomson« – das verschwieg die holländische Polizei der Öffentlichkeit aus naheliegenden Gründen bis zum 18. August –, war aus Riga gekommen – wo auch die weiße Drogenfracht an Bord genommen worden war. Die holländischen Drogenfahnder fanden schnell heraus, daß das Heroin aus dem von den UdSSR besetzten Afghanistan stammte und für den holländischen und deutschen Drogenmarkt bestimmt war. Der Transportweg erfreute sich bei den Rauschgifthändlern großer Beliebtheit. So wurden Heroin und Haschisch aus Afghanistan über die UdSSR nach Europa transportiert, ohne daß westliche Drogenfahnder auch nur die Spur einer Chance hatten einzugreifen, wollten sie nicht sofort diplomatische Verwicklungen heraufbeschwören.

Das holländische Justizministerium erklärte nach entsprechender Anweisung aus dem Auswärtigen Amt, »es könne sein, daß der Kapitän nichts von der Heroin-Fracht gewußt habe« – und ließ den Kapitän wieder frei. Danach wurde nie wieder über diese Angelegenheit gesprochen. In der offiziellen holländischen Drogensicherstellungsstatistik des Jahres 1986 tauchten die 200 Kilogramm Heroin aus der UdSSR nicht auf.

Daß Italien bei den Drogengeschäften der Bulgaren eine, verkehrstechnisch bedingt, große Rolle spielt, wurde auch im Zusammenhang mit Monzer Al Kassar deutlich.

Im Februar 1985 leitete die Staatsanwaltschaft in Triest ein Verfahren gegen Monzer ein, das aus dem Palermo-Tribunal des Jahres 1983 resultierte. Die Aussage eines italienischen Undercover-Agenten hatte die italienischen Drogenfahnder wieder einmal auf Monzer Al Kassar und seine Mafia-Heroin-Kontakte aufmerksam gemacht. In diesem Verfahren beschuldigte man ihn, 60 Kilogramm Heroin und 154 Kilogramm Morphinbase nach Italien geschmuggelt zu haben. Doch das Verfahren wurde mangels Beweisen frühzeitig eingestellt, nachdem einer der Zeugen, der Italiener Pietro Calucci, bei einem mysteriösen Verkehrsunfall schwer verletzt wurde und sich danach »an nichts mehr erinnern« konnte.

Woran man sich im INTERPOL-Hauptquartier in Paris und vor allem beim über das Triester Verfahren nachrichtlich informierten Bundeskriminalamt in Wiesbaden jedoch sehr wohl noch erinnern konnte, war, daß in dem Bagdhadi-Verfahren bereits eine Bulgarien-Connection erkennbar geworden war. Im Zusammenhang mit der Organisation des Transportes der 27 Tonnen Waffen hatte Monzer Al Kassar mehrfach den Syrer Ali Racep in Sofia angerufen. Und der, Italiens Drogenfahnder hatten es herausgefunden, besaß nicht nur mehrere Hotels in Bulgarien und unterhielt enge Beziehungen zu Monzer Al Kassar: Ali Racep war jener Mann, den der bulgarische Geheimdienst zum Koordinator für Waffentransporte und zum Mittelsmann zwischen allen Rauschgifthändlern und dem KDS bestimmt hatte. Die Telefonnummer 92 22 32 44 in Sofia war sowohl Monzer Al Kassars als auch Ali Raceps Kontaktstelle in Bulgarien.

Plötzlich begriffen die europäischen Drogenfahnder, warum nicht nur Monzer, sondern auch sein Bruder Ghassan auffällig gute Beziehungen nach Bulgarien, aber auch nach Polen unterhielten. Ghassan hatte mittlerweile in Sofia die Firma ENDANOV gegründet, die Waffen im- und exportierte, ganz »legal« mit Genehmigung der bulgarischen Regierung. Welche bedeutsame Konstellation sich da aufgetan hatte, wurde man aber erst gewahr, als Monzer und Ghassan am 6. August 1983 erstmals in einem Privat-Jet auf dem Wiener Flughafen gelandet waren – und Diplomatenpässe des Südjemen vorwiesen. Hatte man die Pässe anfänglich noch als Totalfälschungen betrachtet, wurde Anfang 1985 klar, daß dem keineswegs so war. Ghassan, im Besitz des südjemenitischen Diplomatenpasses Nr. 002695, ausgestellt am 2. Februar 1982 in Aden, war, nach eigenen Angaben und wie in einem BKA-Bericht geschrieben steht, ebenso wie sein Bruder Monzer mit dem Diplomatenpaß Nr. 002454, ausgestellt am 24. Mai 1982 in Aden – in Polen als Handelsattaché des Südjemen offiziell akkreditiert! Noch verwirrender wurde es, als man herausfand, daß Monzer, Ghassan und die Frau ihres Bruders Haitham, Najah, bei ihrer Einreise nach Österreich im August

1983 wertvolle Unterstützung bei der Beantragung der Aufenthaltsgenehmigung in Form von Referenzschreiben erhielten. Diese Schreiben kamen von einer Firma, die der österreichische Nachrichtendienst gut kannte: »BMS-Brokers for Multinational Sales Wiesenthal, Gesellschaft mbH für multinationale Geschäftsverbindungen«. Hinter dem klangvollen Namen verbirgt sich ein Unternehmen, das über eine staatliche Genehmigung für den Handel mit Waffen verfügt. BMS-Wiesenthal hat ein Büro in Pakistans Metropole Karachi. Über Karachi sollten die 27 Tonnen in Griechenland sichergestellter Waffen in den Südjemen gehen! Daß BMS-Wiesenthal enge Geschäftskontakte nach Bulgarien, Rumänien, Ungarn und Polen unterhielt, wußte man in Wien auch – und argwöhnte, es habe eine besondere Bewandtnis, daß sich diese Firma so intensiv – und erfolgreich – bei den österreichischen Behörden für die Kassars verwandte.

Auch eine andere österreichische Firma, die Munition herstellt, die HIRTENBERGER GmbH, kümmerte sich rührend um die syrischen Al Kassars. Als Monzer zu einem späteren Zeitpunkt versuchte, die österreichische Staatsangehörigkeit zu erhalten, stand die Firma HIRTENBERGER ihm mit einem Referenzschreiben zur Seite. So steht es jedenfalls in dem BKA-Bericht (Seite 21) zu Tgb.-Nr. 16/86. Und das würde auch gut in das ganze Puzzle passen, daß die 1,99 Millionen Schuß Munition, die man in Griechenland sichergestellt hatte, von der Firma HIRTENBERGER hergestellt wurden.

Das alles wußten die westlichen Nachrichtendienste zunächst nicht so recht einzuschätzen. Die Verdachtsmomente, der terroristische Hintergrund, so vage er sich bis dahin darstellte, schien ausgeprägter, als vermutet und erhielt Konturen, als man sich eingehender mit Ghassan Al Kassars Frau beschäftigte.

Nabila Al Kassar, eine im Libanon geborene Wehbe, ist nach den Erkenntnissen der CIA Kurierin der palästinensischen Terrororganisation PLFP-»Special Command«, aber auch der PLF des Monzer-Freundes Abul Abbas. Ihr Bruder Nabil wiederum ist nach Erkentnissen des BND Erster Sekretär bei der libanesischen Botschaft in Sofia. Und er, Nabil, so fand die CIA heraus, hatte die entscheidenden Kontakte zwischen den Al Kassar-Brüdern und dem jemenitischen Nachrichtendienst hergestellt. Mit auffällig regelmäßigen Treffen zwischen Monzer und dem südjemenitischen Botschafter in Paris hatte es 1981 angefangen. Schließlich war Ghassan nach Sofia umgezogen und hatte dort mit dem Diplomatischen Korps des Südjemen freundschaftlich-geschäftlichen Umgang gepflegt. Diese Südjemen-Kontakte führten schließlich dazu, daß die Syrer Monzer und Ghassan zu jemenitischen Diplomaten wurden. Mit dem Genuß diplomatischer Ehren erhielten die beiden Brüder Immunität – und waren damit für Staaten mit rechtsstaatlichen Prinzipien nahezu unantastbar. Das machte die westeuropäischen Nachrichtendienste reichlich nervös.

Mit Recht! Kaum hatte der österreichische Inlanddienst im Januar 1985 von einem seiner Agenten in Bulgarien erfahren, Monzer Al Kassar liefere seit geraumer Zeit bulgarische Granaten und RPG 7-Granatwerfer an den Iran, da kam eine Erkenntnisanfrage von den französischen Kollegen, die viel Staub in Wien und bald auch in Amsterdam, Brüssel und Bonn aufwirbelte. Es gehe, so die französischen Staatsschützer, um »terroristische Aktivitäten des Syrers Monzer Al Kassar.

Mit dieser Anfrage begannen europaweite, als STRENG GEHEIM klassifizierte nachrichtendienstliche und kriminalpolizeiliche Ermittlungen westlicher Behörden. Monzer Al Kassar geriet damit nun auch ins Visier der Terroristenfahnder.

Im Februar 1984 schon hatte die damals 21jährige Französin Marie Sybille Pool in Tunis einen netten, charmanten und offensichtlich recht wohlhabenden Mann kennengelernt. »Fahrid«, wie sich der gutaussehende Araber vorstellte, war der zierlichen Französin mit dem dunklen Lockenkopf wie ein Retter in letzter Not vorgekommen. Die arbeitslose Marie Sybille, ein dunkelhäutiges Afro-Mischlingskind mit Fotomodellambitionen, war nach Tunesien gefahren in der Hoffnung, dort vielleicht einen Job zu finden. Nach zwei Monaten ging ihr das Geld aus. Die Chancen, in Tunesien durch ehrliche Arbeit Geld zu verdienen, waren gleich Null. »Fahrid«, der stets gutgekleidete »Geschäftsmann«, kam im rechten Augenblick. Sie traf ihn »rein zufällig« am Strand und war sich vom ersten Moment an darüber klar, daß »Fahrid« genau der Mann war, der ihr in ihrer finanziellen Notlage gelegen kam: gutaussehend, vermögend, nicht zu aufdringlich und sehr weltgewandt.

»Er hat mir schon bald gesagt, daß er als Geschäftsmann ständig auf Reisen sei und glücklich wäre, wenn ich ihn auf diesen Reisen begleiten könnte«, erzählte die reichlich naive Marie Sybille später dem vorsitzenden Richter Ducos von der 14. Großen Strafkammer in Paris. Ihm und Staatsanwalt Laurent Javenas schilderte sie ausführlich, was sich nach ersten, wie sie sagte, »romantischen Tagen in hervorragenden Hotels und exzellenten Restaurants« entwickelt hatte. »Fahrid« mag der jungen Frau aus einfachen bürgerlichen Verhältnissen wie ein Märchenprinz aus 1001 Nacht vorgekommen sein. 14 Tage Wien, acht Tage Madrid, dazwischen immer wieder mal Paris, von dort mehrere Flüge nach Tunis – und stets nur die besten Hotels: das »George V.« in Paris, das »Imperial« in Wien, das »Plaza« in Madrid. Im Spielkasino mal eben 50 000 Franc verjubeln, im Restaurant in Paris für 3000 Franc dinieren und Champagner trinken. Es war für die kleine Französin »wie ein arabischer Traum«. »Allein zu reisen macht keinen Spaß«, hatte er ihr gestanden und sie aufgefordert, ihn doch zu begleiten – ohne Gegenleistung, versteht sich. Und anfänglich stellte es sich tatsächlich so dar, als sei der Märchenprinz Inbegriff all der Jugendträume von Marie Sybille Pool.

Den ersten Wochen folgte eine Phase, die Marie Sybille

später durch jene Momente charakterisiert sieht, »in denen ich morgens in irgendeiner Luxus-Suite aufwachte und dachte: alles nur ein Traum …« Der Traum nahm sehr reale Formen an. Ihr »Fahrid« gab ihr ein monatliches Taschengeld von 5000 Franc, kaufte ihr hübsche Kleider und mietete ihr für 5000 Franc im Monat in der Rue de Berri in Paris ein luxuriöses Appartement. Daß sich ihr arabischer Freund einen derart aufwendigen Lebensstil leisten konnte, führte sie auf seine gutgehenden Handelsgeschäfte zurück. Sie glaubte tatsächlich, daß sie einen Mann kennengelernt hatte, der schnelles Geld – und viel Geld – mit dem Handel zwischen dem Nahen Osten und Europa macht. Wie erfolgreich und einflußreich »Fahrid« war, entnahm sie den Begegnungen mit einigen seiner Geschäftspartner: durchweg seriöse, gebildete Männer mit besten Umgangsformen. Einer dieser Männer, den sie im Jahr 1985 mehrmals in Paris traf, war immerhin der libanesische Botschafter in Frankreich, Johnny Abdo, den sie im Auftrag ihres Gönners »Fahrid« aufsuchte, um ihm Päckchen und Briefumschläge zu übergeben.

Ein Mann, den sie ebenfalls ob seiner Seriosität und Höflichkeit, aber auch wegen seiner tadellosen Umgangsformen in bester Erinnerung behielt, war, obwohl sie ihn nur zweimal getroffen hatte, der Araber »John«. Sie begegnete »John« zuerst in Tunis und dann, im Februar 1985, auf Anordnung »Fahrids« in der Champs-Elyssées-Passage im Zentrum von Paris. Daß dieser Araber einen englisch klingenden Namen hatte, verwunderte sie nicht sonderlich. Sie ging davon aus, daß er vielleicht nach Amerika oder nach England ausgewandert war und dort eine Frau mit eben diesem Namen geheiratet hatte. Daß er tatsächlich verheiratet war, hatte sie an »Johns« brilliantenbesetztem Ehering erkannt. Mehrere Stunden saßen sie in einem Café an den Champs-Elyssées, plauderten angeregt und lachten viel. Als »John« schließlich ging, übergab er Marie Sybille Pool einen braunen Koffer mit zwei Nummernschlössern: »Fahrid«, sagte er, »weiß Bescheid. Du sollst ihm den Koffer demnächst nach Amsterdam bringen.« All das gab die junge Französin französischen Presseberichten zufolge bei ihrer Gerichtsverhandlung zu Protokoll.

Die Ernüchterung kam für Marie Sybille, als ihr Gönner »Fahrid« sie Ende Februar 1985 bat, einen Brief zu schreiben, »weil dein Französisch besser ist als meines«. Sie setzte sich an ihren Schreibtisch, begann nach seinem Diktat zu schreiben – und stockte erschrocken. Denn was sie da schrieb, war nichts anderes als ein Erpresserbrief an einen spanischen Botschafter, in dem unter Androhung terroristischer Aktionen gegen sein Land die Freilassung zweier inhaftierter Palästinenser verlangt wurde.

Aber sie ließ sich nichts anmerken. Binnen weniger Sekunden wurde ihr jedoch klar, daß die vergangenen Monate tatsächlich ein arabischer Traum gewesen waren – einer, der sich zu einem Alptraum gewendet hatte; und sie ahnte, daß aus dem Märchen sehr schnell eine Tragödie werden würde, wenn sie sich weigerte, den Erpresserbrief zu schreiben.

Drei Wochen lang zögerte sie, schwankte zwischen Angst und Verzweiflung, bis sie schließlich die französische Antiterrorbrigade informierte und ein Geständnis ablegte. Doch beendet war ihr arabisches Abenteuer damit noch nicht. Es begann nun erst. Denn auf den Bildern, die man ihr vorlegte, erkannte sie unter anderem Abul Abbas als einen Freund ihres »Fahrid« wieder. Sie wußte nun, daß sie sich monatelang mit Terroristen abgegeben hatte.

Die französischen Antiterroragenten legten ihr nahe, eines milden Urteilsspruches wegen mit ihnen zu kooperieren und als Spitzel für die Polizei zu arbeiten. Marie Sybille Pool willigte ein. Vor den Terroristen hatte sie zwar maßlose Angst, vor dem Gefängnis aber noch viel mehr. Fortan informierte sie die Polizei über jeden Schritt ihres »Fahrid« und seiner Freunde.

Erste Ermittlungen der französischen Polizei ergaben, daß Terroranschläge vorbereitet wurden. Amsterdam, Wien, Athen, Madrid, Paris: In diesen Städten wurden zeitgleich »militärische Aktionen« von einer Gruppe geplant, die ganz offensichtlich den palästinensischen Terroristen um Abul Abbas nahestand. Doch Einzelheiten wußte man zunächst nicht. Nach einer gemeinsamen Konferenz französischer, niederländischer, österreichischer, spanischer und deutscher Terroristenfahnder begannen Fahnder und Observanten am 27. März 1985 europaweit jeden Schritt der Terroristen zu beobachten. Und schon bald konnten erste Erkenntnisse verzeichnet werden.

»Fahrid«, wurde als der Palästinenser Mohammed Ghadban, ein »Offizier« der PLF des Abul Abbas, identifiziert. »John Sarlt«, der galante Freund »Fahrids«, der Marie Sybille Pool den braunen Koffer übergeben hatte, war niemand anderer als der Syrer Monzer Al Kassar. Sinnigerweise hatte er sich einen Decknamen ausgesucht, der den Fahnder wie Hohn dünkte: S.a.r.l.t. steht im Französischen für »Gesellschaft mit beschränkter Haftung«.

Am 8. April 1985, das ergaben die Ermittlungen, reiste Mohammed Ghadban alias »Fahrid« aus Genf kommend über den Flughafen Paris-Orly nach Frankreich ein. Ein Taxi brachte ihn ins Hilton-Hotel. Unauffällig folgen neun Fahrzeuge der französischen Antiterrorbrigade dem Taxi. Aus einem überwachten Telefongespräch wußten die Fahnder auch, daß »Fahrid« im Hilton einen Mann namens »Jim« treffen würde.

Der Palästinenser ging im »Hilton« an die Bar und sprach dort einen etwa 35jährigen Mann mit langen, fast schwarzen Haaren und einem Vollbart an. In diesem Augenblick sprangen zwei attraktive, neben »Jim« sitzende Frauen von den Barhockern, zogen blitzschnell Waffen aus ihren Handtaschen und hielten den beiden Männern die Mündungen der 38er Smith & Wesson an die Schläfe: »Polizei, keine Bewegung, sie sind verhaftet.« Von dem Moment an, als »Jim« an der Rezeption des Hilton nach dem Zimmer von »Mr. Fahrid« gefragt und erfahren hatte, daß dieser noch nicht eingetroffen sei, waren die beiden Frauen der Antiterroreinheit ihm nicht mehr von der Seite gewichen.

»Jim«, der einen deutschen Paß auf den Namen Dieter Kersten bei sich trug, war niemand anderer als der deutsche rechtsradikale Terrorist Odfried Hepp, zum Zeitpunkt seiner Festnahme in Paris durch zwei von der Bundesrepublik erwirkte internationale Haftbefehle gesucht. Hepp, am 10. April 1950 geboren, war eine schillernde Persönlichkeit der internationalen Terroristenszene. Daß sich nicht nur die deutschen Ermittlungsbehörden, sondern auch der israelische MOSSAD und die amerikanische CIA besonders für ihn interessierten, lag an Hepps außergewöhnlichem Werdegang. Als einem der führenden Mitglieder einer Frankfurter Neonazi-Gruppe um Walter Kexel legten ihm die bundesdeutschen Ermittler zur Last, zwischen 1980 und 1982 an drei Sprengstoffanschlägen gegen Einrichtungen und Fahrzeuge der amerikanischen Streitkräfte in der Bundesrepublik beteiligt gewesen zu sein. Weitere in den internationalen Haftbefehlen aufgeführte Tatbestände: versuchter Mord, Mitgliedschaft in einer terroristischen Vereinigung in der Zeit von April bis Dezember 1982. Daß man seiner nicht habhaft hatte werden können, war verständlich: Odfried Hepp, der Neonazi, hielt sich nach 1982 in verschiedenen Ausbildungslagern palästinensischer Terroristen im Libanon auf!

Diese außergewöhnliche Konstellation, rechtsradikale deutsche im Einvernehmen mit (eher linksorientierten) palästinensischen Terroristen, hatte seit 1980 die westlichen Nachrichtendienste beunruhigt. PLO-Chef Yassir Arafat höchstpersönlich war es gewesen, der mit dem radikalen deutschen Neonazi Karl-Heinz Hoffmann, dem Leiter der »Wehrsportgruppe Hoffmann«, eine Vereinbarung getroffen hatte, daß deutsche Rechtsradikale in Training-Camps der PLO ausgebildet werden könnten. Ihr gemeinsames Ziel war Israel. Nachdem eben diese Mitglieder der »Wehrsportgruppe Hoffmann« durch Folterungen (mit Todesfolge in einem Fall) von ausstiegswilligen deutschen Neonazis in palästinensischen Lagern weltweit für Schlagzeilen gesorgt und damit Yassir Arafats Image lädiert hatten, distanzierte sich Arafat offiziell von dieser Kooperation mit deutschen Rechtsradikalen. Es war kaum mehr als ein Lippenbekenntnis!

Nicht zuletzt Odfried Hepps Festnahme in Paris – zusammen mit dem palästinensischen PLF-»Offizier« Mohammed Ghadban – zeigte den europäischen Ermittlern, daß es trotz Arafats verbaler Distanzierung sehr wohl noch eine Kooperation – wenngleich eine heimliche – zwischen der PLO und den Neonazis gab. Monatlich erhielt Hepp – auch noch zum Zeitpunkt seiner Festnahme in Paris – 500 Dollar Gehalt von seinen palästinensischen Terrorfreunden. Zudem hatten die Recherchen der französischen Behörden nach Hepps Festnahme ergeben, daß dieser mit gefälschten Ausweispapieren für die PLF des Abul Abbas nicht nur in Frankreich, sondern auch in Italien und Spanien aktiv gewesen war. Daß PLF-Chef Abul Abbas und Monzer Al Kassar »geistige Brüder« sind, wurde bereits erwähnt.

Die gefälschten Papiere Hepps, auch das wurde schon bald nach seiner Festnahme erkannt, stammten aus den Fälscherwerkstätten, mit denen die marxistisch-leninistisch orientierte Palästinensergruppe PLFP um Dr. Georges Habasch weltweit Terrororganisationen bedient und damit deren »bewaffneten Kampf« unterstützt. Intimus von Habasch und Mitglied seiner radikalen PLFP-SC ist Ghassan Al Kassar – der Bruder jenes galanten John Sarlt, das heißt Monzer Al Kassar, der Marie Sybille Pool den Koffer für »Fahrid« übergeben hatte.

Am 27. November 1986 wurde Odfried Hepp, der sich selbst vor dem französischen Gericht als »Kämpfer gegen den Imperialismus« bezeichnete, nach französischem Recht zu einer Freiheitsstrafe von zweieinhalb Jahren verurteilt: wegen »Hehlerei, Paßvergehens – und der Mitgliedschaft in einer verbrecherischen Vereinigung«. Am 29. Januar wurde er an die Bundesrepublik ausgeliefert, wo er am 27. Oktober 1987 vom Oberlandesgericht Frankfurt zu zehneinhalb Jahren Freiheitsstrafe verurteilt wurde.

Der Tatbestand der »Mitgliedschaft in einer verbrecherischen Vereinigung«, aufgrund dessen Hepp in Paris verurteilt wurde, beschäftigte aber die Nachrichtendienste und Antiterroreinheiten Europas nach Hepps Festnahme im April 1985 noch mehrere Monate.

Denn Monzer Al Kassar beging in diesem Jahre 1985 gleich mehrere ganz entscheidende Fehler.

Aus diversen Telefongesprächen, die er nach der Festnahme Mohammed Ghadbans und Odfried Hepps von Amsterdam aus führte und die von den holländischen Ermittlern abgehört wurden, ging nicht nur hervor, daß Monzer nach Bukarest und Warschau telefonierte und in England größere Mengen Sprengstoff (TNT) bestellte. Es wurde auch deutlich, daß Monzer Al Kassar – alias John Sarlt, alias »Maurice« – der Fehleinschätzung unterlag, die Festnahme Hepps und Mohammed Ghadbans sei eher ein Zufall gewesen oder auf Recherchen der Franzosen in Sachen Odfried Hepp zurückzuführen. Daß Marie Sybille Pool von der Antiterrorbrigade den Auftrag erhalten hatte, fortan »Fahrid« zu bespitzeln, auf diesen Gedanken kam er nicht.

Schon kurz nach der Festnahme Ghadbans und Hepps wurde er in einer Weise aktiv, die die französischen Behörden vermuten ließ, die Vorbereitungsmaßnahmen für terroristische Anschläge würden weitergeführt. Sie irrten sich nicht.

Weil die europäischen Ermittlungsbehörden noch immer nicht genau wußten, gegen wen sich die geplanten Terroranschläge der PLF-Gruppe richteten, entschieden sie, Monzer Al Kassar weiterhin zu observieren. In einer außergewöhnlichen grenzüberschreitenden Aktion, die auch Gegenstand der INTERPOL-Konferenz am 16. Januar 1987 in Paris war und auf Seite 5/6 des Gesprächsprotokolls nachzulesen ist, wurde jeder Schritt des Syrers beobachtet und dabei festgestellt, daß er sich auffällig lange in Holland aufhielt. Stets in Begleitung seines syrischen Leibwächters Achmed Aboumrched besuchte er mehrfach zwei Männer: den 1943 geborenen Libanesen André Zamir Farid Sultan und den 1956 in Madrid geborenen Michel Zamir Tabbet. Während der letztere den Ermittlern unbekannt war, liegen bei INTERPOL in Paris Erkenntnisse vor, daß Sultan in Rauschgift- und Waffengeschäfte involviert sei. Auffällig war auch Monzers Interesse für Gebrauchtwagenhändler. In Breda (Südholland) wie auch in Brüssel fuhr er von einem Händler zum anderen, schaute sich insbesondere Mercedes-Wagen der gehobenen Klasse an, fuhr sie aber nie Probe. Der entscheidende Hinweis kam schließlich von Terrorismusfahndern aus Belgien. Monzer Al Kassar, so die belgischen Fahnder, bereite ganz offensichtlich im Auftrag der PLF des Abul Abbas Mord- und Sprengstoffanschläge auf israelische Personen und Einrichtungen in ganz Europa vor. Die Anschläge zielten unter anderem auf zwei israelische MOSSAD-Agenten, die sich, als Waffenhändler getarnt, in die PLF einzuschleichen versuchten. Die belgischen Nachrichtendienstler hatten zudem herausgefunden, das Interesse Monzers gelte darüber hinaus den Büros der christlichen Milizen des Libanesen Elie Hobeika in Paris. Geplant, so die Geheimdienstler, sei zeitgleich auch ein Anschlag auf jüdische Einrichtungen in Wien.

Bevor die Ziele der geplanten Terroranschläge eindeutig ermittelt waren, überstürzten sich die Ereignisse. Monzer, der mittlerweile eine Wohnung in Amsterdam bezogen hatte, floh überstürzt aus Holland und flog nach Syrien. Noch in der gleichen Nacht, am 21. Dezember 1985, kam es europaweit zu mehreren Hausdurchsuchungen und Festnahmen.

In der Amsterdamer Wohnung Monzers fand die Polizei drei Waffen. Eine Tokarev-Pistole, eine Schweizer Pistole der Marke Sig-Sauer und einen amerikanischen Colt, Kaliber 38 Smith & Wesson – samt der dazugehörigen Munition und Schalldämpfern. Auf einer der Waffen sicherten die Erkennungsdienst-Experten aus Amsterdam die Fingerabdrücke Monzer Al Kassars.

Diese Waffen stammten aus jenem Koffer, den Monzer alias John Sarlt der Französin Marie Sybille Pool für »Fahrid« übergeben hatte. Nachdem die Pool sich zu einer Zusammenarbeit mit der Polizei bereit erklärt hatte, waren französische Antiterrorismusfahnder in das Appartement der Pool gegangen und hatten dort heimlich den mysteriösen braunen Koffer geöffnet – und darin insgesamt fünf Handfeuerwaffen, Munition und Schalldämpfer festgestellt.

Über eine Telefonnummer, die Mohammed Ghadban bei seiner Festnahme bei sich getragen hatte, waren die Fahnder zudem auf eine Adresse in Wien gestoßen. Am Abend des 21. Dezember 1985 wurde im Rahmen der europaweiten Großrazzia auch diese Wohnung von schwerbewaffneten österreichischen Antiterroreinheiten gestürmt. Die Inhaberin der Wohnung, eine 27jährige Österreicherin, erschrak schier zu Tode, als gegen zehn Uhr abends schwerbewaffnete, mit kugelsicheren Visieren und Westen bewehrte Sondereinheiten ihre Wohnungstür aufsprengten und ihr die Mündung einer Maschinenpistole an den Kopf hielten. Auch sie, stellte sich schnell heraus, hatte, wie Marie Sybille Pool »zufällig« einen netten, galanten und sehr gutaussehenden Araber kennengelernt. Als dieser ihr einen kleinen Koffer zur Aufbewahrung übergab, fand sie das nicht sonderlich verdächtig.

Der Koffer stand in ihrem Schlafzimmer und war mit zwei Nummernschlössern versehen. Ihn mit der richtigen Nummernkombination zu öffnen, war für die Fahnder freilich kein Problem mehr. Die Al Kassars, hatten sie nach dem Öffnen der Koffer in Paris und Amsterdam erkannt, verwendeten stets die gleiche Nummernkombinationen: 1–2–3 für das linke Schloß, 4–5–6 für das rechte Schloß. Auch in Wien funktionierte das. In dem Koffer lag – wie auch in Amsterdam – eine Tokarev, Kaliber 7,65, samt Munition und Schalldämpfer – eine bei Killern beliebte Waffe, um aus einer Entfernung von etwa 25 bis 30 Metern zu schießen. Beliebt deswegen, weil die mit Schalldämpfern versehene Pistole die Eigenschaft hat, daß der Schuß »unter Schall« abgeht. Ein unschätzbarer Vorteil.

Dieser in Wien gefundene Koffer mit der Killerwaffe war der hübschen Wienerin von einem Araber übergeben worden. Als ihr die Beamten vom österreichischen Inlanddienst einige Fotos zur Identifizierung ihres 1001-Nacht-Arabers vorlegten, tippte die Frau ohne lange zu zögern auf eines der Fotos: »Das ist er – ohne Zweifel.«

Der Mann auf dem Foto war der Syrer Haitham Al Kassar, der drittälteste des Kassar-Brüder.

Noch während die Wiener Behörden die Ermittlungsergebnisse zusammentrugen und unter dem Aktenzeichen 25/D/VR 1194885 gegen die Al Kassar-Brüder »wegen Gründung einer kriminellen Organisation« und der »Vorbereitung terroristischer Gewaltakte« ein gerichtliches Verfahren einleiteten, begannen in Paris, Brüssel, Amsterdam und beim Bundeskriminalamt in Wiesbaden die Nachermittlungen. Das Interesse der Fahnder galt insbesondere der Herkunft der sichergestellten Waffen. Man hoffte daraus Rückschlüsse auf eventuelle – nicht zuletzt politische – Hintermänner ziehen zu können. Eine Waffe war eine Sig-Sauer Schweizer Herkunft.

Daß Monzer Al Kassar auch Kontakte zu bundesrepublikanischen Waffenherstellern aufgenommen hatte, geht aus einem Bericht der französischen Ermittlungsbehörden (OBJET: ENQUÊTES PRÉLIMINAIRES MENÉES Á L'ENCONTRE DES FRÈRES AL KASSAR) hervor. Auf Seite drei des BKA-Ermittlungsberichtes, der allen an der INTERPOL-Konferenz im Januar 1987 beteiligten Staaten in französischer Sprache vorgelegt wurde, ist unter dem Stichwort »Kontakte zu Waffenherstellern« gleich an erster Stelle die deutsche Firma Heckler & Koch genannt mit der Anmerkung: »telefonischer und Telex-Kontakt«. Eine entsprechende Anfrage der französischen Sicherheitsbehörden beim Bundeskriminalamt in Wiesbaden ließ die deutschen Fahnder aufhorchen. Denn Waffen der Firma Heckler & Koch aus Oberndorf am Neckar, insbesondere deren Präzisionswaffen, waren schon mehrfach bei terroristischen Aktionen auf der ganzen Welt aufgetaucht, so auch im Zusammenhang mit den Mordfällen Buback und Schleyer.

»Wir blühen lieber im Hintergrund« – so zitierte ein »Spiegel«-Artikel aus dem Jahre 1977 einen Firmensprecher von Heckler & Koch zur Politik des Familienunternehmens. Diese Richtlinie des schwäbischen Waffenherstellers hat seit 1949, dem Gründungsjahr von H & K, Tradition – und Erfolg. Aus dem von drei ehemaligen Ingenieuren der Waffenfirma Mauser – ebenfalls aus dem schwäbischen Oberndorf – gegründeten Kleinunternehmen ist binnen 40 Jahren ein weltweit bekanntes und sehr erfolgreiches Unternehmen mit mehr als 2000 Beschäftigten geworden. Daß diese »Waffenschmiede«, die auch »friedliche« Maschinen herstellt, bei Waffenexperten rund um die Erde so bekannt wurde, dürfte nicht zuletzt auf die Firmenstruktur zurückzuführen sein. Als Familienunternehmen (GmbH) ist sie nicht zur Offenlegung ihrer Bilanzen verpflichtet. Das sichert genau die Diskretion, die in dem sensiblen Waffengeschäft gefragt ist.

Daß H & K mit dem automatischen Gewehr G 3 mit »Nato-Kaliber« 7,62 die Bundeswehr ausrüstete, brachte Umsatz und Imagepluspunkte. Nur: Mit den Aufträgen bundesdeutscher Waffenträger allein hätte sich das Unternehmen kaum in der Rangfolge der internationalen Präzisionswaffenhersteller stetig nach oben arbeiten können. Die Masse, und damit das Geld, liegt im Auslandsgeschäft. Das G 3 wurde weltweit exportiert, legal. Mehr als ein Dutzend Waffenfabriken hat Heckler & Koch zwischenzeitlich auf dem Globus erbaut – legal, aber gelegentlich von der Presse mit Argwohn betrachtet. Auch das BKA sah sich zuweilen veranlaßt, den schwäbischen Waffenbauern auf die Finger zu schauen. Der Makel, hin und wieder am Rande der Legalität, die durch das deutsche Kriegswaffenkontrollgesetz definiert ist, zu operieren, führte zuletzt 1988 zur Durchsuchung der Geschäftsräume von H & K, weil der Verdacht aufgekommen war, H & K-Waffen seien über den amerikanischen Geheimdienst CIA auch nach Nicaragua geliefert worden. Die Firma bezeichnete die Unterlagen des »Spiegel« als »Totalfälschungen«. Was sich tatsächlich bestätigte!

Ganz makellos erscheint Nachrichtendiensten und europäischen Ermittlungsbehörden die Geschäftspolitik von H & K dennoch nicht. Über die Jahre hinweg gab es immer wieder Presseberichte, die Vermutungen und Verdächtigungen aufkommen ließen, in Oberndorf werde gemauschelt. Ansatzpunkte für diese Gerüchte waren fast immer die Exportgeschäfte.

1971 schloß H & K einen Vertrag mit Thailand ab. Bei einem Auftragsvolumen von rund 52 Millionen Mark baute die Firma der thailändischen Armee eine Waffenschmiede, in der automatische Gewehre und leichte Waffen hergestellt werden können. 1975 schon trat Thailand mit Chile in Kontakt. Die Südamerikaner wollten 4000 in Thailand mit deutschem Know-how hergestellte Sturmgewehre des Typs HK 33 kaufen. H & K betonte jedoch kurz nach Bekanntwerden dieser Nachricht, weder habe man den Thailändern eine solche Genehmigung erteilt, noch sei das rechtlich nach dem deutschen Kriegswaffenkontrollgesetz zulässig. Völlig unproblematisch verlief der Bau von Produktionsanlagen für das G 3 in Ägion, Griechenland. Das Gros der hergestellten Waffen war von Anfang an für die griechische Armee, ein kleines Kontingent auch für den Export bestimmt – legal natürlich.

Daß spätestens dann, wenn Waffen, die in von H & K im

Ausland erbauten Waffenfabriken hergestellt werden, aus diesen Ländern exportiert werden, das deutsche Kriegswaffengesetz kaum mehr wert ist als das Papier, auf das es gedruckt ist, zeigte zuletzt ein Fall in Italien. Am 19. Oktober 1987 wurde in der italienischen Hafenstadt Savona der unter der Flagge Qatars fahrende Frachter »Fathulkhair Doha« von der italienischen Finanzpolizei durchsucht, der Kapitän vorläufig festgenommen. Die Behörden hatten Verdacht geschöpft, weil von den 23 Seeleuten des kleinen 10000 BRT-Frachters immerhin 17 Offiziere waren – mehrheitlich Angehörige der irakischen Kriegsmarine. Frachtpapiere gab es für einen Teil der Ladung, die vermutlich aus einem englischen Hafen stammte, überhaupt nicht. In drei Containern mit der Aufschrift »Nägel« wurden 14 Tonnen Waffen gefunden, darunter 350 NATO-Maschinengewehre. Hersteller der Waffen waren, laut einer DPA-Meldung, eine belgische Firma und Heckler & Koch. Wie diese Waffen auf das Schiff kamen, entzog sich selbstverständlich der Kenntnis der H & K-Geschäftsleitung.

Die Insider des internationalen Waffengeschäfts freilich haben da wenig Erklärungsnöte. In London, so wissen die Waffen-Dealer, gibt es eine »Tochterfirma« von H & K, und in England sieht man den Export von Waffen in Krisengebiete wie den Irak nicht weiter kritisch.

Weil andere Länder das ebenso handhaben, blüht der Schwarzmarkthandel mit H & K-Waffen, ohne daß man das Oberndorfer Mutterhaus dafür verantwortlich machen kann und darf. Daß sich das halbautomatische HK 43, in einer kleinen Stückzahl allein in Oberndorf produziert, bei Terroristen offenbar besonderer Beliebtheit erfreut, beschert H & K immer wieder Ärger durch Ermittlungen der Terroristenfahnder. Dabei ist die Erklärung der Oberndorfer ebenso banal wie einleuchtend: Wenn Länder wie das NATO-Mitgliedsland Griechenland, wo in Lizenz H & K-Waffen hergestellt werden, sich entgegen vertraglicher Regeln für den Verkauf solcher

Waffen entscheiden, ist das außerhalb der Entscheidungsgewalt der deutschen Geschäftsleitung. Gleiches gilt für England. H & K teilte den in Sachen Al Kassar ermittelnden Beamten des Bundeskriminalamts nach Angaben eines BKA-Beamten jedenfalls mit, daß es wohl Telex- und Telefonkontakte mit Monzer Al Kassar gegeben habe (die nämlich sind bewiesen), doch mehr auch nicht. Ob da vielleicht die Heckler & Koch-»Tochterfirma« in London im Spiel gewesen sei, konnten die BKA-Fahnder nicht fragen, obwohl sie es gerne getan hätten. Gar nicht weit von London entfernt saß (und sitzt) nämlich ein Waffenhändler, der wohl einer der größten Waffen- und Sprengstofflieferanten Monzer Al Kassars ist. Nach London hatte Monzer auch telefoniert, um TNT-Sprengstoff für die geplanten Terroranschläge zu bestellen. Aber solche Fragen durften die BKA-Beamten den H & K-Managern nicht stellen, denn das Verfahren bezog sich ausschließlich auf eine vermutete Zuwiderhandlung gegen das deutsche Kriegswaffenkontrollgesetz. Und die war nicht nachzuweisen.

Mit den in Amsterdam, Paris und Wien sichergestellten Waffen der schweizerischen Firma Swiss Industrial Company aus Neuhausen/Rheinfall, weltweit bekannt unter dem Kürzel Sig-Sauer, taten sich die deutschen, belgischen, holländischen und österreichischen Ermittler dagegen nicht so schwer.

Auch diese Firma – mit Zweigstelle beziehungsweise Auslieferungslager in Norddeutschland – steht mit ihren Präzisionswaffen in bestem Ruf. Mit den Handfeuerwaffen P 220, 225, 226 und 230, Kaliber 7,65 mm Para, 9 mm Para, .45 ACP und .38 Super sind Polizisten und Armeen ausgerüstet. Im November 1986 wurde einem deutschen Kriminalbeamten eine Sig-Sauer 9 mm bei einer unfriedlichen Demonstration in Hanau geraubt. Ein Jahr später, am 2. November 1987, wurden mit genau dieser Waffe an der Startbahn West in Frankfurt zwei Polizisten erschossen – von Tätern mit terroristischem Hintergrund. Und eine Sig-Sauer 9 mm trug auch die deutsche RAF-Terroristin Eva Sybille Haule-Frimpong bei sich, als sie am 3. August 1986 in einem Eiscafé in Rüsselsheim festgenommen wurde. Die als »Top-Terroristin der RAF« klassifizierte und des Mordes verdächtigte Frau hatte ihr Faible für diese Waffe bei einem Überfall auf ein Waffengeschäft gezeigt, da sie sich für ihre späteren Mordanschläge gezielt eine Sig-Sauer genommen hatte.

Eine solche Sig-Sauer fand man in der Amsterdamer Wohnung Monzer Al Kassars. Die Ermittlungen ergaben, daß die Firma 110 Pistolen mit Kaliber 9 mm und 55 Pistolen mit dem Kaliber 7,65 an die Firma Kind Jagd- und Sportartikel in Wien geliefert hatte. Der Inhaber, ein Diplom-Volkswirt, lieferte die Handfeuerwaffen ganz legal weiter an einen Mr. Alan Main, Inhaber der Firma Creative Ressources Associated in Shrobshire, England.

Als die Ermittler diesen Namen hörten, dämmerte ihnen Arges, aber nun gestalteten sich die Nachforschungen auch immer schwieriger. Der Brite Alan Main lieferte die Waffen auf Umwegen, nämlich über Hamburg und Wien, nach Warschau. Empfänger in Warschau, die österreichischen Ermittler waren nicht wenig erstaunt darüber, war die beim polnischen Handelsministerium angesiedelte Firma CENZIN. Diese Firma CENZIN aber gehört dem polnischen Geheimdienst!

Nachdem diese Erkenntnis beim österreichischen Inlanddienst vorlag, wunderte man sich dort überhaupt nicht mehr, als diskrete Nachforschungen ergaben, daß einige dieser Sig-Sauer-Waffen angeblich auf dem Flughafen in Wien-Schwechat »spurlos verschwunden« waren, das heißt als gestohlen gemeldet worden waren. Nicht nur den Wiener Staatsschützern war hinlänglich bekannt, daß dies ein klassischer Modus operandi von Terroristen ist: Waffen werden offiziell als gestohlen gemeldet, um dann irgendwann bei Terroranschlägen aufzutauchen. Ermittlungen nach Lieferanten oder Mittätern werden dadurch beinahe unmöglich, der Eigentümer ist rechtlich aus dem Schneider.

Eine dieser angeblich in Wien aus den Frachträumen der Fluggesellschaft gestohlenen Sig-Sauer-Pistolen hatte man nun also in der Amsterdamer Wohnung Monzer Al Kassars gefunden.

In Wien riefen diese Ermittlungserkenntnisse einige Aufregung hervor. Die Verstrickung der Firma CENZIN aus Warschau – und damit des polnischen Geheimdienstes – ließ die politischen Dimensionen dieses Falls erahnen – und die liebt man in Österreich überhaupt nicht. Denn eine der zumindest wirtschaftlich willkommenen Begleiterscheinungen des neutralen Status der Alpenrepublik ist, daß dort Waffenhändler aus aller Welt gern gesehen sind; außerdem ist Wien ein Tummelplatz östlicher und westlicher Agenten. Das Heer der Waffen-Dealer lebt in Wien sehr gut, insbesondere deswegen, weil auch der Ostblock dort seine Einkäufe für die Armee tätigt. Man nimmt es in Wien nicht sonderlich genau, wenn sich die Geschäfte um Kriegsgerät drehen. Nur wenn terroristische Hintergründe mit ins Spiel kommen, gerät die sonst auffallend träge Ermittlungsmaschinerie der Staatsschützer in Bewegung. Unter dem Druck der im Falle Al Kassar an den Ermittlungen beteiligten Staaten Schweiz, Spanien, Frankreich, Belgien, Holland und der Bundesrepublik Deutschland wurde man denn auch in Wien aktiv. Man mußte aktiv werden, seitdem man durch die CIA erfahren hatte: Sowohl der in Monzer Al Kassars Wiener Firma ALKASTRONIC als Teilhaber registrierte Pole Henryk Majorczyk als auch sein Landsmann Tadeusz Koperwas sind Angestellte der Warschauer Firma CENZIN – also Agenten.

Der österreichische Staatsschutz durchsuchte daraufhin die Räume von ALKASTRONIC in der Zelinkagasse Nr. 2 und nahm die beiden polnischen Agenten fest. Am darauffolgenden Tag intervenierte nach Wissen des BKA ein polnischer Botschaftsrat beim österreichischen Innenministerium. Die Festnahme unbescholtener polnischer Wirtschaftsrepräsentanten, so lamentierte der Diplomat, »ist der polnischen Regierung völlig unverständlich – und der partnerschaftlichen Kooperation beider Länder aufs höchste abträglich«. Henryk Majorczyk und Tadeusz Koperwas, Agenten des polnischen Geheimdienstes im Range von Oberstleutnants und Mitinhaber der Firma ALKASTRONIC, wurden aus österreichischer Haft entlassen. Sie wurden nie wieder in Österreich gesehen. Ihre Aktenordner in der Firma nahmen sie mit – natürlich.

Die Verwicklung der PLO

Kaum hatten die beiden Al Kassar-Spezis und Offiziere des polnischen Nachrichtendienstes, Henryk Majorczyk und Tadeusz Koperwas, Wien Richtung Warschau verlassen, da erschütterten zwei grausame Attentate die Weltöffentlichkeit.

Am 27. Dezember 1985, sechs Tage nach der Durchsuchung der ALKASTRONIC-Geschäftsräume und der damit verbundenen Festnahme der beiden polnischen Agenten, kam es zeitgleich zu blutigen Terroranschlägen auf die Flughäfen von Rom und Wien. Während die erregte Öffentlichkeit die Initiatoren der Attentate in Libyen vermutete, wußten die europäischen Geheimdienste bereits, daß syrische Agenten darin verwickelt waren. Und wieder einmal tauchte der Name Abu Nidal auf. Die Frage war, welcher Zusammenhang zwischen den syrischen Al Kassar-Brüdern, dem von Syrien unterstützten Abu Nidal und den Nachrichtendiensten von Polen, Bulgarien, letztendlich auch der UdSSR einerseits und den terroristischen Aktionen der zurückliegenden Monate andererseits bestehen könnte.

Falls Nachrichtendienste in diese Sache verwickelt waren, dann mußte man gegenüber geradlinigen Erklärungen der Geschehnisse skeptisch sein. Nur ein schlechter Nachrichtendienst hinterläßt eindeutige Spuren, ein guter dagegen – und dazu gehört der sowjetische KGB – wird parallel zu allen Operationen zur Taktik der Desinformation greifen, wird gezielt falsche Spuren legen. Ein kompliziertes Konzept, aber höchst effektiv. Derweil nämlich die Öffentlichkeit vordergründigen Erklärungen aufsitzt und »haltet den Dieb« schreit, bleiben die wirklichen Täter und Initiatoren im Hintergrund unerkannt. Diesen Hintergrund aber versuchten die westlichen Ermittler zu eruieren: Was steckte hinter dem Blutbad in Rom und Wien, aber auch hinter den Vorbereitungshandlungen zu terroristischen Aktionen in Amsterdam, Brüssel, Paris und Wien?

Eine wichtige Achse über die Al Kassars zu hohen und höchsten Regierungsstellen und Geheimdiensten in Syrien war zuletzt durch einen Zwischenfall mit dem Engländer John Berry deutlich geworden.

Der Brite hatte Monzer nach eigenen Angaben 1981 in Beirut kennengelernt und ihn danach regelmäßig besucht. Im Frühjahr 1984 wurde Berry von New Scotland Yard festgenommen, nachdem er im Auftrage Monzer Al Kassars 1000 Zeitzünder für jenen Bombentyp gebastelt hatte, dessen sich Terroristen mit Vorliebe bedienen. Die britischen Fahnder waren im Rahmen ihrer Ermittlungen gegen Monzer wegen Drogenhandels auf Berry gestoßen und hatten dabei jenes Telefongespräch abgehört, in dessen Verlauf Monzer die 1000 Zünder bestellt hatte. Bauen durfte Berry sie noch. Als er sie jedoch ausführen wollte, nahm man ihn fest.

Zu einem Gerichtsverfahren kam es allerdings nicht, denn es gelang Berry, von England nach Marbella zu fliehen – zu Monzer. In den Appartementanlagen »Aloha« konnte er sich in eine von Monzers Wohnungen zurückziehen, ohne in der Angst leben zu müssen, von Spanien an England ausgeliefert zu werden. Denn das britisch-spanische Auslieferungsabkommen betraf nur Briten, die nach Juli 1986 nach Spanien gekommen waren. Entsprechend viele britische Ganoven leben an der Costa del Sol, die von den dort ansässigen Spaniern nicht zuletzt aus diesem Grund »Costa el oais pecaminoso«, Küste der Sünde, genannt wird. Was Berry freilich bei seiner polizeilichen Vernehmung in London noch ausgesagt hatte, beschäftigte nicht nur die Briten, sondern auch andere westeuropäische Geheimdienste: »Die Zeitzünder«, so Berry, »waren für die syrische Regierung bestimmt. Monzer war der Zwischenhändler ...« Diese Syrien-Connections, aber auch die Verbindungen Monzers nach Bulgarien und Polen sowie Abu Nidals Syrien- und Ostblock-Connections drängten den westlichen Geheimdiensten Gedanken auf, die den Nachrichtendienstlern zwar vertraut, in einem Teil der westlichen Presse aber höchst unpopulär waren und sind: eine Verstrikkung östlicher Geheimdienste in all diese Geschehnisse.

Arnaud de Borchgrave, bis 1980 Senior-Editor von »Newsweek«, dann Chefredakteur bei der »Washington Times«, schrieb, »daß die Medien der westlichen Welt ganz offensichtlich dazu neigen, die wahren Beelzebuben dieser Welt als falschverstandene unschuldige Menschen zu porträtieren, die eigenen Politiker dagegen als Feinde der Freiheit und Demokratie zu sehen.« Auf einer Konferenz in Israel am 26. Januar 1986 meinte er: »Nur eine außerordentlich geringe Zahl von Menschen scheint die Mechanismen der Art von Ersatzkrieg zu verstehen, die heute praktiziert wird.«

Der klare Blick auf die erschreckende Realität ist den wenigsten möglich, Realität aber ist dies: Die Sowjetunion und ihre ideologischen wie auch militärischen Alliierten haben längst erkannt, daß die Unterstützung terroristischer Bewegungen durch Waffen, durch Ausbildung und Propaganda ein höchst effizienter wie auch preiswerter Weg ist, erheblich zur Destabilisierung westlicher Gesellschaften und demokratischer Staaten beizutragen. Terrorismus als Methode des revolutionären Kampfes lehnt die Sowjetunion zwar ab. Chefideologen berufen sich dabei gerne auf Lenin, der den Terrorismus »als kleinbürgerlichen Putschismus« bezeichnete. Die Unterstützung »Nationaler Befreiungsbewegungen« allerdings ist ein Muß. In der 1977 revidierten Fassung von Artikel 28 des sowjetischen Grundgesetzes heißt es, daß der »Volkskampf für nationale Befreiung und sozialen Fortschritt« überall auf der Welt unterstützt werden müsse. Das liest sich gut, läßt aber viel Spielraum für eigenwillige wie eigennützige Interpretationen. Dennoch: Mit dieser Unterstützer-Ideologie werden Ziele erreicht, die früher nur durch Kriege hätten zustande gebracht werden können. »Stellvertreterkriege« lautet ein Fachterminus dafür. Was immer diesbezüglich aber läuft, es geschieht im verborgenen.

Das Kernproblem westlicher Regierungen ist es, daß sie kaum in der Lage sind, der hinsichtlich nachrichtendienstlicher Praktiken letztendlich weitgehend unwissenden Bevölkerung die komplizierten Spielregeln des indirekten Schiffchen-versenken-Spiels der Geheimdienste zu erläutern, um ihr eigenes Agentennetz nicht zu gefährden. Ein guter Agent ist nur der unerkannte Agent. Eine gute Strategie bleibt so lange gut, wie sie nicht durchschaut wird. Entsprechend fällt es schwer, undwiderlegbare Beweise für die Verstrickung der UdSSR in destabilisierende Aktivitäten über die Unterstützung von Terrorgruppen zu erbringen. Beweise für die dem Frieden abträgliche Machenschaften östlicher Geheimdienste gibt es zwar bei westlichen Regierungen, aber sie vorzulegen hieße allzu oft, ein über viele Jahre aufgebautes Agenten- und Informationsnetz zu gefährden.

Dieses Quellenschutz-Prinzip ist Grundvoraussetzung jeglicher nachrichtendienstlicher Operation. Ist die Verschwiegenheit nicht 100prozentig garantiert, ließe sich kein Spitzel oder Überläufer zu waghalsigen »Maulwurf«-Aktionen überreden.

Doch Quellenschutz hat einen unangenehmen Nebeneffekt. In der Bundesrepublik wußte beispielsweise ein kleiner, handverlesener Personenkreis um Bundeskanzler Kohl, daß im Herbst 1987 auf Generalsekretär Gorbatschow ein, wahrscheinlich gar zwei Attentate verübt wurden. Die TOP SECRET-Information kam über allerhöchste dipomatische Kanäle aus der amerikanischen Botschaft in Moskau.

In einer solchen Situation stellt sich den Geheimdiensten und führenden Politikern die Frage, ob man diese Information der breiten Öffentlichkeit zugänglich machen soll oder nicht. Im Fall Gorbatschows sah man aus zwei Gründen davon ab: Die Information war den Amerikanern aus höchsten Kreisen in der UdSSR »zugespielt« worden. Quellenschutz war da zur Absicherung des Informanten unumgänglich. Der andere Grund lag in der Tragweite einer solchen Nachricht. In der Anfangsphase der sich mit Gorbatschow abzeichnenden Entspannungspolitik hätte die Nachricht, reaktionäre Kreise in der UdSSR würden die Entspannung zwischen Ost und West mittels Mord an dem eigenen Generalsekretär torpedieren, im Zweifelsfalle dazu geführt, daß bei vielen Menschen im Westen die innere Bereitschaft, den Friedensbemühungen der Sowjetunion Glauben zu schenken, von Skepsis überlagert worden wäre. Die Menschen würden der gängigen Vorstellung wieder mehr Gewicht einräumen, Gorbatschow sei zwar ein ehrenhafter, friedfertiger Mann, einige mächtige ZK-Mitglieder und Militärs um ihn herum allerdings nicht.

Eine solche Reaktion der breiten Öffentlichkeit konnte weder im Sinne der USA noch der Bundesregierung sein. Entsprechend wurde die Information über den Mordanschlag, bei dem Gorbatschow nach Erkenntnissen der Nachrichtendienste durch einen Schuß in die Schulter verletzt wurde, unterdrückt. Nicht einmal die Bürger der Sowjetunion schöpften Verdacht, als es im Herbst 1987 hieß, der Generalsekretär habe sich seit sechs Wochen nicht mehr in der Öffentlichkeit gezeigt, weil er an einem Buch arbeite und sich deshalb zurückgezogen habe. Tatsächlich kurierte er jedoch seine Schußwunde aus!

Vor diesem Hintergrund betrachtet, erhalten Gorbatschows nachfolgende »Säuberungsaktionen«, kaschiert als dem Fortschritt dienende Umbesetzungen innerhalb des Zentralkomitees der UdSSR natürlich einen ganz anderen Stellenwert.

Der Ostblock hat – trotz Gorbatschow – seine Destabilisierungspolitik nicht aufgegeben – nur führt er sie mit anderen Mitteln weiter, denen des »Stellvertreterkrieges«.

Geht es um den Nahen Osten, insbesondere um die PLO, wird das besonders deutlich. Seltsamerweise spricht heute kaum mehr jemand darüber, daß 1982, als die Israeli in den Libanon bis Beirut einmarschierten und mehrere tausend PLO-Kämpfer gefangennahmen, im Rahmen ihrer militärischen Operation stapelweise Dokumente gefunden wurden, die bewiesen, daß die UdSSR heimlich die 450 Tage andauernde Geiselnahme amerikanischer Diplomaten in Teheran unterstützte. Vergessen die Beweise dafür, daß sowjetische Ausbilder in PLO-Training-Camps den Umgang mit Waffen und Sprengstoff lehrten. Verdrängt die Tatsache, daß Aberhunderte von PLO-Kämpfern in der UdSSR und anderen Ostblockländern Fortbildungslehrgänge für den bewaffneten Kampf absolvierten.

Das Interesse des Ostblocks wird auf verschiedenen Ebenen ganz handgeiflich: Bulgarische Ausbilder lehren auch 1989 noch palästinensische Terroristen in Camps nahe der syrischen Hauptstadt Damaskus das Sprengen von Autos. Der KGB berät weiterhin die syrischen Geheimdienste. Drei syrische Geheimdienstoffiziere waren es ja auch, die bei der Planung des Bombenanschlages, bei dem am 23. Oktober 1983 mehr als 200 US-Soldaten in Beirut ums Leben kamen, maßgeblich mitwirkten. Und: Sowjetische KGB-Leute sitzen zu Hunderten im Südjemen – jenes dem Ostblock verpflichtete Land, das eine so große Rolle beim Waffenhandel und den terroristischen Aktionen des Monzer Al Kassar spielt.

Von den 70 in kommunistisch orientierten Staaten existierenden Ausbildungslagern für Terroristen liegen knapp 20 allein in Libyen und ein halbes Dutzend in Syrien, auch die des Palästinensers Abu Nidal. Daß Abu Nidal lange Zeit in Warschau lebte und »handelte«, sei vorab nur kurz erwähnt, soll aber aufzeigen, daß es da höchst eigenartige und sehr enge

Kontakte zwischen den syrischen Brüdern Al Kassar, palästinensischen Terrorgruppen und dem Ostblock gibt.

Wie eng die Zusammenarbeit der Ostblock-Geheimdienste ist, zeigt unter anderem, daß im Direktorat Eins des bulgarischen Nachrichtendienstes am Boulevard Anton Ivanov 66 in Sofia gut ein Dutzend sowjetische KGB-Offiziere sitzen. Demselben Direktorat ist auch das bulgarische Staatshandelsunternehmen KINTEX – die staatlichen Drogenschmuggler Bulgariens – unterstellt. Die Handgranaten, die Terroristen für das Blutbad in der Nebe-Shalom-Synagoge in Istanbul am 6. September 1986 verwendeten, waren Handgranaten, mit denen die UdSSR bis zu diesem Tag ausschließlich die AL FATAH Arafats beliefert hatte. Die Täter, ein Selbstmordkommando, das sich mit in die Luft sprengte, waren nach Erkenntnissen der westlichen Nachrichtendienste Männer von Abu Iyad, Klarname Khalid al-Wazir, damals die rechte Hand und Operationschef von Yassir Arafat. Die Maschinenpistolen der Attentäter waren »Skorpions« vom polnischen Geheimdienst – sicherlich keine Zufälle.

In diesem Zusammenhang muß auch die PLO als Dachverband diverser palästinensischer, teils extrem radikaler Gruppen gesehen werden. Verwirrt von den unterschiedlichsten politischen, religiösen wie auch ethnischen Strömungen im Nahen Osten, hat sich in Europa mittlerweile der verallgemeinernde Irrglaube gefestigt, Yassir Arafat sei die personifizierte PLO, ein allmächtiger Führer der palästinensischen Befreiungsbewegungen – und die wandelten jetzt auf den Pfaden der Friedensstifter.

Palästinensische Terroristen wie Abu Nidal, Nayef Hawatmeh, Georges Habasch und Abul Abbas werden im gleichen Atemzug als Arafat-Kontrahenten, als Abtrünnige und »schnöde« Verbrecher klassifiziert, nur weil Yassir Arafat sich verbal ständig von ihnen und ihren terroristischen Aktionen auf der ganzen Welt distanziert, einige von ihnen gelegentlich gar als seine Todfeinde, weil »Hemmschuhe der palästinensischen Sache«, tituliert.

Ganz so abtrünnig und separatistisch, wie sich die Terroristenführer Abul Abbas, Habasch, Nidal und Hawatmeh im Zerrspiegel der westlichen Medien gelegentlich darstellen, sind sie aber gar nicht. Abul Abbas war schließlich der Chef der »Kampftruppe 17« der FATAH von Yassir Arafat – nichts anderes als seine Leibwache. Gut, das war früher. Aber die Gegenwart stellt Arafat in ein noch mieseres Licht. Längst sind er und Abul Abbas Freunde. Sieht man mal von den Geldgeschenken Arafats anläßlich einer Abbas-Familienfeier, immerhin stolze 100 000 Dollar für die Heirat seines Sohns ab, ist da immer noch die Tatsache, daß Abul Abbas im Dezember 1988 gefeierter Teilnehmer der Tagung des Palästinensischen Nationalrates, des höchsten PLO-Gremiums war. Nur: Zu diesem Zeitpunkt, also 1988, war Abul Abbas wegen der »Achille-Lauro«-Aktion bereits zu einem der meistgesuchten Terroristen der Welt avanciert! Aber von Terroristen hat sich Arafat angeblich schon am 7. November 1985 mit der sogenannten »Cairo Declaration« distanziert:
»Im Namen Gottes, des Barmherzigen und Mitleidigen, dies ist unsere Deklaration: In dem Bemühen zur Einberufung einer internationalen Friedenskonferenz verkündet die PLO hiermit ihre Verurteilung aller Terroraktionen, und zwar sowohl terroristische Gewalttaten, die von Ländern ausgehen, als auch Aktionen, die durch Einzelpersonen oder Gruppen gegen unschuldige Menschen, die sich nicht verteidigen können, überall in der Welt durchgeführt werden. Die PLO wird alle möglichen Maßnahmen treffen, Personen und Organisationen, die dieser Entscheidung nicht folgen wollen, von ihrem Vorhaben abzuschrecken ...«

Bei seinem Ex-Leibwächter und Freund Abul Abbas ist ihm das mit der Abschreckung offensichtlich nicht gelungen. Denn drei Monate vor diesen herzergreifenden Worten Arafats hatten Abul Abbas' Terroristen Menschen getötet.

Die propagierte Kluft zwischen der AL FATAH Arafats und den anderen palästinensischen Terroristenführern war rein ideologischer Art. Und da nutzen schon manchmal einige Gespräche etwas. Yuli Woronzow, Erster Stellvertretender Außenminister der UdSSR, plauderte mit Yassir Arafat, und prompt gelang es sowjetischen Emissären 1987, die PFLP-SC von Habasch und die PFDLP von Hawatmeh – beide marxistisch-leninistisch orientiert und von der UdSSR protegiert – mit Arafats FATAH (wieder) zu einen. Solchermaßen Großmut und Versöhnungsbereitschaft brachte Arafat damals weltweit viel Sympathien ein. Plötzlich stellte es sich so dar, als seien die verlorenen Söhne der palästinensischen Sache, im Irrglauben zu Terroristen geworden, reuevoll zur FATAH zurückgekehrt, um unverzüglich dem Terrorismus abzuschwören. Yassir Arafat stellte sich gar dar als ein Mensch, der zu verzeihen bereit ist.

Das freilich verwundert. Immerhin hatte Abu Nidal 1974 noch versucht, Arafat in Syriens Hauptstadt Damaskus zu töten. Der Versuch mißlang – und die PLO verurteilte Abu Nidal zum Tode – was man bei der PLO 1987 dann aber offensichtlich ganz vergaß, sich statt dessen auf Betreiben Moskaus mit dem Todfeind an einen Tisch setzte, um gemeinsame Strategien auszuhecken. Damit aber ist der enorme Einfluß, den die UdSSR – die übrigens als erster Staat überhaupt die PLO diplomatisch voll anerkannte – auf die PLO als Dachverband aller Palästinenser hat, erneut transparent geworden. Sehr augenscheinlich ist die enge Verbindung zwischen Abu Nidal und dem Ostblock. Moskau, Warschau und Sofia, zentrale Schaltstellen östlicher Geheimdienste, waren jahrelang Abu Nidals Wohn- und Aufenthaltsorte, als die gesamte westliche Welt begann, ihn wegen seiner grauenhaften Terroranschläge zu suchen. Unter den Fittichen des »großen Bruders« durfte er sich allerdings sicher fühlen. Nur so ist es zu erklären, daß einer der gefährlichsten Terroristen der Gegenwart nicht zu fassen war – und ist.

Sabri Khalid Al Bana, mit Kriegsnamen Abu Nidal, geboren im Jahre 1937, leitet eine der wohl gefährlichsten und zugleich rücksichtslosesten Terrorgruppen der Welt. Er kämpft für die »palästinensische Sache«. Sein Erzfeind ist Israel. Jegliche Kompromisse hinsichtlich einer Anerkennung eines jüdischen Staates lehnt er strikt ab, was 1974 letztendlich zu seiner Loslösung von der FATAH Arafats führte. Wegen Mordes in unzähligen Fällen einer der meist gesuchten Männer der Welt, ist es ihm bislang auf geradezu wundersame Weise gelungen, seinen Häschern zu entkommen.

Die »diplomatische« Unterstützung, die er seitens Syriens, Libyens und der Ostblockstaaten genießt, ermöglicht ihm ein perfektes Versteckspiel. Er hat ein Büro in Libyens Hauptstadt Tripolis und gibt dort westlichen Journalisten Interviews, unterhielt offiziell bis 1987 Ausbildungslager in dem von Syrien kontrollierten Bekaa-Tal (und inoffiziell noch immer) und flaniert durch Sofia, Bukarest und Warschau. Genau dort traf er auch Monzer Al Kassar im Hotel Solec. Und in Warschau begann er im Jahre 1983 auch, sein Terrornetz mit »legalen« Firmengründungen zu perfektionieren.

Der von ihm gebildete »Revolutionsrat der Fatah« gründete unter seinem Vorsitz Ende 1983 in Warschau das Unternehmen S.a.S.-C.i.i., laut Eintrag im Handelsregister beschäftigt mit »internationalem Handel, Marketing, Baugeschäften und Investitionen«. Die Buchstaben des Firmennamens sagen bereits aus, was tatsächlich hinter der Firmengründung stand: S.a.S. steht für die Vornamen von Samir Nejmeddin, Adnan Zayir und Shakir Farhan, alles Funktionäre seiner Organisation. Niedergelassen im 25. Stockwerk des INTRACO-Gebäudes in der Stawkis-Straße 2, Tel. 39 75 54, Telex-Nr. 81 22 95 Czar Pl. entwickelte die Abu-Nidal-Firma höchst interessante Aktivitäten – mit offizieller Genehmigung polnischer Behörden: 1984 wurden für 500000 Dollar 4000 Sturmgewehre aus der DDR nach Libyen verkauft; 1985 beauftragte man eine DDR-Firma mit der Herstellung von Kalaschnikow-Spezialanfertigungen mit verkürztem Lauf und Schalldämpfern, »geeignet für den Straßenkampf«.

Die DDR-Geschäfte Abu Nidals liefen über seine »Tochterfirma« in der Friedrichstraße in Ost-Berlin. Die ZIBADO »Consultant et Commerce International«, unter Geschäftsführung des DDR-Bürgers mit dem deutschen Decknamen Hans Hoffmann, firmierte als Lieferant für Fabrikationsgüter. Gehandelt aber wurde nur mit Waffen und Sprengstoff.

Daß Abu Nidal sowohl Monzer als auch Ghassan Al Kassar mehrfach in diesen Ostblockländern traf, wurde bereits dargelegt. Daß sich Abu Nidal, Abul Abbas und Monzer Al Kassar im Herbst 1985 in Wien trafen, ist zwar nach Erkenntnissen deutscher Fahnder Realität, wird freilich von österreichischen Nachrichtendiensten nicht gerne gehört. Von dem Treffen wußte man zwar und hatte die Al Kassars auch observiert. Doch Grund zum Eingreifen sah man nicht. Gegen die Al Kassars lag zu diesem Zeitpunkt noch nichts vor, was eine Festnahme gerechtfertigt hätte, Abul Abbas war – zumindest als Terrorist – noch ein Unbekannter, und Abu Nidal erkannte man nicht, weil er sein Äußeres erheblich verändert hatte.

Eine peinliche Panne! Andere Nachrichtendienste in Europa spotten jedoch, im Nichterkennen von weltweit gesuchten Terroristen seien die Österreicher kaum zu übertreffen. So, munkelt man, kommen die Fahnder an Festnahmen vorbei, die ihnen hinterher viel Ärger bereiten würden. Denn wer hat schon gerne einen Terroristen wie Abu Nidal im Gefängnis sitzen, wenn er weiß, daß es nur eine Frage der Zeit ist, bis des Terroristen Kumpane eine Geisel nehmen und dann noch mehr Probleme heraufbeschwören. Da erkennt man lieber mal jemanden nicht und freut sich, wenn er das Land wieder verläßt.

Was bei diesem Treffen zwischen Al Kassar, Abul Abbas und Abu Nidal in Wien besprochen wurde, ahnten die österreichischen Ermittler freilich schon 14 Tage später. Da nämlich erhielt diese freundschaftliche Verbindung zwischen PLO-Chef Arafat, Abul Abbas und Monzer Al Kassar unversehens unangenehme Bestätigung.

Am Montag, dem 7. Oktober 1985, wird das unter italienischer Flagge fahrende Kreuzfahrtschiff »Achille Lauro« auf der Fahrt von Alexandria nach Port Said von palästinensischen Terroristen gekapert. Während die Presse berichtet, die Kaperung diene der Freipressung palästinensischer Terroristen, weiß der israelische MOSSAD, daß die Terroristen eigentlich als Touristen getarnt im israelischen Hafen Aschdod das Schiff verlassen und Anschläge in Israel durchführen wollten. Die Entdeckung der Waffen an Bord hatte die Pläne der Entführer dann zunichte gemacht.

Zwei Tage später schalten sich PLO-Führer Yassir Arafat und sein Beauftragter Hani El Hassani in die Vermittlungsgespräche mit den Entführern ein. In Absprache mit der israelischen und ägyptischen Regierung wird über Funk ausgehandelt, daß die Terroristen in Ägypten an Land gehen und unbehelligt ausreisen dürfen.

Am 11. Oktober zwingen amerikanische, zu der im Mittelmeer stationierten 6. Flotte gehörende Abfangjäger ein ägyptisches Flugzeug mit den palästinensischen Terroristen an Bord zur Landung auf dem amerikanischen Stützpunkt Sidonella in Sizilien. Die italienische Regierung spricht von Luftpiraterie und fordert die USA ultimativ auf, die Terroristen der italienischen Gerichtsbarkeit zu übergeben. Bereits am darauffolgenden Tag, dem 12. Oktober 1985, wird der Palästinenser Abul Abbas, im Besitz eines südjemenitischen Diplomatenpasses, von den Italienern freigelassen. Die 6. US-Flotte wird in Alarmbereitschaft versetzt, der Luftraum über dem Mittelmeer nach nicht identifizierbaren Privatflugzeugen überwacht. Aber der Anführer der Terroristen bleibt wie vom Erdboden verschluckt.

Am 15. Oktober, drei Tage nach der offiziellen Freilassung von Abul Abbas durch die Italiener, bei der CIA in den USA weiß man es mittlerweile, fährt ein kleiner Wagenkonvoi von Rom nach Ancona. Im Fahrzeug italienische Nachrichtendienstler, schwerbewaffnete Spezialeinheiten – und Abul Abbas! In Ancona wird der palästinensische Terrorist mit dem südjemenitischen Diplomatenpaß, Freund Yassir Arafats, Mitglied des Palästinensischen Nationalrates und Initiator des »Achille-Lauro«-Attentats, unerkannt auf die Personenfähre von Ancona nach Jugoslawien gebracht. Im jugoslawischen Hafen Split wird er von sehr freundlichen Herren des jugoslawischen Nachrichtendienstes als Gast, nicht als abzuschiebender Terrorist erwartet und mit dem Dienstwagen zum Flughafen nach Belgrad gebracht.

Dort steht, etwas abseits des Hangars und bewacht von zwei jugoslawischen Polizeiwagen, ein Lear-Jet mit der Registratur-Nummer OE-GBR. Die Kürzel OE stehen für Österreich. Im Cockpit des privaten Jets sitzt der kleine rundliche Pilot Herbert Beck, daneben: Monzer Al Kassar. So wollen es jedenfalls einige Zeugen mit eigenen Augen gesehen haben.

Gegen 22.00 Uhr gibt der Tower den Start frei. Der Jet mit Monzer Al Kassar und Abul Abbas verschwindet am Nachthimmel. Zielflughafen ist die Hauptstadt der südjemenitischen Republik Aden, wo sich zu diesem Zeitpunkt bereits der in Madrid schwer verwundete PLFP-SC-»Offizier« Zaki el-Helou und der Elias Awad-Killer von Madrid, der PLF-»Offizier« Kamal Ghazoul, aufhalten.

Eine Woche später schreibt die italienische Regierung Abul Abbas per Haftbefehl zur Festnahme aus. Die Freilassung des »Achille-Lauro«-Rädelsführers wird von Rom als »bedauerliches Versehen« bezeichnet. Ein Gericht in Genua verurteilt Abul Abbas in Abwesenheit zu lebenslanger Haft. Ein amerikanischer Abgeordneter spricht von einer »unglaublichen Verspottung der Vereinigten Staaten von Amerika« und einem »Schlag ins Gesicht aller Angehörigen des ermordeten Passagiers Leon Klinghoffer«.

Von Monzer Al Kassar ist nicht die Rede. Zu diesem Zeitpunkt weiß die Öffentlichkeit noch nicht, daß er an diesem Arrangement, das dem Terroristen die Freiheit erhielt, wesentlich beteiligt war.

Waffen aus Wien und Washington

Die Verbindung Monzer Al Kassars zu österreichischen Politikern und Wirtschaftsmanagern stand in den Jahren 1984/85 in voller Blüte. In Wien war die Welt für Monzer Al Kassar in Ordnung. Von dort steuerte er ab 1984 unzählige kriminelle Aktivitäten, die ihn noch weitaus reicher machten, als er es bei seiner Ankunft auf dem Flughafen Schwechat am 6. August 1983 gewesen war.

Das Jahr 1985 war fraglos eines der bis dahin aufregendsten für den geschäftstüchtigen Syrer – und eines der erfolgreichsten. Neben den wirklich großen und millionenträchtigen Aktionen, von denen wir schon gehört haben, traf er sich laut BKA-Bericht am 11. Juli 1985 so ganz nebenbei mit dem jugoslawischen Staatsangehörigen Milivoj Reljin, geboren am 30. Oktober 1955, Repräsentant des jugoslawischen Staatsunternehmens STPI, aus Zagreb. Ein großes Geschäft war es für den längst zum Profi avancierten »Grossisten für Waffen und Sprengstoff« Monzer Al Kassar zwar nicht, das da in den Räumen der Firma ALKASTRONIC abgesprochen wurde, aber für die 3000 Kalaschnikow AK-47, die Monzer über STPI liefern sollte, lohnte es sich doch, eine Stunde lang zu verhandeln. Ganz nebenbei lief offensichtlich auch ein Deal mit zehn Aluminiumkoffern, die Heinz B., vordem Mitarbeiter der österreichischen Waffenfirma BMS-Wiesenthal und danach Mitarbeiter Monzers, bei seinem ehemaligen Arbeitgeber abgeholt haben soll. Den Vermutungen nachrichtendienstlicher Kreise zufolge waren es Koffer, die auf Bestellung von Libyens Staatschef Ghaddafi bei Wiesenthal zur

Verwendung als Bomben präpariert und hernach über Monzer Al Kassar nach Tripolis geliefert wurden – wo jedoch nur neun davon ankamen. Der zehnte Koffer landete bei der CIA in den USA – was die Benützung der restlichen neun zu terroristischen Zwecken verhinderte.

Weil er in diesem Jahr bereits stattliche 150 Stunden in den privaten Jets der Wiener Bedarfsfluggesellschaft JET-AIR zurückgelegt hatte, zumeist zwischen Wien, Marbella und Damaskus oder, im Falle der Rettung von Abul Abbas, nach Aden im Südjemen, hielt es Monzer Al Kassar wohl für kostengünstiger, sich eine eigene Fluggesellschaft zu kaufen. Mit der JET-AIR gründete er eine Gesellschaft bürgerlichen Rechts mit gleichem Namen. Geflogen wurde mit zwei Lear-Jets und zwei Mystère Falcon. Offizielle Eigentümer der Firma waren Herbert Beck und Herbert Cerny, Flugleiter Hans Grossmann.

Benötigte man zusätzliche Maschinen, mietete man diese bei der Firma TRANSAIR, die dem Syrer Nabil Kuzbari gehört. Der war längst zu unglaublichem Reichtum – und einem rot-weiß-roten Paß gekommen. Zum Waffenhandel brauchte Kuzbari seine österreichische Staatsangehörigkeit allerdings nie – behauptet er. Aber unabhängig von der Tatsache, daß Kuzbari auch Syrer ist und sein Reichtum auf den Handel mit Syrien gegründet ist – gute Kontakte hatte Kuzbari allemal. So war Österreichs Innenminister Karl Blecha einige Zeit nach dem Attentat auf den Flughafen in Wien-Schwechat mit einem Flugzeug der TRANSAIR nach Damaskus gereist, wo er mit Syriens Staatspräsident Hafez Al Assad vermutlich ein Abkommen traf. Man möge, so etwa wird Blecha in Damaskus gebeten haben und so wurde auch in der österreichischen Presse spekuliert, im Interesse der nun doch wahrlich ausgezeichneten wirtschaftlichen Beziehungen zwischen Österreich und Syrien dafür Sorge tragen, daß dieser Killer Abu Nidal Österreich bitt'schön mit weiteren Attentaten und Besuchen verschone. Warum auch immer: bis heute hat Abu Nidal die Alpenrepublik tatsächlich verschont.

Zehn Millionen in bar und eine Bankbürgschaft der spanischen BANCO DE BILBAO über 50 Millionen Schilling war Monzer Al Kassars Beitrag zur Firmenneugründung der JET-AIR. Ganz ohne Hintergedanken beteiligte sich der Syrer aber sicherlich nicht an dem Flugtaxiunternehmen. Einer der besten Kunden der Gesellschaft war schon damals Ex-Finanzminister, Ex-Vizekanzler und Generaldirektor der Kreditanstalt Bankverein Hannes Androsch mit gut 100 Flugstunden jährlich. Andere österreichische Politiker und Wirtschaftsmagnaten düsten ständig mit der JET-AIR in der Welt herum. Ein in verschiedener Hinsicht profitträchtiges Unternehmen. Hohe Investitionen in Österreich, der Syrer wußte das natürlich, würden seine Chance erhöhen, Austro-Syrer zu werden. Die österreichische Staatsbürgerschaft nämlich benötigte er, um offizieller, staatlich-österreichisch anerkannter Waffenhändler zu werden.

In dieser Zeit lernte er Norbert Steger und dessen damaligen Kabinettschef Gustav Lohrmann, Leopold Gratz und Udo Proksch, Gründer des Mauschelvereins »Club 45«, in der traditionsreichen Konditorei Demel kennen. Diese Herren sollten später weit über die Grenzen Österreichs hinaus bekannt werden – auch in Verbindung mit Monzer Al Kassar.

Mit der österreichischen Staatsbürgerschaft klappte es allerdings trotzdem nicht. Zwar wurde sein Antrag vom Handelsministerium Norbert Stegers unter Hinweis auf § 10 Abs. 4 als »im Interesse Österreichs« liegend wohlwollend entgegengenommen und die Referenzschreiben/Fürsprachen der österreichischen (staatlichen) Waffenschmieden HIRTENBERGER, BMS-Brokers for Multinational Sales Wiesenthal, VOEST und STEYR-DAIMLER-PUCH als dem Anliegen Monzers sehr förderlich betrachtet. Allein das Veto des Innenministeriums machte seinen Wunschtraum zunichte. Monzers Rauschgift-, Waffen- und Terroraktivitäten mögen den Beamten im Innenministerium denn doch zu heiß geworden sein, um dem Wohlwollen der honorigen Al Kassar-Befürworter entsprechen zu können.

Tatsächlich hatten die österreichischen Staatsschützer einmal mehr eine höchst befremdliche Mitteilung von New Scotland Yard aus London erhalten. Monzers einstiger Rauschgift-Partner aus England, Henry Shaheen, alias Max Benson, hatte nämlich im Juli 500 000 US-Dollar von einem Konto der Al Kassars bei der Aitkin Hume Bank auf der Insel Jersey auf ein Konto der Banque Arabe et Française (U.B.A.F.) transferiert. Weil das eine recht stolze Summe war, hatten sich die englischen und französischen Drogenfahnder für die Transaktion interessiert und einiges Wissenswertes herausgefunden. Etwas von ihrem Wissen gaben sie an die österreichischen Kollegen weiter. Monzer Al Kassar, so New Scotland Yard, hat seine Finger weiterhin in gigantischen internationalen Drogengeschäften. Grund genug für das Wiener Innenministerium, Monzers Antrag auf Naturalisierung abzulehnen. Zwar hält sich das Gerücht, Monzer habe es nach der Ablehnung noch mal mit Bestechung versucht, aber der Beweis hierfür konnte nie erbracht werden.

In eben dieses Jahr 1985 fiel auch das Zusammentreffen Monzer Al Kassars mit dem damals seines scheinbar unermeßlichen Reichtums wegen weltbekannten Waffenhändler Adnan Kashoggi. Kashoggi, ebenfalls ein Sommerresidenzler in Marbella, war im Sommer 1985 jedoch längst nicht mehr das, wofür ihn die Leser der Klatsch-Illustrierten noch immer hielten, nämlich einer der reichsten Männer der Welt. Einige Vorkommnisse in Österreich hatten sein Milliardenimperium dezimiert. Zumindest ein Mann wußte sehr genau, warum Adnan Kashoggi plötzlich nicht mehr der größte Waffenhändler der Welt war: Monzer Al Kassar!

Der Syrer hatte Adnan aufs Kreuz gelegt, ihn bei zwei der größten Waffen-Deals dieses Jahrhunderts aussteigen lassen: im sogenannten »Irangate«-Skandal und dem in Österreich als NORICUM-Affäre bekannten, mit Lokalkolorit angereicherten »Alpen-Gate«-Skandal.

Weil Monzer sich in beiden Waffengeschäften als viel cleverer erwiesen hatte, während Adnan Kashoggi binnen weniger Monate rund 200 Millionen Dollar verloren hatte und damit kurzfristig in Liquiditätsschwierigkeiten geraten war, versuchte Adnan in den Sommermonaten des Jahres 1985 seine legendäre Jacht »Nabila« – ein riesiges Kreuzfahrtschiff mit unglaublichem Luxus – zu verkaufen. Doch Kaufinteressenten gab es nicht allzu viele. 50 Millionen Dollar wollte Kashoggi immerhin haben, in bar.

Der Zufall wollte es nun, daß sich Monzer Al Kassar und Adnan Kashoggi in diesem Sommer in Marbella trafen. Die »Nabila« lag im Hafen von Puerta Banus, direkt neben dem Wächterhäuschen des Hafenmeisters im Schatten des Leuchtturmes. Monzer Al Kassar, an diesem Abend wie schon während der vorangegangenen Tage und Nächte von Männern der spanischen Drogenbehörde observiert, kam gegen sechs Uhr abends mit seinem weißen Mercedes 500 SE in den knapp zwei Kilometer von seiner Villa entfernten Jachthafen von Puerta Banus, parkte die Luxuslimousine an der Zollschranke, gab dem Zollbeamten zehn Dollar Trinkgeld, damit er auf sein 130 000 Mark teures Gefährt aufpasse, und ging in die direkt an der Schranke gelegene Zweigstelle der Chase Manhattan Bank, wo er 10 000 Dollar abhob. Zusammen mit seiner attraktiven Frau Raghda schlenderte er danach hinunter zum Hafen, zum indischen Restaurant Mumtaz.

Dessen Eigner, N. Ram, hatte schon frühzeitig erkannt, daß sich Marbella zu einem Treffpunkt des Jet-Sets der Welt entwickeln würde. Deshalb hatte er sich als erster Inder in Spanien überhaupt an einem der schönsten Fleckchen im Jachthafen von Puerta Banus etabliert. Direkt am Kai, unmittelbar neben der Bronzebüste von José Banus, überthront von dem Leuchtturm, hat man von der Terrasse dieses Restaurants einen grandiosen Blick über den Hafen und die im Hintergrund in den Himmel ragenden Kalksteinmassive.

Der Zufall wollte es, daß die »Nabila« Adnan Kashoggis direkt vor dem Restaurant vor Anker lag. Monzer stutzte, wechselte einige Worte mit seiner Frau, dann betraten beide das indische Restaurant. Kaum hatte er für sich »Tandoori Prawn Mosala'« und für Ehefrau Raghda »Murg Makhani« bestellt, kam Adnan Kashoggi in Begleitung mehrerer Freunde herein – und nahm unseligerweise am Nebentisch Platz.

Weil sich die beiden recht gut kannten, dauerte es denn auch nur wenige Minuten, bis Monzer, laut und unüberhörbar für alle anderen Gäste, zu seinem Duzfreund Adnan meinte: »Hör mal, Adnan, ich hab' gehört, du hast Schwierigkeiten, dein Schiffchen zu verkaufen. Ich mach' dir einen Vorschlag: Ich kauf' sie dir ab für 20 Millionen Dollar. Du weißt ja, die Frau meines Bruders heißt ebenso wie dein Schiff Nabila. Ich dachte, ich schenke ihr das Schiffchen zum Geburtstag. Na, ist das ein Angebot?« Was danach vor den Augen der verwunderten Observanten geschah, bot einigen Stoff für Vermutungen. Adnan Kashoggi sprang hoch, bekam ein puterrotes Gesicht und brüllte: »Bevor du Bastard die ›Nabila‹ kriegst, steck ich sie höchstpersönlich an – du nicht!«

Er meinte das ernst. Ein Grund dafür lag in Österreich.

Etwa um die Zeit, als Marie Sybille Pool der französischen Antiterrorbrigade ihre Bereitschaft bekundete, als Polizeispitzel die terroristischen Aktivitäten Monzer Al Kassars alias John Sarlt zu verraten, genauer: am 7. März 1985, erteilte das österreichische Innenministerium unter Karl Blecha die Exportgenehmigung für eines der größten Waffengeschäfte der Alpenrepublik. Es ging um 200 Feldhaubitzen (155 mm, samt dazugehöriger Munition). Lieferanten: VOEST-Alpine beziehungsweise deren Tochterfirma NORICUM. Geliefert werden sollten sie an Libyen – um von dort gleich an den Iran weitergeleitet zu werden. Die Ayatollah-Mullahs, im Krieg mit dem Irak, sollten als Gegenleistung Öl liefern, das wiederum an Israel und Südafrika weiterverkauft werden sollte. Ein kompliziertes, doch für jeden der Beteiligten einträgliches Verwirr-Geschäft. Die Milliarden-Aktion platzte, als einer der Involvierten aus Verärgerung zu reden begann.

Vier Ressortchefs waren 1984 letztendlich erforderlich für die Genehmigung, mit Kriegsgerät zu handeln. Neben Innenminister Karl Blecha war das auch der damalige Außenminister und spätere Präsident des österreichischen Nationalrates, Wiens Ex-Bürgermeister Leopold Gratz.

»Ich habe selbst gesehen, wie Karl Blecha und Monzer Al Kassar gemeinsam nach Teheran geflogen sind. Das war in der zweiten Jahreshälfte 1984. Sie blieben einen Tag dort und flogen anschließend wieder zurück.«

Diese Aussage machte ein Zeuge im österreichischen Magazin »Wochenpresse« im Februar 1988. Das Blatt, dem verständlichen Wunsche des Informanten nach Vertraulichkeit entsprechend, merkte zu der Aussage an: »Da der Zeuge – der aufgrund seiner Position jedenfalls Kenntnis von so einem Flug gehabt haben müßte – vorderhand auf der Wahrung seiner Anonymität besteht, distanziert sich die ›Wochenpresse‹ mit aller medienrechtlich gebotenen Deutlichkeit von dieser Behauptung.«

Österreichs Polit-Prominenz zeigt sich höchst gereizt, wenn in den Medien Hinweise auf ihre seltsamen Verbindungen zu iranischen oder syrischen Politikern und mysteriösen Privatpersonen auftauchen. So hatte ein deutscher Journalist in dem österreichischen Magazin »Profil« (Nr. 12/88) als Augenzeuge von einem wunderlichen Empfang in der österreichischen Botschaft in Damaskus am 15. Dezember 1987 berichtet. Da nämlich stand Österreichs Verteidigungsminister Robert Lichal im Gespräch mit Syriens Vizepräsident und Verteidigungsminister Mustafa Tlass und gar mit Monzer Al Kassar.

Das Bundesministerium für Landesverteidigung sah sich denn auch genötigt, des Journalisten Beobachtungen zu korrigieren. Am 18. April 1988 war in »Profil« ein Dementi zu lesen: »Damit wird der Eindruck erweckt, daß Bundesminister Lichal das Gespräch mit Herrn Monzer Al Kassar gesucht und sich angeregt mit ihm unterhalten hat. Tatsächlich waren aber weder Herr D. noch Herr Monzer Al Kassar zum von Bundesminister Lichal in der österreichischen Botschaft in Damaskus gegebenen Empfang eingeladen. Beide Herren sind Minister Lichal nicht bekannt und ein Gespräch mit Herrn Monzer Al Kassar hat daher auch nicht stattgefunden...«. Unterschrieben: W. Rettenmoser, Mf. Landesverteidigung.

Monzer Al Kassar erdreistet sich demnach also, ungeladen in der österreichischen Botschaft in Damaskus an einem Empfang teilzunehmen. Nur so, auch wenn man dort niemanden persönlich kennt, mal Hallo sagen, vielleicht mal ein paar einflußreiche Leute kennenlernen, wer weiß, wofür es später mal gut ist. Man weiß ja, daß jeder wildfremde Mensch heutzutage bei der angespannten Sicherheitslage im Nahen Osten völlig problemlos in Botschaften herumspazieren kann, ohne mit einer Einladung Zutritt bekommen zu haben. Entsprechend dementierte Wien natürlich auch das Al Kassar-Botschafter-Meeting.

Dem Botschafter dürfte der Name Monzer Al Kassar aber sehr wohl ein Begriff sein. Als Monzer nämlich am 19. Mai 1988 in Bad Reichenhall festgenommen wurde, hatte er nicht nur drei verschiedene Pässe und Unterlagen für eine Boden-Luft-Rakete bei sich, sondern auch die Visitenkarte des österreichischen Botschafters in Damaskus, Josef Magerl. Zufall?

Mit solchen Zufällen muß man sich auseinandersetzen, will man auch nur annähernd Licht in die seltsamen Geschäftsbeziehungen zwischen österreichischen Politikern, Waffenherstellern, iranischen Mullahs, amerikanischen Agenten und syrischen Waffenhändlern bringen. So ganz gelungen ist das bis heute nicht. Parlamentarische Untersuchungsausschüsse und staatspolizeiliche Ermittlungen erweisen sich bislang als nur bedingt geeignet, die Deals zwischen der österreichischen Prominenz und Monzer Al Kassar offenzulegen. Nach dem derzeitigen Stand der Ermittlungen ist jedoch abzusehen: Monzer Al Kassar hat durch illegale Waffengeschäfte mit staatlichen und privaten österreichischen Rüstungsbetrieben in den Jahren 1984 bis 1985 schätzungsweise 100 Millionen Schilling an Vermittlungsprovisionen verdient. Reichlich verwirrend ist schon, was Monzer da bereits 1984 einfädelte und ungeachtet seiner mannigfaltigen Rauschgift- und Terroraktivitäten in den darauffolgenden zwei Jahren vollbrachte.

Bereits seit 1980 stand die Tochterfirma NORICUM des staatlichen österreichischen Rüstungsbetriebes VOEST in Kontakt mit Staatschef Ghaddafi aus Libyen. VOEST hat noch eine andere Tochter – die Firma HIRTENBERGER, die am 2. Mai 1984 im Rahmen des BKA-Ermittlungsverfahrens Bagdhadi in Griechenland eine Rolle spielte. Die damals in Griechenland sichergestellten 1,99 Millionen Schuß Munition, von Monzer Al Kassar für die PLO eingekauft, stammten von HIRTENBERGER. Da wundert es nicht, daß bei dem gigantischen Waffen-Deal mit VOEST und dem Iran sowohl HIRTENBERGER als auch Monzer Al Kassar erneut in den Ermittlungsakten auftauchen.

Es ging in diesem Fall um die Lieferung von 155-mm-Haubitzen samt dazugehöriger Munition. 1983 intensivierten sich die Gespräche unter Beteiligung von Staatssekretär Dr. Schmidt. Es kam zu Schießvorführungen mit der Kanone GHN-45. Am 12. November 1984 fanden die Verhandlungen ein erstes Ergebnis in einer Grundsatzvereinbarung, die mit Datum vom 29. April 1985 schließlich in einem Kaufvertrag zwischen der »NORICUM Gesellschaft m.b.H.« und dem »Directorate of Military Procurement« der libyschen Armee ihren Abschluß fand. Österreichs Medien berichteten darüber.

Versehen mit allen erforderlichen Exportpapieren wurde das Geschäft mit Libyen, Vertragsvolumen 6,87 Milliarden Schilling, schließlich am 7. März 1985 durch das österreichische Innenministerium abgesegnet, für legal erklärt.

Aber war es das wirklich? Denn gedacht waren die Waffen nicht für Ghaddafi, sondern für den Iran, ein Spannungsgebiet, in das auch die in der Interpretation dieses Terminus sehr großzügigen Österreicher von Gesetz wegen gar nicht hätten liefern dürfen. 45 der 200 155-mm-Haubitzen wurden in einem jugoslawischen Hafen entdeckt. Die Gebrauchsanweisungen waren in einem iranischen Dialekt geschrieben! Aber: Die für solche Waffengeschäfte unumgänglichen Endverbraucherzertifikate waren einwandfrei. Gleiches traf auf eine Munitionslieferung der VOEST-Tochter HIRTENBERGER zu. Ausfuhrgenehmigungen und Endverbraucherzertifikat wiesen als Zielland Thailand aus. Tatsächlich aber landete die Munition im Iran.

Diese krumme Tour kostete VOEST viel Geld, mindestens 710 Millionen Schilling, wie das österreichische Magazin »Profil« am 8. Februar 1988 berichtete. Soviel nämlich wurden laut internem Revisionsbericht der VOEST-Alpine GmbH vom 29. Januar 1988 an Provisionen »und anderen nützlichen Ausgaben« gezahlt, um möglich zu machen, was von Gesetz wegen unmöglich sein sollte. Gezahlt, an Tarnfirmen, wurden im einzelnen 337 297 400 Schilling an »Convalor« in Panama, 328 218 100 Schilling an »Flagstone« in Vaduz, 35 242 100 Schilling an »Intrasco«, 5 589 100 Schilling an »Leeward Oceanic« und 4 539 200 Schilling an »Quadriga«.

Wer sich hinter diesen Tarnfirmen verbirgt, konnte bis heute nicht herausgefunden werden. Gezahlt wurde von VOEST allzuoft »auf mündliche Anweisung und Anforderung«, die vom damaligen VOEST-Alpine Generaldirektor Apfalter stets erteilt wurde. So flossen beispielsweise stolze

127,7 Millionen nach einer »mündlichen Vereinbarung« auf das Konto von »Convalor« in Panama.

Eine der Zahlungen, »nur« 35,2 Millionen auf das Konto »Intrasco«, war bestimmt »zur Hilfestellung für die Vertragsdurchführung« für den Exil-Iraner Hadji Dai. Er, als Waffenhändler mit besten Iran-Verbindungen auf der ganzen Welt bekannt, hatte den Kanonen-Deal mit Kashoggi initiiert, war dann aber, ebenso wie Adnan Kashoggi, von Monzer Al Kassar – via Syrien mit noch besseren Kontakten nach Teheran – ausgebootet worden. Die Zahlung dieser 35,2 Millionen, die internen Prüfer hielten das für wahrscheinlich, »dürfte aufgrund eines gewissen Druckes auf NORICUM zustande gekommen sein«. Denn Hadji Dai wußte zu viel über das illegale Geschäft und hätte es durch einen dezenten Hinweis an die Presse auffliegen lassen können, als er merkte, daß Al Kassar ihn hatte aussteigen lassen.

Den größten Batzen der Provisionszahlungen auf die Tarnkonten hat fraglos Monzer Al Kassar kassiert. Die »Overseas Company« war schon in einem früheren Argentinien-Geschäft mit Kanonen im Wert von 41,7 Millionen Adressat von Provisionszahlungen gewesen. Sie spielte auch im »Irangate«-Skandal eine Rolle und war von der CIA schließlich als Tarnfirma Monzer Al Kassars entlarvt worden. Denn er war es, der die Endverbraucherzertifikate für Libyen, Argentinien und Brasilien besorgt hatte. »Gefälscht«, argwöhnte die österreichische Presse. Zu Unrecht. Ein Mann wie Monzer Al Kassar hat es nicht nötig, solche Dokumente aus Libyen, Argentinien und Brasilien zu fälschen. Er bekommt sie als Originale. Nach Libyen hat er beste Kontakte über seinen Freund, den »Achille-Lauro«-Terroristen Abul Abbas, der sich aufs herzlichste mit Ghaddafi verbunden fühlt. Nach Brasilien, wo zu diesem Zeitpunkt sein jüngster Bruder Mazen wohnte, besaß er beste Kontakte zur (staatlichen) Rüstungsindustrie. Und gleiches gilt für Argentinien.

Daß die von ihm besorgten Zertifikate dennoch hätten entlarvt werden können, wäre ihre Richtigkeit vor Ort, sprich in Libyen, überprüft worden, gibt gewissen Gerüchten in Österreich Auftrieb. Sowohl Leopold Gratz als auch Karl Blecha, maßgeblich zuständig für die Abwicklung solcher Waffengeschäfte, so wird in der Alpenrepublik-Presse gemunkelt, hätten die Überprüfung der Enduser-Certificates in Libyen abgebogen, verhindert. Das ist allerdings bis jetzt unbewiesen. Fest steht allemal – nach Angaben von »Profil« –, daß der österreichische Staatssekretär Erich Schmidt im November 1984 zwar nach Tripolis fuhr, um eine solche Überprüfung vorzunehmen – aber unverrichteter Dinge wieder von dannen zog. Karl Blecha gibt an, von dieser Reise seines Staatssekretärs nichts zu wissen. Staatsschützer in Österreich argwöhnen denn auch, Monzer Al Kassar setze seine Kenntnis der Mitwisserschaft österreichischer Politiker an diesem illegalen Waffenschäft gezielt ein. Denn obwohl er nach der Durchsuchung seiner Firmenräume im Dezember 1985 das Land überstürzt verließ und offiziell mit einem Einreiseverbot belegt wurde, taucht er immer wieder in Wien auf und besitzt sogar in der noblen Kaasgrabenstraße eine zweigeschossige Wohnung. Für diese illegalen Aufenthalte gibt es Zeugen.

Monzer Al Kassar war zufrieden und noch reicher, die iranische Regierung hingegen zeigte wenig Verständnis für die nun eintretenden Probleme der Wiener Politiker und Waffenlieferanten. Als der illegale Handel nämlich bekannt wurde und die österreichische Regierung sich gezwungen sah, unter dem Druck der Öffentlichkeit den Liefervertrag für die 200 Haubitzen samt Munition zu stornieren, leisteten die Mullahs in Teheran Widerstand. Ein Projektvolumen von 3,6 Milliarden war abgewickelt, den Rest wollten die Iraner auch haben. Eine von VOEST angebotene »Ersatzlieferung« kam für sie nicht in Frage. Sie waren nach international gängigem Recht in einer günstigen Position. Teherans Außenminister Ali Akhbar Velayati wies – nicht sonderlich dezent – auf die geleisteten Anzahlungsgarantien und den »Performance-Bond« hin, ein Stückchen Papier, das für die Iraner nun ein Gutschein für diese Waffen ist.

In Wien stellte man sich Anfang des Jahres 1988 in Anspielung auf die Verwicklung von Karl Blecha die zweideutige Frage: »Wer wird wohl nun letztendlich blechan ..?«

An Monzer Al Kassar haben Österreichs Waffenschmiede mit Sicherheit gezahlt. So viel, daß man verstanden hätte, wenn er sich damit zumindest für ein paar Monate zur Ruhe gesetzt hätte. Weit gefehlt. Monzer Al Kassar konnte 1985 den Hals nicht voll kriegen; seine weltweit hervorragenden Kontakte auf Regierungsebene und zu Waffenabnehmern hatten auch längst eine Eigendynamik entwickelt.

Die Ermittlungen des amerikanischen Untersuchungsausschusses im »Irangate«-Skandal ergaben, daß er einer jener Waffenhändler war, die im Auftrage von Oliver North und Ex-General Richard Secord Waffen an die nicaraguanischen »Contras« geliefert haben. Abgewickelt wurden die Deals unter anderem über die Tarnfirma Lake Ressources in Panama. Der Handel war perfekt: Die CIA verkaufte illegal amerikanische Waffen an den Iran. Mit dem Gewinn wurden Waffenlieferungen an die »Contras« in Nicaragua bezahlt, obwohl der amerikanische Kongreß das untersagt hatte. Von 360 Tonnen Waffen ist bei der CIA die Rede, die Monzer nach Nicaragua verschiffte. Ein im doppeltem Wortsinn mordsmäßiges Geschäft! Eine der daran beteiligten Firmen war der britische Rüstungsbetrieb Hall & Watts (Defense Sales). Monzer beschaffte (wieder »legal«) unter anderem die Endverbraucherzertifikate für AK-47-Gewehre, Granaten und Munition, die – einmal mehr via Jugoslawien – nach Honduras verschifft wurden. Honduras, unmittelbarer Nachbar Nicaraguas, hat die eigene Armee jedoch nie mit AK-47 ausgerüstet. Die Waffen waren tatsächlich für die »Contras« bestimmt. Dieses »Joint-Venture« zwischen dem amerikanischen Geheimdienst CIA, der englischen Rüstungsfirma Hall & Watts und Monzer Al Kassar brachte dem Syrer stolze 10 Millionen englische Pfund, also gut 33 Millionen Mark ein.

Das war ein Aspekt des CIA-»Contra«-Geschäfts für Monzer Al Kassar. Der andere: Monzer wurde zu diesem Zeitpunkt von der amerikanischen Drogenbehörde DEA weltweit als internationaler Rauschgifthändler gesucht. Dennoch handelte er im »Contra«-Geschäft faktisch mit den USA, mit Wissen und Unterstützung höchster Regierungskreise. Das mag ihn erstmals zu der Erkenntnis geführt haben, daß man es auch in den USA mit dem Gesetz und der Moral nicht allzu ernst nimmt, wenn politische Interessen mit ins Spiel kommen. Im Jahre 1985 war so der Grundstein für des Syrers kriminelles Imperium gelegt worden. Und zwar unter Mithilfe eben jener Staaten, die bis dahin stets vorgaben, sein Imperium zerstören zu wollen, dann aber aus wirtschaftlichem und politischem Opportunismus die Zusammenarbeit mit ihm suchten.

Es waren wohl die Geschehnisse des Jahres 1985, die Monzer Al Kassar in seiner Einschätzung bestärkten, die lukrativsten und sichersten Geschäfte seien die mit westlichen Regierungen.

Schnee aus Südamerika

Der Erfolg eines Geschäftsmannes beruht nicht zuletzt auf seinem Gespür für Veränderungen auf dem Markt. Wenngleich Monzer Al Kassar selten Zeitungen und noch seltener die Börsennachrichten liest, so steht außer Zweifel, daß er ein instinktives Gespür dafür hat, was gerade auf dem Markt gefragt ist. Und vor allem, wo mit wenig Risiko schnell viel, sehr viel Geld gemacht werden kann. Das internationale Waffengeschäft ist zwar recht lukrativ, unterliegt jedoch enormen Schwankungen. Die Nachfrage bestimmt das Geschäft. Wo kein Krieg, da kein Waffengeschäft. Und die Risiken sind groß. Lieferungen von 360 Tonnen Waffen (wie im »Contra«-Geschäft) und der Vermittlung von 200 Haubitzen aus Österreich in den Iran gehen kostenintensive Reisetätigkeiten und oftmals jahrelange Verhandlungen voraus. Um mit einer großen Waffenlieferung sechs- bis siebenstellige Dollargewinne zu erzielen, bedarf es erheblicher Investitionen, insbesondere an Schmier- und Schweigegeldern. Im Falle des Österreich-Iran-Geschäftes hatte sich zwar Adnan Kashoggi über vier Jahre engagiert – um dann von Monzer ausgebootet zu werden. Doch solche schlitzohrigen Geschäfte gelingen selten. Die Sicherstellung von 27 Tonnen für die PLO im Südjemen bestimmter Waffen hatten Monzer Al Kassar wieder einmal auf das hohe Risiko im Waffenhandel aufmerksam gemacht. Er entschloß sich, »traditionellen« Marktzweigen erneut mehr Aufmerksamkeit zu widmen.

Bereits im Mai 1985 wurde deutlich, daß Monzer seine dubiosen Verbindungen zur CIA zum Grundstein anderer illegaler Aktivitäten machte. Wohl wissend, daß die amerikanische Drogenbekämpfungsbehörde DEA ihm stets auf den Fersen ist, sie ihm aber wohl kaum etwas anhaben konnte, solange er gemeinsam mit der CIA amerikanische Waffen nach Teheran und im Gegenzug andere Waffen zu den »Contras« nach Nicaragua schmuggelte, engagierte er sich nach dem Geschäftsprinzip der Diversifikation im Jahre 1985 intensiv im Drogengeschäft und im Schmuggel gestohlener Luxusautos. In diesem Metier verfügte er ja seit den 60er und 70er Jahren über Erfahrung und Kontakte. 1985 perfektionierte er das Geschäft und expandierte nach Kanada. Dieses Land hatte er im Rahmen des Aufenthaltes seines Vaters als Sonderbotschafter Syriens kennengelernt. Drogen waren 1985 in Kanada ein wahrlich gutes Geschäft.

Aber noch eine weitere Variante krimineller Aktivitäten reizte den einfallsreichen, geld- und machthungrigen Monzer Al Kassar, die den an den Ermittlungen beteiligten Polizeidienststellen in Europa, Süd- und Nordamerika lange Zeit große Rätsel aufgab. So etwas hatten sie bis dahin nämlich noch nicht gesehen.

Ausgangspunkt der polizeilichen Ermittlungen, die ausführlich in einem BKA-Bericht erwähnt werden, war ein Telefonat, das der am 22. Juli 1947 geborene britisch-kanadische Staatsangehörige Kenneth-Sydney Young am 12. Mai 1985 führte. Young, der Drogenabteilung der Royal Canadian Mounted Police (R.C.M.P.) in der kanadischen Metropole Calgary seit längerer Zeit verdächtig, im großen Stil mit Drogen zu handeln, rief an diesem 12. Mai aus seiner Suite im Weston-Hotel in Calgary eine Telefonnummer in Marbella an. Die kanadischen Drogenfahnder hörten mit. Auf Youngs Frage an den männlichen Gesprächspartner in Spanien, ob »Heike« da sei, gab dieser ihm eine Telefonnummer in der Bundesrepublik Deutschland, wo »Heike« erreichbar sei. Inhaber der durchgegebenen Rufnummer 0971-8270 war das

Sanatorium Winterstein in Bad Kissingen. Unter dieser Adresse in der Pfaffstraße 5 waren zu dem Zeitpunkt unter anderem Heike van Heteren-Eckloff und Ingrid Schattling-Vogt, geborene Eckloff, amtlich gemeldet.

Ermittlungen des Bundeskriminalamtes ergaben, daß über beide Frauen keine Erkenntnisse vorlagen. Schon bald aber kam man dahinter, daß Heike van Heteren-Eckloff seit 1980 ebenfalls in Marbella, Nueva Andalucia, Casita 121-C-8, einen Wohnsitz hat, wo sie sich die meiste Zeit des Jahres aufhält. In Nueva Andalucia, einer noblen Urbanisation zwei Kilometer außerhalb von Marbella auf sanften Hügeln mit Blick über Puerta Banus und das Meer gelegen, wohnt auch Monzer Al Kassar in seinem Palast. Und bald schon kam ein anderer Verdacht auf: »Heike« war Geschäftsführerin des Immobilienbüros MARHABA GROUP S. A. INVERSIONES. Das Büro lag in der Calle Finlandia No. 6. Die besten Kunden dieser Immobilienfirma waren reiche Araber. Und Eigentümer des ausschließlich mit Millionenobjekten handelnden Unternehmens sind nach Erkenntnissen spanischer Behörden die Al Kassar-Brüder.

Als Grund für seinen Anruf aus Kanada hatte Kenneth-Sidney Young angegeben, daß »Heike« ihn mit zwei Mercedes-Limousinen beliefert habe, und er nun wissen wolle, wie er damit verfahren solle.

Diese beiden Mercedes-Pkws, ein 500 SE und ein 380 SEL, wurden von den brasilianischen Zollbehörden fünf Wochen nach dem besagten Telefonat, am 17. Juni 1985, in Santos sichergestellt. Die polizeilichen Ermittlungen ergaben, daß beide Fahrzeuge ein Jahr zuvor in Paris gestohlen worden waren. Als Hintermänner hatte die französische Polizei eine straff organisierte niederländische Gruppe von international organisierten Autodieben dingfest gemacht und herausgefunden, daß diese 1984 unter anderem einen Mercedes mit deutscher Zulassung gestohlen hatten. Dieses Kennzeichen befand sich nun an einem der in Brasilien sichergestellten Fahrzeuge. Organisator dieser Fahrzeug-Gang war der am 22. Oktober 1936 in Alexandria geborene Artin Leon Terzakian, ein Mann, der laut BKA beste Verbindungen zu der armenischen Terrorganisation ASSALA hat.

International über INTERPOL Paris koordinierte Ermittlungen ergaben, daß einer der beiden in Paris gestohlenen Fahrzeuge, ein DB 500 SE mit der französischen Zulassung 6648 GZ 93, wenige Tage nach dem Diebstahl in Polen eingeführt worden war, und zwar von dem französischen Staatsangehörigen Serge Leveillard. Zusammen mit seiner Freundin Patricia Boyer fuhr er den gestohlenen Wagen mit gefälschten Zulassungspapieren und einer Kennzeichendoublette am 6. November über die polnische Grenze, gab ihn dort bei einem Unbekannten im Hotel Interconti-Victoria ab und flog am 15. Januar von Warschau zurück nach Frankreich. Monzer Al Kassar hat im Interconti in Warschau ständig eine Suite reserviert.

Die beiden im brasilianischen Santos sichergestellten Mercedes waren laut Frachtpapieren vom südspanischen Hafen Cadiz, nur wenige Kilometer von Marbella entfernt, nach Brasilien verschifft worden. Durch die von der spanischen und kanadischen Polizei überwachten Telefongespräche und Telexverbindungen zwischen Kenneth Young und der Deutschen »Heike« gingen die Ermittler zunächst davon aus, daß der Handel mit gestohlenen Fahrzeugen zwischen diesen beiden Personen arrangiert worden war. Dann aber fand man an Bord des Frachters »Cabo Santa Ines«, mit dem die Mercedes-Wagen nach Santos verschifft worden waren, die Frachtpapiere, die eindeutig Monzer Al Kassar als Auftraggeber der Verschiffung nannten.

Monzer selbst war es auch gewesen, der dem Kapitän des Frachters eine in den Ladepapieren verzeichnete »special order« gegeben hatte. »Empfänger: Mr. Kenneth Sidney Young, c/o Camara, Vorname Lucia, 161 Rua Santa Clara, App. 603, Rio de Janeiro, Telephone 236 74 64.

Lucia Camara ist die Ex-Freundin von Young und stand bereits im dringenden Verdacht, in dem internationalen Drogenhandel verwickelt zu sein.

Binnen weniger Tage entwickelte sich aus dem vermeintlichen Handel mit gestohlenen Luxusfahrzeugen ein Ermittlungsverfahren wegen internationalen Drogenhandels. Die amerikanische DEA schaltete sich ebenso ein wie die Drogenfahnder Spaniens, Hollands, Frankreichs, der Bundesrepublik und Kanadas. Telefonüberwachungen und angezapfte Telexleitungen in Spanien, Brasilien und Kanada ließen schnell den Verdacht aufkommen, hinter dem Handel mit gestohlenen Luxusfahrzeugen verberge sich ein wohl organisierter Handel mit Rauschgift. Ein perfektes Dreiecksgeschäft. Denn zwischen Sidney Young und Monzer Al Kassar, die Ermittler fanden das schnell heraus, existierte eine enge Verbindung. Young und dessen Freundin Janet Allsop, eine als Drogenkurierin bei INTERPOL bekannte Frau, hatten sich nämlich bereits im März 1985, also zwei Monate vor der Sicherstellung der beiden Mercedes-Benz in Brasilien, in Wien getroffen. Von Wien waren Young und seine Freundin gemeinsam mit Monzer und dessen Frau Raghda in Monzers Lear-Jet nach Lissabon geflogen.

Kurz vor der Landung hatte Monzer über Funktelefon die Telefonnummer Lissabon 67 91 24 angerufen, die Ankunft des Flugzeuges avisiert und »um Erledigung der Zollformalitäten« gebeten. Inhaber dieser Telefonnummer ist die bei allen Polizeibehörden Europas bekannte Firma DEFEX. Der Inhaber, Marcellino De Brito, ist ein international bekannter Waffenhändler. Sowohl die portugiesischen Behörden als auch die amerikanische DEA verdächtigen ihn und seine Firma, in gigantische Drogengeschäfte verwickelt zu sein. Und noch eine Spur ließ die Ermittler argwöhnen, da laufe ein riesiges Drogengeschäft zwischen den bestens miteinander bekannten Männern Young und Al Kassar:

Monzers kriminelle Aktivitäten waren den spanischen Behörden nicht verborgen geblieben. Wenngleich dies später immer wieder geleugnet wurde, hatten die spanischen Drogen- und Terroristenfahnder doch über einen Zeitraum von gut zwei Jahren alle Telefonleitungen und Telexverbindungen des Syrers und seiner Brüder in Spanien angezapft und sämtliche »Geschäftsabwicklungen« auf Band aufgezeichnet. Daß diese Bandaufzeichnungen bis heute nicht offiziell verwertet und bei der großen INTERPOL-Konferenz in Paris 1986 erst gar nicht erwähnt wurden, hat einen höchst brisanten Hintergrund.

Im Frühjahr 1985, als Monzer Al Kassar mit Young nach Portugal flog, um dort mit dem Waffen- und (wahrscheinlich) Rauschgifthändler De Brito zusammenzutreffen, hatten die Spanier ein Telefonat zwischen Young und Monzer mitgehört, das den polizeilichen Ermittlungen plötzlich eine sensible innenpolitische Note gab. Young unterhielt nämlich bei der BANÇO DE BILBAO in Marbella, wie aus dem BKA-Bericht vom 20. Juni 1986 (Seite 14) hervorgeht, ein Konto und ließ von dieser Bank all seine Grundstücksgeschäfte verwalten und arrangieren. Bei der gleichen Bank besitzt Monzer Al Kassar das Konto 100 185 222 09. Kontostand: 2,7 Millionen US-Dollar und 3,4 Millionen spanische Pesetas. Anfang April 1985 rief Young bei der BANCO DE BILBAO an, ließ sich mit dem Bankdirektor verbinden und erbat telefonisch einen »unlimitierten Kredit«. Ohne große Erklärungen hinsichtlich des Verwendungszwecks oder eventueller Sicherheiten abzugeben, berief er sich auf Monzer Al Kassar – und erhielt binnen weniger Sekunden die Mitteilung, das ginge in Ordnung! Damit konnte er über Millionensummen verfügen, ohne daß sich der Bankdirektor auch nur durch einen Telefonanruf bei Monzer Al Kassar vergewisserte, ob dieser Kredit Monzers Anweisungen entspreche!

Derartige Praktiken sind bei Banken weltweit undenkbar. Selbst wenn man die horrenden Summen, die Monzer Al Kassar in Marbella in Immobilien investiert hat, und den hieraus resultierenden Einfluß berücksichtigt, erfordern die Geschäftsbedingungen zumindest einen Kontrollanruf des Bankdirektors. Das aber geschah nicht. Statt dessen hob Young nach Erkenntnissen der kanadischen wie auch europäischer Ermittler in der Folgezeit mehrfach Millionensummen bei verschiedenen Niederlassungen der BANCO DE BILBAO in Spanien, aber auch bei einer Zweigniederlassung in Rio de Janeiro ab. Daß sich da ein nationaler Skandal abzeichnete, mögen die spanischen Ermittler bereits 1985 geahnt haben. Denn auch andere Drogenermittler aus dem Ausland hatten zu diesem Zeitpunkt bereits geargwöhnt, über diese namhafte spanische Bank würden diverse Waffen- und Rauschgifthändler die Gewinne aus ihren illegalen Geschäften »waschen«. Monzer Al Kassar jedenfalls wickelt nahezu all seine Waffen- und Rauschgiftgeschäfte über Konten der BANCO DE BILBAO ab. Der BKA-Bericht vom 20. Juni 1986, Tgb.–Nr. 16/86 hierzu auf Seite 25: »In Verbindung mit den Ermittlungen zu Young taucht die BANCO DE BILBAO auf. Young unterhielt aktive Geschäftsbeziehungen mit dieser Bank. Monzer (Al Kassar) besitzt 51 Prozent des Stammkapitals dieser Bank und dirigiert hierdurch maßgeblich die Geschäftspolitik dieses Unternehmens.« In Zusammenhang mit dem Drogenhändler Young kommt derselbe Bericht auf Seite 14 zu der Erkenntnis: »Weitere Verbindungen zwischen Young und Kassar basieren auf der Information, daß Young nahezu all seine Grundstücke über die BANCO DE BILBAO in Marbella verwalten läßt. Daß wird bestätigt durch die Tatsache, daß seine finanziellen Transaktionen vornehmlich über diese Bank abgewickelt werden. In Ergänzung: eine Telefonkonversation zeigte auf, daß Young unter Berufung auf seine persönliche Freundschaft mit Monzer Al Kassar einen unlimitierten Kredit bei dieser Bank erhielt.«

Was einen offensichtlich anderen Kredit dieser Bank an den Drogenhändler Kenneth Sydney Young – über 500 000 Dollar –, ebenfalls auf telefonische Anforderung und unter Berufung auf Monzer Al Kassar betrifft, ist auf Seite 3 des Gesprächsprotokolls der bereits erwähnten INTERPOL-Konferenz zu lesen: »Sie (die spanischen Polizisten) waren nicht in der Lage, gezielte Fragen zu der Beteiligung an der BANCO DE BILBAO zu beantworten.« Daraus resultierten schließlich die Fragen diverser Konferenzteilnehmer an die spanischen Kollegen (Seite 6/7 des Gesprächsprotokolls), inwiefern amtliche Untersuchungen der Geschäfte der BANCO DE BILBAO nach dem spanischen Gesetz möglich seien und ob in Spanien eine Kommission existiere, die die Aktivitäten spanischer Banken überwache. Allein die Tatsache, daß nach Angaben der spanischen Konferenzteilnehmer bereits eine sechsmonatige Untersuchung bei der BANCO DE BILBAO stattgefunden habe (»ohne ausreichende Beweise zu erbringen«), läßt unmißverständlich deutlich werden, Spaniens Ermittler haben sehr wohl längst ein Auge auf die anrüchigen Praktiken der renommierten BANCO DE BILBAO geworfen! Auch der Hinweis der beiden bei der INTERPOL-Konferenz anwesenden BKA-Beamten an ihre spanischen Kollegen (Seite 7 des Protokolls), daß die BANCO DE BILBAO im Jahre 1985 ja schon einmal in Verbindung mit der Festnahme und Ausweisung des syrischen Diplomatischen Korps (Monzer Al Kassar ist Syrer!) aus Spanien in Verdacht gekommen sei, eine Geldwaschanlage zu sein, dokumentiert, daß man auf der Iberischen Halbinsel hinsichtlich dieser finanzstarken und mächtigen Bank doch nicht so ganz unwissend sein kann, wie nicht zuletzt auf der INTERPOL-Konferenz vorgegeben wurde. Denn was man beim BKA in Wiesbaden, bei der amerikanischen DEA, der CIA und auch bei französischen Nachrichtendiensten angeblich weiß, was sich in diversen BKA-Berichten als Tatsachenbehauptung niederschlägt, die INTERPOL-Konferenzteilnehmer zudem sehr lange beschäftigte, sollte wohl auch in Madrid bekannt sein, wenn auch diese Annahme des BKA über eine Verbindung zwischen Monzer Al Kassar und der BANCO DE

BILBAO bis zum jetzigen Zeitpunkt nicht bewiesen werden konnte und deshalb auch dieser Zusammenhang hier nicht als Tatsache behauptet werden soll.

Viele Spuren und Indizien führen in Zusammenhang mit Monzer Al Kassar, aber auch mit anderen namhaften Persönlichkeiten zur BANCO DE BILBAO. Beim BKA in Wiesbaden jedenfalls weiß man: Neben Young haben selbst der syrische Geheimdienstchef Ali Issa Duba (dessen Tochter mit Mazen Al Kassar verheiratet ist) und Syriens Präsident und Al Kassar-Freund Hafez Al Assad bei dieser Bank ein Konto. Daß ihre Kunden höchst seltsame Gepflogenheiten haben, hatten die Banker der BANCO DE BILBAO zuletzt erlebt, als der syrische Präsident Al Assad eines Tages in Begleitung von zwei Leibwächtern auftauchte und dem verdutzten Kassierer der BANCO DE BILBAO einen Koffer mit vier Millionen Dollar – in bar! – auf den Kassentisch legte, mit der Bitte um Gutschrift.

Daß bei solchen Summen kein Banker nachfragt und auf die gesetzlichen Bestimmungen hinweist, die auch in Spanien die Deklaration größerer Fremdwährungsbeträge verlangt, ist verständlich. Denn der unglaubliche Aufstieg der BANCO DE BILBAO in den letzten zehn Jahren ist nicht zuletzt auf die unvorstellbaren Summen zurückzuführen, die arabische Investoren nach Südspanien brachten. Allein Monzer Al Kassars Privatvermögen auf der Iberischen Halbinsel wird – inklusive der Immobilien – auf rund 600 Millionen Dollar geschätzt.

Er besitzt unter anderem einen Palast aus Marmor, einst für den Emir von Kuweit südlich von Marbella gebaut, dessen Wert etwa acht Millionen Dollar beträgt, und er ist Eigentümer mehrerer Appartements in der Nobelanlage Aloha; ihm gehört die gesamte Seeseite des feudalsten Wohnkomplexes entlang der spanischen Südküste, das Gray d'Albion in Puerta Banus, wo ein Appartement nicht unter einer Million Dollar zu haben ist; im Luxuskomplex Benabola kaufte er sich 16 Wohnungen und hat einen ihm sehr gut bekannten Nachbarn: Rifaat Al Assad, den Bruder des syrischen Präsidenten. Rifaat besitzt in Benabola 30 Wohnungen. Und in Madrid gehört Monzer eine 2,5 Millionen Dollar teure Wohnung, vor deren Haustür es im August 1984 zu dem Mordanschlag auf Zaki el-Helou gekommen war. Im Erdgeschoß dieses Hauses in Madrid hat die BANCO DE BILBAO eine Niederlassung – und ist angeblich Anteilseignerin des Wohnkomplexes. In Aloha bei Marbella besitzt Monzer mehrere Appartements und auch dort hat die BANCO DE BILBAO eine Zweigniederlassung. (Mit-) Finanzier dieser sündhaft teuren Anlage soll ebenfalls die BANCO DE BILBAO sein – über Tochterfirmen.

Diese häufige Nennung der spanischen Großbank in Zusammenhang mit illegalen Geschäften von Waffen- und Rauschgifthändlern ist längst zu einem ständigen Gesprächsthema der polizeilichen Ermittler in ganz Europa, aber auch in den USA geworden. Mit Erstaunen registrierten Bankexperten bereits im Jahre 1981 den Senkrechtstart der BANCO DE BILBAO. Die »Börsenzeitung« widmete sich im Oktober 1988 ausführlich dem spanischen Finanzimperium und veröffentlichte imposante Zahlen und Bilanzen: Schon im September 1981 war sie die viertgrößte spanische Bank und bot ihre Aktien erstmals an der deutschen Wertpapierbörse an. In Bankerkreisen mit Verwunderung registriert, prognostizierte der damalige Präsident des spanischen Bankinstituts, José Angel Sánchez Asiain, für das Geschäftsjahr 1981 die unglaubliche Gewinnsteigerung von 30 Prozent, wobei sich die Dividenden von 12,76 auf 15,44 Prozent erhöhten. Damals bereits weltweit mit 1150 Niederlassungen und 17 500 Angestellten vertreten, belief sich die Bilanzsumme des Kreditinstituts auf 44 Milliarden, das Kreditvolumen auf 23 Milliarden Mark. An mehr als 250 Industrie- und Handelsunternehmen war die BANCO DE BILBAO schon 1981 beteiligt. Und es ging stets nur noch weiter aufwärts.

Im März 1984 wollte die BANCO DE BILBAO für 11 Milliarden Peseten die Banco Atlántico übernehmen beziehungsweise mit ihr fusionieren, im November gar die zweitgrößte Bank Spaniens, die Banesto. Beide Versuche scheiterten. Der große Coup gelang im Januar 1988, als die BANCO DE BILBAO mit der baskischen Bank BANCO DE VIZCAYA fusionierte und die BBV-Holding gründete. Damit wurde das größte spanische Finanzinstitut begründet, mit 37 Milliarden DM Eigenmitteln und 20 Prozent Marktanteilen. Die BBV kontrolliert zudem die bedeutendsten spanischen Versicherungsgruppen, die Plus/Ultra (90 Prozent) und die Coporacion General Aseguradora (40 Prozent) – mit über vier Milliarden DM Prämienaufkommen jährlich.

»Das Leasinggeschäft hat sich in den Jahren spektakulär entwickelt«, kommentierte im Oktober 1988 die deutsche »Börsenzeitung« die hohen Umsatzsteigerungen, insbesondere des Leasinggeschäfts der BBV. Über mehr als 250 Beteiligungen an anderen Wirtschaftsunternehmen und weltweit verstreuten Tochterfirmen, mehrheitlichen Beteiligungen an den drei führenden spanischen Grundbesitzgesellschaften kontrolliert die BBV ein Finanzimperium unvorstellbarer Größe und Macht.

Gewisse Dinge machten die internationalen Fahnder jedoch etwas nachdenklich:
Da war die Tatsache, daß fast alle Personen im kriminellen und terroristischen Umfeld der Al Kassar-Brüder ihre Konten bei der BANCO DE BILBAO hatten: Kenneth Young, Syriens Präsident Al-Assad, dessen Bruder Rifaat Al-Assad, Syriens Geheimdienstchef Ali Issa Duba und auch die Immobilienfirma MARHABA, mit Heike van Heteren-Eckloff als Geschäftsführerin. Fast alle Waffen- und Drogengeschäfte Monzer AL KASSARS wurden dem BKA-Bericht gemäß über die BANCO DE BILBAO abgewickelt. Da war das seltsame Telefonat mit dem hernach gewährten »unlimited credit« für den Drogenhändler Young. Und da waren die Niederlassungen derselben Bank in Übersee. Wo immer Monzer Al Kassar seine illegalen Geschäfte tätigte, gab es eine Niederlassung dieser spanischen

Bank. Unter anderem in Buenos Aires, Rio de Janeiro, Teheran, Lissabon, in der Schweiz, der Bundesrepublik, aber auch – über die Tochtergesellschaft »Bilbao International Bank Ltd.« – auf der Kanalinsel Jersey, wo die britischen Fahnder stutzig wurden, als Monzer Al Kassars Mittäter Henry Shaheen im Juli 1985 stolze 500 000 Dollar von der Aitkin Hume Bank an die U.B.A.E.F. überwiesen hatte.

Besonderes Augenmerk richteten die amerikanischen Ermittler aber auf die Niederlassungen der BANCO DE BILBAO in Panama und Bogota. Auffällig war, daß die Niederlassung in Panama zu 100 Prozent der Bilbao-Gruppe gehört – und damit keiner staatlichen Kontrolle unterlag. Derartige Konstellationen, das weltweite, verwirrende Netz von Tochter- und Beteiligungsgesellschaften, die polizeilichen Fahnder wußten das aus Erfahrung, sind ideale »Waschanlagen« für Gelder, die aus illegalen Geschäften gewonnen wurden.

Das Geschäft mit Henry Shaheen ließ derartige Praktiken vermuten. Die Transaktionen zwischen Monzer Al Kassar und Kenneth Sidney Young erhärteten diesen Verdacht. Denn Young überwies die vom BANCO DE BILBAO-Konto Monzers in Marbella abgehobenen Summen keineswegs auf dieses Konto zurück, sondern in die Schweiz.

Dort führt Monzer Al Kassar in Genf beim Schweizer Bankverein (Swiss Bank Corporation) das geheime Nummernkonto 81 56 8 YR. Kontostand im April 1985: 18 Millionen Dollar. Auf dieses Konto in der Schweiz transferierte der Drogenhändler Young in den folgenden Wochen fünfmal Geld, insgesamt 640 000 Dollar. Entsprechende Kopien der Überweisungsbelege und der Kontoauszüge liegen den Ermittlungsbehörden vor. Damit sahen die Drogenfahnder in Kanada, aber auch in Europa ihren Verdacht bestärkt, Monzer Al Kassar sei einer der größten Finanziers der Welt für internationale Drogengeschäfte.

Bevor Young weiterhin Gelder nach Genf auf Monzers Konto einzahlen konnte, wurde er von den kanadischen Drogenfahndern im Besitz von 10,5 Kilogramm Kokain festgenommen. Die Ermittlungen der kanadischen Drogenfahnder in Calgary ergaben eindeutig: Die in Europa gestohlenen Luxusautos, vornehmlich Mercedes, wurden – um Nachforschungen zu erschweren – über das Ostblockland Polen nach Spanien transportiert und von dort mit gefälschten Papieren nach Südamerika verschifft. Irgendwo in Brasilien, wußten die Drogenfahnder, wurden die gestohlenen Luxuslimousinen für den Schmuggel umgebaut. Nachträglich vergrößerte Tanks und doppelte Böden, Hohlräume im Dach oder in den Radkästen – das Spektrum der Drogenverstecke war breit. Ein solches von Profis präpariertes Auto kann bis zu 200 Kilogramm Kokain aufnehmen.

Während einige dieser mit Kokain beladenen Fahrzeuge nun wieder zurück nach Europa verschifft wurden, transportierten die Drogenhändler weitere Drogenladungen nach Nordamerika und Kanada. War die heiße Fracht verkauft, wurden die Luxusautos für horrende Summen veräußert – und damit alle Spuren verwischt. Ein perfektes System, das pro Wagen Gewinne von ein bis zwei Millionen Dollar einbrachte. Schätzungen der amerikanischen Drogenfahnder der DEA gehen davon aus, daß monatlich drei bis fünf dieser mit Kokain vollgestopften, gestohlenen Luxusautos auf dem internationalen Drogenmarkt verscherbelt wurden. Das ergibt einen geschätzten Gewinn von etwa 100 Millionen Dollar im Jahr – für Monzer Al Kassar!

Daß derartige illegal erwirtschaftete Summen, die eigentlich nur kofferweise zu transportieren sind, nicht völlig unproblematisch »gewaschen« werden können, liegt auf der Hand. Das Waschen illegaler Gelder gilt denn auch als die eigentliche Achillesferse der organisierten Kriminalität. Die USA haben als Konsequenz aus den mannigfaltigen Versuchen, illegales Geld zu »waschen«, ein Gesetz erlassen. Der »Bank Secrecy Act« legt fest, daß ein »Currency Transaction Report« (CTR) von allen Banken, Kasinos und anderen Finanzinstituten ausgefüllt werden muß, wenn es um mehr als 10 000 Dollar geht. Ein »Currency or Monetary Instruments Report« (CMIR) wird verlangt, wenn mehr als 10 000 Dollar Bargeld aus den USA verbracht oder ins Ausland überwiesen werden. Zuständig hierfür sind die Zollbehörden. Schließlich ist ein »Foreign Bank Account Report« (FBAR) erforderlich, wenn eine Person ein Konto im Ausland mit einem Guthaben von mehr als 10 000 Dollar besitzt.

Der Grundgedanke dieses Gesetzes ist einleuchtend. Allzu oft hatten die amerikanischen Behörden ermittelt, daß international organisierte Drogenhändler manchmal kistenweise Dollars – in einem Fall gar 380 Millionen Dollar! – in irgendwelchen Lagern stapelten, und dann begannen, dieses Geld aus Drogengeschäften zu waschen, indem sie es ins Ausland überwiesen und dort in legale Geschäfte investierten. Im Falle des Kolumbianers Guillermo A. Garces, eines professionellen Geldwäschers für südamerikanische Kokainhändler, erwies sich das verabschiedete Gesetz schnell als untauglich.

Das Ermittlungsverfahren gegen Garces, anhängig zu der Zeit, als Monzer Al Kassar mit Kenneth Young Kokain in die USA und nach Kanada lieferte, gilt als (bislang noch nicht publik gewordenes) Lehrbeispiel für die Verbindung zwischen Drogenhandel und »Geldwäscherei«.

Im Oktober 1985 erhielt die »Criminal Investigation Division« den ersten Hinweis auf den Kolumbianer und drei seiner Mittäter. Garces und seine Komplizen fielen auf, weil sie, als Touristen eingereist, regelmäßig Geld von Banken in Florida an verschiedene Personen bei unterschiedlichen Banken in Panama überwiesen. Im April 1986 begannen amerikanische Agenten in einer geheimen Aktion, die Wohnung des Kolumbianers zu durchsuchen und den weggeworfenen Müll zu sammeln. Man fand unter anderem meterlange Abrechnungslisten aus einer Addiermaschine. Die Observation ergab, daß Guillermo A. Garces und seine Frau jeden Tag gut ein Dutzend verschiedener Banken aufsuchten, wo sie jedesmal die gleiche Summe von 1 980 Dollar überwiesen. Die Differenz zu 2 000 Dollar – also 20 Dollar – war das Honorar für die Geldwäscher.

Am 4. September 1986 wurden von US-Spezialagenten drei verschiedene Örtlichkeiten durchsucht. Man fand 307 Kilogramm Kokain, endlose Addierlisten, 900 000 Dollar in bar, Stadtpläne mit eingezeichneten Routen zu allen Banken, stapelweise Flugtickets – und Hunderte von Telexmitteilungen, mit denen die Empfänger den Erhalt des Geldes quittierten. Mehr als 50 Empfängerbanken spielten dabei eine Rolle. Acht Personen wurden festgenommen.

Ein anderer Fall von Geldwäscherei: die »Operation Greenback« in Miami, Florida: Am 4. Mai 1983 belud der Kolumbianer Ramon Milan-Rodriguez, wohnhaft in Miami, auf dem Flughafen im texanischen Fort Lauderdale seinen Lear-Jet mit 20 Kisten. US-Agenten durchsuchten im Rahmen der »Operation Greenback« heimlich das Flugzeug und fanden in den Kisten insgesamt 5,4 Millionen Dollar in bar. Am gleichen Tag wurden die Wohnung und verschiedene Geschäftsräume des Kolumbianers durchsucht. Sichergestellt wurden: 30 Kilogramm Kokain, verschiedene Handfeuerwaffen, eine UZI-Maschinenpistole mit Laser-Optik, 45 000 Dollar Falschgeld, elektronische Sicherungsanlagen im Werte von 350 000 Dollar – und eine Liste mit 1000 Namen von Personen, die in irgendeiner Form an der Geldwäscherei beteiligt waren.

Die Vernehmung des professionellen Geldwäschers ergab Unglaubliches: Nach eigenen Angaben arbeitete er bereits seit fast zehn Jahren als Kurier und Geldwäscher, vornehmlich für südamerikanische Drogenhändler. Im Monatsschnitt »wusch« er zwischen 17 und 25 Millionen Dollar. Insgesamt so schätzte er selbst, seien es rund eine Milliarde Dollar in den zurückliegenden Jahren gewesen, die er illegal aus den USA herausbrachte, wobei sein Gehalt bei etwa einer Million Dollar im Jahr lag.

Am 2. Januar wurde der Geldwäscher-Profi zu einer Freiheitsstrafe von 35 Jahren und einer Geldstrafe von 6,49 Millionen Dollar verurteilt.

Galt Rodriguez lediglich als Kurier und Handlanger, so wurden die amerikanischen Behörden in der »Operation Tracer« – der größten Aktion gegen Geldwäscherei in den USA überhaupt – vornehmlich in Banken fündig. 200 Agenten der Bundesfinanzpolizei (FEDERAL FINANCIAL INVESTIGATIVE TASK FORCE) nahmen am 6. Juni 1985 insgesamt 17 Personen fest. 14 davon waren bei Banken angestellt oder ehemalige Bankangestellte. Dazu gehörte auch der Präsident des Aufsichtsrates der »Caribbean Federal«, der zu diesem Zeitpunkt im Aufsichtsrat der Federal Home Bank in New York saß.

Überführt wurden alle diese mit Banken in Puerto Rico korrespondierenden Banker durch Undercover-Agenten. Die nämlich hatten, als Drogenhändler getarnt, bei den seriösen Bankern um Hilfe beim »Waschen« ihrer Gelder ersucht und als Test 335 000 Dollar eingezahlt, die dann über die Banken mittels gefälschter Überweisungen nach Puerto Rico gingen.

Erfolgreiche Operationen gegen Geldwäscher werden freilich seltener, seit die Drogenhändler und Mitglieder international organisierter Banden sich ausgeklügelter Methoden bedienen, um ihr schmutziges Geld zu waschen. Mangelnde gesetzliche Grundlagen, insbesondere in den Staaten Europas, die strikte Handhabung des Bankgeheimnisses in Ländern wie der Schweiz, Andorra, Luxemburg, Panama und in der Karibik lassen viel Spielraum für organisierte Kriminelle. Eine bevorzugte Methode des Geldwaschens ist es etwa, illegales Geld auf ein Nummernkonto in einem Land mit liberalen Bankgepflogenheiten einzuzahlen. Von dort wird das Geld auf ein ausländisches Konto überwiesen. Der Kunde geht dann zu seiner Hausbank und beantragt unter Vorlage des Deposit-Geldes einen ebenso hohen Kredit über eine Million. Dieses Geld investiert er in Grundstücke oder Häuser, die er nach Ablauf einer Steuerfrist wieder verkauft – und damit verfügt er über sauberes Geld. Ebenso schwer nachzuweisen ist der Weg, illegales Geld in Geschäfte mit starken Bargeldbewegungen bar zu investieren. Besonders beliebt sind Spielclubs, Pizzerien oder Autowaschanlagen, in denen täglich mit kleinen Scheinen und Münzen bezahlt wird und wo eine Kontrolle über den tatsächlichen Umsatz nicht erfolgen kann. Schließlich besteht eine weitere Möglichkeit, Gelder aus kriminellen Aktivitäten in Spielkasinos reinzuwaschen.

Monzer Al Kassar ist ein Perfektionist im Geldwaschen. Über diverse Immobilienbüros oder legale Exportfirmen wie etwa die ALKASTRONIC in Wien, die offiziell mit Baumaschinen handelt, ist es ihm gelungen, sein Vermögen binnen weniger Jahre zu legalisieren. Dieses Verwirrspiel des Geldüberweisens von einem Land ins andere ist für keine nationale Polizeibehörde nachvollziehbar, die Illegalität nicht beweisbar, solange keine grenzüberschreitenden Ermittlungen zustande kommen.

Am Beispiel des Kenneth Sidney Young wird das deutlich. Monzer lieh, so glauben amerikanische Geheimdienste, dem Drogenhändler Geld, das dieser wiederum ganz offiziell als Rückzahlung eines Kredites auf Monzers Schweizer Konto überwies. Daß Monzer Finanzier der Drogengeschäfte ist, ist für die Anklagebehörden schwer zu beweisen. Würde Anklage erhoben, dann könnte seine Behauptung, er hätte nicht gewußt, daß sein Geld für Drogengeschäfte verwendet werde, kaum widerlegt werden. Gleiches gilt für die gestohlenen Luxusautos.

Gelingt es der Polizei ausnahmsweise einmal, solche Drogenhändler wie Young dingfest zu machen, bleibt Monzer Al Kassar unbescholten – und straflos.

Kenneth Sidney Young wurde am 18. November 1987 in Calgary zu einer Freiheitsstrafe von zehn Jahren, seine Freundin kurz darauf zu sechs Jahren verurteilt.

Im Bericht des Bundeskriminalamtes heißt es am Schluß des »van Heteren-Eckloff-Falles«: »Obwohl eindeutig ist, daß die gestohlenen Fahrzeuge zum Transport von Drogen gedacht waren, wäre Heike van Heteren-Eckloff strafrechtlich nur wegen des Empfangs der gestohlenen Autos zu belangen, aber nur dann, wenn der Nachweis erbracht werden könnte, daß sie wußte, daß es sich um gestohlene Autos handelt. Es bestehen begründete Zweifel, daß dieser Nachweis je erbracht werden kann ...«

Der Rauschgift-Prinz von Marbella

Madrid, im Februar 1986: Der Mann rief von Spanien aus in München an und hatte eigenwillige Wünsche. Man möge, so wies er seinen Gesprächspartner an, »gewisse Umbauten an dem Fahrzeug vornehmen, insbesondere aber die Türen so präparieren, daß man Lampen und tschechische Glühbirnen einbauen kann – aber weit weg von jeder Wärmequelle und bloß nicht in der Nähe von Benzin«.

Die Beamten der Antiterrorbrigade stutzten. Seit einem Jahr schon lief die Telefonüberwachung der Rufnummer Madrid 207 64 22. Viel Aufschlußreiches hatte man mitgehört. Aber was das mit den »tschechischen Glühbirnen« nun sollte, war ihnen schleierhaft. Freilich waren sie aber auch schon dahintergekommen, daß der Inhaber dieses Telefonanschlusses, der Syrer Ghassan Al Kassar, öfter solch seltsame Anweisungen gab. Da er meist arabisch in einem schwer verständlichen syrischen Dialekt sprach, dauerte es stets ein paar Tage, bis der Dolmetscher der Sonderabteilung für Terrorismus die Übersetzung der mitgeschnittenen Gespräche vorlegte. Und so vergingen wertvolle Tage, bis man im Madrider Innen- und dann im Außenministerium entschied, die Kollegen in der Bundesrepublik Deutschland über dieses Telefonat zu informieren.

Kaum war das geschehen, eröffnete die bayerische Polizei am 4. März 1986 ein Ermittlungsverfahren gegen den irakischen Staatsbürger Saaid Rassouli, geboren am 26. Januar 1946 in Bagdad, wohnhaft in München, wegen »des Verdachtes der Beteiligung an der Vorbereitung von Sprengstoffattentaten«. Rassouli nämlich hatte das Gespräch aus Madrid entgegengenommen. Und in Bayern wußte man das Telefonat zwischen Ghassan und Rassouli sehr wohl richtig zu deuten. Denn Ghassan Al Kassar hatte nicht nur die Anweisung gegeben, ein Fahrzeug zu präparieren, sondern gleichzeitig die Ankunft eines Mannes namens Abdul Atif Said in München avisiert, der 20 000 Dollar und alle erforderlichen Dokumente zum Kauf eines Autos bei sich haben würde. Saaid Rassouli hatte am Telefon versprochen, ein geeignetes Fahrzeug zu besorgen und die erbetenen Umbauten vorzunehmen.

Doch zwischen dem Anruf, der Übermittlung dieser Erkenntnis von Madrid an das Bundeskriminalamt und der Weiterleitung an die zuständige Polizeibehörde in München war zu viel Zeit vergangen. Die Observation Rassoulis, der in München einen Gebrauchtwagenhandel unterhielt, verlief erfolglos. In einem Bericht des Bundeskriminalamts vom 16. März 1986 heißt es abschließend: »Unter Berücksichtigung der bekannten Verbindungen der Al Kassar-Brüder zur palästinensischen Terrororganisation PFLP-SC und des Anschlages auf einen der militärischen Führer der PFLP-SC, einen gewissen Zaki el-Helou (August 1984 in Madrid), besteht der Verdacht, daß die besagten ›tschechischen Lampen/Glühbirnen‹ Sprengstoff waren und das Auto für einen Sprengstoffanschlag innerhalb Europas gedacht war.« Die polizeilichen Nachforschungen verliefen jedoch ergebnislos. Erst Monate später sollte man sich in Wiesbaden, aber auch in Paris an dieses Telefongespräch zurückerinnern. Zunächst aber wurden die Ermittlungen im Fall Al Kassar/Rassouli eingestellt.

Ganz so viel Glück war Monzer Al Kassar nicht beschieden. Am 31. März 1986 begann vor der 14. Großen Strafkammer in Paris unter Vorsitz von Richter Ducos und Staatsanwalt Laurent Javenas das Strafverfahren gegen
Monzer Al Kassar, 39 Jahre
Odfried Hepp, 28 Jahre

Mohammed Ghadban, 38 Jahre
Marie Sybille Pool, 22 Jahre
wegen »Gründung einer verbrecherischen/terroristischen Vereinigung«. Gegenstand des Prozesses, der teilweise unter Ausschluß der Öffentlichkeit stattfand, waren die Vorbereitungshandlungen dieser Personen im Jahre 1985 für Anschläge auf israelische Agenten und jüdische Einrichtungen in Amsterdam, Brüssel, Paris und Wien. Während Pool, Hepp und Ghadban als Untersuchungshäftlinge vorgeführt wurden, saß Monzer Al Kassar alias John Sarlt, mittlerweile von den französischen Terroristenfahndern auch als »Maurice« identifiziert, in Marbella und genoß das Leben in vollen Zügen.

Marie Sybille Pool, Spitzel der französischen Antiterrorbrigade und somit Kronzeugin der Anklage, resümierte laut französischen Presseberichten am Tage des Urteilsspruchs: »Ich habe alles gesagt. Ich habe Frieden mit meinem Gewissen geschlossen.« Sie wurde zu zwei Jahren Gefängnis verurteilt. Unter Anrechnung der Untersuchungshaft und einer großzügigen Auslegung der gesetzlichen Möglichkeiten wurde die Reststrafe zur Bewährung ausgesetzt. Marie Sybille Pool verließ unter strengster Bewachung französischer Polizisten den Gerichtssaal als freier Mensch. Noch am gleichen Tag flog sie, von den französischen Geheimdiensten mit einer neuen Identität versehen, in ein außereuropäisches Land, wo sie auch heute noch von Polizisten bewacht lebt.

Der deutsche Rechtsradikale Odfried Hepp, der zum Ende des Verfahrens erklärte, »Ich bin ein Kämpfer gegen den Imperialismus, aber ich bin gegen Greueltaten und habe nie bei einem Attentat mitgewirkt«, erhielt wegen Verwendung gefälschter Personaldokumente und unerlaubten Waffenbesitzes sechs Monate Freiheitsstrafe. In Abschiebehaft genommen, wurde er am 28. Januar 1987 an die Bundesrepublik Deutschland ausgeliefert und dort wegen diverser Banküberfälle und Mitgliedschaft in einer rechtsradikalen terroristischen Vereinigung zu zehneinhalb Jahren Haft verurteilt.

Mohammed Ghadban schwieg während der zweimonatigen Verhandlung. Er erhielt fünf Jahre Freiheitsentzug.

Monzer Al Kassar schließlich wurde am 4. Juni 1986 in Abwesenheit zu einer Freiheitsstrafe von acht Jahren verurteilt und zudem mit einem Aufenthaltsverbot in Frankreich von fünf Jahren belegt. Er erfuhr von dem Urteil in Marbella. Sein Revisionsantrag wurde abgelehnt. Seit diesem Tag ist gerichtlich erwiesen, daß er ein aktives Mitglied der palästinensischen Terrorgruppe PLF des Abul Abbas ist.

Drei Wochen nach der Urteilsverkündung von Paris feierte der Terrorist, Drogen- und Waffenhändler Monzer Al Kassar in seiner Traumvilla in Marbella seinen 40sten Geburtstag.

Mittlerweile war er ob seines Reichtums und seiner rauschenden Feste in Spanien zum »Prinz von Marbella« avanciert, bei dem es sich der Jet-Set gerne wohl sein ließ. Sein opulentes Geburtstagsfest war selbst für die illustre Gesellschaft von Marbella ein Höhepunkt. Und Grund zum Feiern hatte Monzer allemal. Den französischen Häschern war er entkommen, und die Geschäfte liefen gut, sehr gut. Gerade erst hatte er als Vermittler einen neuen Waffen-Deal mit der österreichischen Munitionsfirma HIRTENBERGER abgeschlossen und deren Patronen und Granaten nach Polen verschoben; der Rauschgifthandel kristallisierte sich immer mehr als eine überaus lukrative Einnahmequelle heraus. Es ging ihm besser als je zuvor. Der geschäftliche Erfolg läßt sich durch Zahlen belegen. Seine diversen Konten wiesen fette Summen auf: das Konto mit der Nummer 730 603 bei der Banco Commercial in Madrid 941 000 Dollar;
Katherein Bank, Wipplinger Str. in Wien,
Konto-Nr. 503 074 95 : 3,72 Mill. öS;
First National Bank of Chicago, Beirut,
Konto-Nr. 230: 6,21 Mill. Dollar;
Jammal Trust Bank Sal, Damaskus,
Konto-Nr. 510 230 C/86: 9,31 Mill. Pfund;

Banco de Bilbao, Marbella,	
Konto-Nr. 100 185 222 09:	7,44 Mill. Pes.;
Swiss Bank Corporation, Genf,	
Nummernkonto 81 568 YR	27,31 Mill. Dollar.

Gutgelaunt und großzügig steckte der syrische Multi-Millionär am Abend des Geburtstages seiner jungen, hübschen Frau Raghda einen Barscheck in die Hand, »for shopping«.

Die Schwarzhaarige mit den rougegepuderten Wangen und der Vorliebe für Diademe und Stirnbänder schlenderte am darauffolgenden Tag, von zwei Leibwächtern begleitet, durch alle noblen Schmuckgeschäfte von Marbella. Nach vier Stunden hatte die am 12. Dezember 1964 in Damaskus geborene Raghda Al Kassar insgesamt 25 Schmuckstücke, Halsketten, Ringe und Armbänder im Rechnungswert von 120 000 Dollar erworben! Darunter ein Rubin-Collier, 4,83 Karat plus 7,75 Karat Diamanten: 28 500 Dollar; ein Armband, besetzt mit Rubinen und Diamanten: 13 800 Dollar; ein Armband, besetzt mit Saphiren und Diamanten: 11 800 Dollar; und eine Halskette aus 1,39 Karat Smaragden und 7,51 Karat Diamanten: 12 200 Dollar. Eine entsprechende Einkaufsliste liegt dem BKA vor.

Die schöne Raghda ließ sich stets eine Quittung geben, auf der die Mehrwertsteuer ausgewiesen war. Denn, so gab sie an, »wir exportieren die Schmuckstücke nach Syrien«. Die observierenden spanischen Polizeibeamten waren sprachlos. Sie wußten, daß die Al Kassars den Schmuck bei einer der nächsten Reisen zwar mit nach Syrien nehmen und sich vom spanischen Zoll die Mehrwersteuer erstatten lassen würden. Aber sie wußten auch, daß der Schmuck dann wenige Wochen später am Hals der schönen Raghda wieder nach Spanien zurückkehren würde. Einer der Observanten mit dem Monatslohn von knapp 1500 Mark bemerkte angesichts der Verschwendung und des betrügerischen Mehrwertsteuertricks von Monzer Al Kassars Frau: »Der Teufel scheißt auch in Spanien immer nur auf den größten Haufen ...«

Genau fünf Tage später, am 7. Juni 1986, zogen dunkle Wolken am strahlend blauen Himmel über dem Palast Monzer Al Kassars in Marbella auf. An diesem Tag wurde in der marokkanischen Küstenstadt Tanger, von Marbella nur knapp 30 Kilometer entfernt, der in Holland lebende surinamesische Staatsangehörige Rommy Henk Orlando festgenommen. Der am 4. März 1951 in Paramaribo geborene Orlando ist einer der größten Haschischhändler der Welt. Genauer gesagt, er war es – gegenwärtig verbüßt er noch in Belgien seine Haftstrafe.

Daß sich da wieder einmal etwas zusammenbraute, hatten die Fahnder des amerikanischen DEA-Büros in Wien bereits im März geahnt. In diesem Monat hatten sich in Wien unter den Augen amerikanischer Drogenfahnder einige Männer ein Stelldichein gegeben. Die entsprechende Mitteilung von DEA Wien nach Spanien, Belgien, Frankreich, der Bundesrepublik Deutschland und Kanada löste einen regen Telexverkehr und Erkenntnisaustausch zwischen den Drogenfahndern dieser Staaten aus. Anfang April 1986 lag den spanischen Drogenfahndern in Madrid – zuständig, weil Monzer Al Kassar in Spanien wohnte – eine Nachricht von INTERPOL Paris mit dem dortigen Erkenntnisstand zu jenen Personen vor, die sich in Wien mit Monzer Al Kassar getroffen hatten:

1. Rommy Henk ORLANDO
geb. 04.03.1951 in Paramaribo/Surinam
INTERNATIONALER DROGENHÄNDLER
INTERPOL-Akten: 1366/84, 419306 und 469 853

2. Mahmoud Mohib »Bobby« SHAMEL
geb. 27.06.1945 in Freetown/Sierra Leone
und sein Bruder
Hennie Mahmoud SHAMEL
geb. 22.02.1938 in Freetown/Sierra Leone
INTERNATIONALE DROGENHÄNDLER
INTERPOL-Akten: 308/72 und 397 488

3. Harry Grant SUNILA
weitere Personalien unbekannt
INTERNATIONALER DROGENHÄNDLER

Ein respektables Gespann, das sich da in Wien verabredet hatte. Bisherige Ermittlungen der Drogenfahnder zeigten eindeutig, daß – wo immer diese Männer auftauchten – es um gigantische Drogengeschäfte ging.

So war der nur namentlich bekannte Harry Grant Sunila eindeutig als Hintermann eines Haschischtransportes identifiziert worden, den die kanadischen Behörden an ihrer Küste entdeckt hatten. Die gewaltige Menge von 14 Tonnen Haschisch war dabei sichergestellt worden. Kiloweise verkauft, hätte das ein Geschäft von rund 120 Millionen Mark bedeutet!

Die Brüder Shamel, die seit Jahren engen Kontakt zu Monzer Al Kassar unterhielten, pflegten in gleichen Dimensionen mit Rauschgift zu handeln. Auf Schiffen, die zwischen dem Libanon und Europa verkehrten und die den Shamels gehört hatten oder von ihnen angemietet worden waren, fanden die internationalen Drogenfahnder nach Erkenntnissen von INTERPOL innerhalb von nur zwei Jahren gewaltige Mengen Haschisch: 2,08 Tonnen am 9. August 1984 in Moerdijk/Holland; 5,6 Tonnen am 17. August, also nur eine Woche später, in Vught/Holland; 3,7 Tonnen am 10. Mai 1985 in Witlibrord/Holland, und weitere 3,9 Tonnen am 17. Juli 1985 in Antwerpen. Alles in allem 15 Tonnen Haschisch im Verkaufswert von mindestens 130 Millionen Mark! Und das waren nur jene Lieferungen, die sichergestellt worden waren. Wieviel Rauschgift die Brüder Shamel tatsächlich nach Europa geliefert hatten, kann man nur vermuten.

In ähnlichen Größenordnungen agierte Rommy Henk Orlando. Er galt in Europa und in den USA als einer der größten Rauschgifthändler. Sein krimineller Werdegang liest sich wie die Bilderbuchkarriere eines Drogenhändlers:

Am 29. Dezember 1971 fiel Orlando erstmals in Ennetbuergen/Holland auf, weil er diverse, auf unterschiedliche Namen ausgestellte Ausweispapiere mit sich führte. Am 5. Oktober 1982 wurden in Kopenhagen 14 Tonnen Haschisch im Verkaufswert von 110 Millionen Mark sichergestellt (Az. 419 306). Einer der beiden festgenommenen Täter gab bei seiner Vernehmung an, Drahtzieher und Finanzier des Transportes sei Orlando gewesen. Zwei Jahre später, am 25. April 1984, informierte das Bundeskriminalamt in Wiesbaden alle europäischen Staaten, daß Orlando Hintermann bei einem Rauschgifthandel gewesen sei, der am 13. März 1984 in London aufgeflogen war. 901 Kilogramm Haschisch konnten dabei sichergestellt werden (Az. 461 488 INTERPOL). Bereits zwei Monate später benachrichtigte das Bundeskriminalamt die belgischen und luxemburgischen Drogenfahnder, daß ein Haschischtransport über zwei Tonnen vom Libanon nach Luxemburg und Belgien geplant sei, und »das BKA den Deal mit dem Ziel der Festnahme aller Täter beobachtet« (Az. 469 853).

Als Folge dieser Observation der deutschen Drogenfahnder stellten die belgischen Fahnder (CID) dann am 18. September desselben Jahres in Brüssel 1,35 Tonnen Haschisch sicher. Das Rauschgift war in einem aus dem Libanon kommenden Mercedes-Lastwagen versteckt. Organisator des Transportes war wiederum Rommy Henk Orlando. Nach den Ermittlungen der Belgier und der abschließenden gerichtlichen Beweisaufnahme folgte endlich die internationale Ausschreibung zur Festnahme durch INTERPOL am 7. März 1986.

Orlandos Freundin Gabriela Ten-Pierk schließlich hatte lange Zeit in Monzer Al Kassars Palast in Marbella gewohnt. Sie war in einem Ermittlungsbericht französischer Drogenfahnder als »Agent de Liaison«, als Verbindungsagentin zwischen Monzer und Orlando, bezeichnet worden.

Nach dem Treffen dieses Quartetts in Monzers Wohnung in Wien wurden die Drogenfahnder gewahr, daß da neue Rauschgifttransporte anstanden. Observationen und Telefonüberwachungen in Wien und Spanien führten sie unter Koordination der amerikanischen DEA schnell nach Marokko, einem der Hauptanbauländer für Haschisch am Mittelmeer. So konnte dann eine Woche nach Monzers rauschendem Geburtstagsfest, am 7. Juni 1986, Rommy Henk Orlando nach einem Hinweis amerikanischer Undercover-Agenten in Tanger von den marokkanischen Behörden festgenommen und in Auslieferungshaft für Brüssel nach Rabat gebracht werden.

Monzer Al Kassar wurde 1986 von den Ermittlungsbehörden Europas und der USA verdächtigt, Geldgeber all dieser gigantischen Haschischtransporte zu sein. Die finanzielle Transaktion mit dem Kokainhändler Kenneth Sidney Young hatte erstmals erkennen lassen, daß aus dem Drogenhändler Monzer Al Kassar, der Anfang der 70er Jahre noch selbst Haschisch kiloweise in Europa verkauft hatte und dafür rechtskräftig verurteilt worden war, einer der größten Drahtzieher und Geldgeber des international organisierten Rauschgifthandels geworden war. Ob Haschisch, Heroin oder Kokain: Inzwischen konnte Monzer Al Kassar nahezu risikolos sein Vermögen mehren. Seine guten Beziehungen zu hohen Regierungsmitgliedern, Polizeioffizieren und Geheimdiensten in Syrien und im Libanon sicherten ihm dabei quasi eine Monopolstellung unter den Rauschgifthändlern der Welt. Denn sowohl im Libanon wie auch in Syrien läuft kein größerer Rauschgifthandel, ohne daß nicht hohe Polizeibeamte, Generäle der Armee und Minister der Kabinette davon informiert sind, ihren Schutz zusichern – und dafür kassieren. Westliche Drogenfahnder sind da hilflos.

Die Geschehnisse in Marokko entwickelten sich jedoch in einer für Monzer bedrohlichen Weise. Daß ein Mann wie der reiche Drogenhändler Orlando, gewohnt in 1000-Dollar-Suiten zu nächtigen, in einem stinkenden, verdreckten marokkanischen Kerker Panik bekommt, wird verstehen, wer solche marokkanischen Gefängnisse kennt. Ein deutscher Knast ist dagegen ein Luxusdomizil. Der inhaftierte Orlando ließ Monzer Al Kassar deshalb über seinen Rechtsanwalt mitteilen, er möge doch bitte etwas unternehmen, »damit ich aus diesem stinkenden Loch hier in Rabat herauskomme ...«

Das war jedoch nicht so einfach, auch wenn unter Rauschgifthändlern eigentlich bekannt ist, daß man mit Geld und Beziehungen einen Gefängnisaufenthalt in Marokko recht angenehm gestalten, ihn erheblich verkürzen oder gar ganz abwenden kann. Im Falle von Orlando war das aber ein Problem, denn zu viele europäische Staaten und auch die USA interessierten sich für ihn. Eine »Flucht« oder frühzeitige Entlassung hätte da schnell zu diplomatischen Verwicklungen führen können. Entsprechend ließen die marokkanischen Justizbehörden Orlando im Kerker schmoren: Vom 7. Juni 1986, dem Tage der Festnahme an, genau drei Monate lang.

Was dann passierte, könnte ebensogut Teil eines James-Bond-Films sein. Aber es war Realität, und diese Realität zeigte auf geradezu erschreckende Weise die Verknüpfung von Terrorismus und Rauschgifthandel. Die Tatsache, daß die Geschehnisse vom 7. September 1986 als STRENG GEHEIM klassifiziert in den Panzerschränken der Terrorismusabteilungen in Rabat, Paris, Brüssel und Amsterdam liegen – obwohl es sich bei Rommy Henk Orlando originär um einen Rauschgift-Fall handelte –, läßt bereits erkennen, daß sowohl die marokkanischen als auch die europäischen Ermittlungsbehörden darauf bedacht waren, diesen unglaublichen Zwischenfall nicht an die Öffentlichkeit gelangen zu lassen. Fest steht aber:

Mitte August 1986 erhielt die marokkanische Regierung auf allerhöchster Ebene eine vertrauliche Mitteilung vom isrealischen Geheimdienst MOSSAD, daß arabisch-palästinensische Terroristen Vorbereitungen für Terrorakte in Marokko träfen. Diese außergewöhnliche Kooperation israelischer Stellen mit Marokko ist vor dem Hintergrund zu sehen, daß sich König Hassan II. von Marokko am 22. Juli 1986 in Ifrane bei Fes heimlich mit dem israelischen Ministerpräsidenten Shimon Peres getroffen hatte. Im arabischen Lager war das als Verrat an der arabischen Sache betrachtet worden. Ghaddafi hatte unmittelbar nach Bekanntwerden des Treffens die »Staatenunion« mit Marokko aufgekündigt. Die spanische Zeitung »El Pais« berichtete gar, der Terrorist Abu Nidal plane ein Attentat auf König Hassan II.

Am 1. September 1986 geschah dann, was in Marokko, wo die Presse der strengen Kontrolle des Informationsministeriums unterliegt, bis dahin noch nie vorgekommen war. Es wurde die Festnahme von vier Männern bekanntgegeben, die »einer professionellen internationalen Terroristenbande« angehören sollten und die »bereits Attentate in Europa und im Nahen Osten« verübt hätten. Festgenommen worden waren die Männer zwischen dem 22. und 27. August. Es handelte sich dabei um die beiden Tunesier Djebali Rafika und Ferchechi Touns, alias Radia, den libanesischen Palästinenser Marwan Abdul-Kader Abdul-Rahman, alias Jabrane, alias Abu(o) El-Abd, und den Palästinenser Darouich Fayad Abdel-Al alias Ismail Dia. Nie zuvor hatte Marokko die Existenz oder gar Festnahme von Terroristen im eigenen Lande öffentlich bekanntgegeben. Entsprechend bemühte sich die marokkanische Regierung auch, die Bedeutung der Festnahme der vier »Terroristen« herunterzuspielen. Die Männer, ließ das marokkanische Innenministerium in einem Kommuniqué verlauten, hätten »Bombenanschläge an öffentlichen Plätzen verüben wollen, um Unruhe und Verwirrung in der Bevölkerung zu stiften«. Es gab keinen Grund, an dieser Verlautbarung zu zweifeln. Die Erklärung für das plötzliche Auftauchen arabischer beziehungsweise palästinensischer Terroristen in ihrem Lande schien im Zusammenhang mit dem

Treffen König Hassans II. mit Ministerpräsident Shimon Peres plausibel. Dahinter wurde ein Racheakt Libyens vermutet.

Am 5. September nahmen einige Diplomaten der europäischen Botschaften in Rabat mit Erstaunen wahr, daß einerseits die Bewachung ihrer Botschaften erheblich verstärkt und im ganzen Lande Straßensperren durch die Armee und Polizeieinheiten errichtet wurden, andererseits aber auch Klagen aus der syrischen und libanesischen Botschaft bekannt wurden, wonach marokkanische Sicherheitskräfte das Botschaftspersonal auffallend deutlich observiere.

Und wieder hieß es, diesmal jedoch nicht mehr in den marokkanischen Tageszeitungen, sondern nur noch in internen Regierungskreisen, man fahnde »nach weiteren Terroristen, die einen Anschlag auf den König vorbereiten würden«.

Zwei Tage später, am 7. September gegen 20.00 Uhr, begannen die Insassen des Gefängnisses von Rabat zu revoltieren. Sie zündeten ihr Zelleninventar an, brachen Türen auf und schlugen unbewaffnete Gefängniswärter nieder. In diesem Chaos brachen vier Inhaftierte aus dem Gefängnis aus, nachdem sie zuvor einen Wärter mit einer Eisenstange niedergeschlagen und lebensgefährlich verletzt hatten: Es handelte sich um den Holländer van der Maas, den Franzosen Gerald Daubier, geboren am 12. April 1942, den deutschen Staatsangehörigen Arno Fechner, geboren am 27. Juli 1938 in Berlin – und Rommy Henk Orlando. Die vier flohen zielstrebig hinunter zum Meer, wo der Oued Bou Regreg-Fluß in den Atlantik mündet und die Stadt Rabat teilt. Die alarmierte Armee verfolgte die flüchtigen Gefangenen und stellte sie am Strand. Dabei wurde einer der vier Flüchtenden angeschossen. Das war um 20.30 Uhr.

Nur wenige hundert Meter von dieser Stelle des Strandes vor Rabat entfernt wartete, so weiß man beim BKA, bei der DEA und CIA, zu dem Zeitpunkt ein Schnellboot der Marke »Sunseeker« mit laufendem Motor. Das hochseetüchtige

Schiff mit starkem Motor und einer Höchstgeschwindigkeit von 120 Stundenkilometer war am Tag zuvor bei der Firma »Sunseeker« in Marbella gemietet worden. Als der Mann am Steuer des Schnellbootes sah, daß die vier flüchtenden Männer von Armee umstellt waren, gab er Vollgas und raste hinaus auf den offenen Atlantik. Der über Armeefunk alarmierten marokkanischen Küstenwache gelang es in Höhe der Küstenstadt Asilah noch für kurze Zeit, das Schiff mit Maschinengewehren und Granatwerfern unter Beschuß zu nehmen. Bei Tanger aber drehte das flüchtende Schiff auf den Atlantik ab und entkam in der Dunkelheit. Am Steuer dieses Schiffes, das weiß man bei allen europäischen Nachrichtendiensten und bei INTERPOL, saß Monzer Al Kassar.

Die Rekonstruktion der Geschehnisse zwischen dem 22. August – an diesem Tag war der erste der vier »Terroristen« festgenommen worden – und diesem 7. September 1986, en détail beschrieben in einem in arabischer Schrift verfaßten Bericht der marokkanischen Behörden (Aktenzeichen 677/226858), zeigt zweifelsfrei, daß der fehlgeschlagene Fluchtversuch aus dem Gefängnis in Rabat eine von Monzer Al Kassar vorbereitete Befreiungsaktion war. Dafür liegt eine kaum zu widerlegende Indizienkette vor:

Von den vier in Marokko festgenommenen »Terroristen« waren zumindest zwei bekannte Mitglieder der palästinensischen Terrororganisation PLF des Abul Abbas, der auch Monzer Al Kassar angehört.

Zwei der »Terroristen« waren Tunesier, die unter jener Anschrift in Tunis wohnten, unter der einst Mohammed Ghadban alias »Fahrid« gewohnt hatte. Dort hatte die Französin Marie Sybille Pool Monzer Al Kassar einst kennengelernt.

Mohammed Ghazoul, Mitglied der PLF des Abul Abbas und Attentäter von Madrid, hatte auch einen marokkanischen Paß besessen.

Einer der vier Festgenommenen war im Besitz eines Passes,

ausgestellt auf den Namen Abdul Rahman. Das ist einer der Aliasnamen von Monzer Al Kassar. Am 18. Februar 1988 – also eineinhalb Jahre nach den Ereignissen in Marokko – flog Monzer Al Kassar unter diesem Aliasnamen von Damaskus nach Warschau, Wien, München und Paris.

Sowohl Monzer Al Kassar als auch sein Bruder Ghassan waren gemäß eines BKA-Reports seit August 1986 im Besitz gefälschter marokkanischer Pässe. Sie hatten eine Wohnung in Rabat angemietet.

Das Kommuniqué der Marokkaner spricht bezeichnenderweise nicht von arabischen Terroristen, sondern von einer »professionellen Bande«.

Am Tage vor der Befreiungsaktion wurde das verwendete Speedboot in der Nähe von Marbella angemietet.

Die verstärkte Bewachung der syrischen und der libanesischen Botschaft in Rabat durch die marokkanische Polizei schließlich macht deutlich, daß die marokkanischen Sicherheitsbehörden von der Verwicklung syrischer und libanesischer Diplomaten in die Befreiungsaktion wußten.

Das vermeintlich gezielte Verwirr- und Desinformationsspiel der marokkanischen Behörden war tatsächlich nur dazu inszeniert, die Bevölkerung zu verwirren. Das geheime Treffen des israelischen Ministerpräsidenten mit König Hassan II. belastete zu diesem Zeitpunkt die Beziehungen Marokkos zur Arabischen Liga. Der israelische Nachrichtendienst MOSSAD nutzte diese Situation aus. Statt den Marokkanern mitzuteilen, da werde die Befreiung von Drogenhändlern aus dem Gefängnis in Rabat vorbereitet – das nämlich hatte die amerikanische DEA den Israeli mitgeteilt –, sprachen sie von arabischen Terroristen, die unter Beteiligung des von Libyen unterstützten Abu Nidal einen Mordanschlag auf König Hassan II. vorbereiteten. Damit wollte Israel diplomatische Verwicklungen zwischen Marokko und Libyen nutzen, um einen Keil zwischen Marokko und die Arabische Liga zu treiben.

Eine andere Überlegung läßt deutlich werden, was eigentlich ursprünglich die Aufgabe der vier »Terroristen« gewesen war. Es handelte sich bei den vier in Marokko Festgenommenen nämlich in diesem Fall keineswegs um politisch motivierte Täter, sondern um mit Sprengstoff (für die Sprengung der Gefängnismauer) und Waffen ausgerüstete Handlanger der Drogenhändler. Zwischen dem Bekanntwerden des Geheimtreffens von Shimon Peres mit Hassan II. und den Geschehnissen in Rabat lagen kaum vier Wochen. Keine Terrororganisation ist in der Lage, innerhalb eines so kurzen Zeitraumes einen Mordanschlag auf ein Staatsoberhaupt zu planen und auszuführen, zumal König Hassan II. von Marokko ohnehin in ständiger Angst vor Anschlägen oppositioneller Marokkaner lebt und entsprechende Sicherheitsvorkehrungen getroffen hat.

Ein solches Attentat bedarf vielmehr langwieriger Vorbereitungen. Die Auswahl geeigneter Männer und Frauen gehört ebenso dazu wie die Beschaffung von falschen Pässen, Waffen, Sprengstoff und konspirativen Wohnungen. Und: auch die Flucht muß perfekt arrangiert sein. Eine minuziöse Planung ist unumgänglich. Das aber setzt viel Zeit voraus. Binnen dreier Wochen ist das nahezu undenkbar.

Augenscheinlich aber ist, daß die Flucht der Drogenhändler aus dem Gefängnis über längere Zeit vorbereitet worden war. Die Gefängnisrevolte gehörte ebenso zu dieser Planung wie die gefälschten Pässe und das Speedboot.

Von ganz erheblicher Bedeutung sind in diesem Zusammenhang noch folgende Tatsachen:
Über die Gefangenenrevolte und den Fluchtversuch Rommy Henk Orlandos wurde weder in marokkanischen noch in europäischen Zeitungen je berichtet. Nachfragen bei staatlichen marokkanischen Stellen blieben stets unbeantwortet.

Die marokkanische Regierung informierte gleichwohl verschiedene europäische Länder. In Brüssel, Paris und Amsterdam sind – wegen des politischen Hintergrundes der Befreiungsaktion – die Akten des Rauschgifthändlers Orlando nicht mehr in den Rauschgift-, sondern in den Terrorismusabteilungen erfaßt, zumindest alles, was diesen Fluchtversuch betrifft.

Die ganze Aktion stellt den klassischen Fall einer Verbindung von Rauschgift und Terrorismus dar – »Narco-Terrorismus« in der Fachsprache.

Inwieweit der deutsche Arno Fechner an dieser Aktion beteiligt war, ist nicht restlos geklärt. Fechner war zusammen mit Orlando in Tanger festgenommen worden. Sein krimineller Werdegang macht eine enge Verbindung zwischen beiden Männern wahrscheinlich. Denn neben versuchter Notzucht, Diebstahl und Hehlerei war Arno Fechner nach Erkenntnissen des BKA in der Bundesrepublik zuvor auch wegen bandenmäßig organisierten Diebstahls in 14 Fällen bekannt geworden. Es ging dabei um den organisierten Diebstahl von Luxusfahrzeugen, die nach Polen verschoben worden waren!

Dieser Modus operandi bringt Fechner mit Monzer Al Kassar in Verbindung, der ja mit gestohlenen und über Polen verschobenen Luxusfahrzeugen seinen Kokainhandel mit Südamerika organisiert hatte.

Am 8. Oktober 1986, vier Wochen nach dem gescheiterten Fluchtversuch in Rabat, wurden die Ausbrecher von einem marokkanischen Richter im Schnellverfahren wegen »gefährlicher Körperverletzung« (an dem Gefängniswärter) verurteilt: Orlando zu fünf, van der Maas zu vier, Fechner und Daubier zu je drei Jahren Freiheitsstrafe. Arno Fechner wurde am 10. März 1988 an die Bundesrepublik Deutschland (Kripo Berlin) ausgeliefert. Der Rauschgifthändler Rommy Henk Orlando wurde nach Belgien abgeschoben. Das Verfahren wegen international organisierten Rauschgifthandels ist noch anhängig.

Monzer Al Kassar ging aus den Geschehnissen in Marokko

unbeschadet hervor. Der Nachweis seiner Beteiligung an der Gefängnisrevolte und dem Fluchtversuch konnte nie erbracht werden. Genauer gesagt: Die Tatsache, daß syrische wie auch libanesische Botschaftsangehörige in Rabat, aber auch hohe Regierungsmitglieder in Damaskus und Beirut sowie Mitglieder der palästinensischen Terrororganisation des Abul Abbas in die Durchführung oder Planung dieser Aktion verwickelt waren, hat die marokkanische Regierung bewogen, von weiteren Ermittlungen Abstand zu nehmen, um politische Schwierigkeiten zu vermeiden. Monzer Al Kassar und sein Bruder Ghassan haben jedoch seither lebenslang Einreiseverbot in Marokko.

Blutspuren

Die Tränen müssen den weltweit tätigen Antiterrorspezialisten und Drogenfahndern in die Augen geschossen sein, als der damalige österreichische Innenminister Karl Blecha zu Beginn seiner fünftägigen Reise nach Syrien am 17. Mai 1986 anläßlich einer Pressekonferenz am Flughafen von Damaskus »die guten Beziehungen zwischen beiden Innenministern auf den Gebieten der inneren Sicherheit« würdigte. Blecha, nach eigenem Bekunden nach Damaskus geflogen, um mit seinem syrischen Amtskollegen Mohammed Ghabbasch »Untersuchungen und Erfahrungen auszutauschen und die bilaterale Zusammenarbeit auf dem Gebiet der Verbrechensbekämpfung und des Drogenschmuggels« zu fördern, hatte das kaum in die Mikrophone der Journalisten gesagt, da schüttelte er auch schon die Hand von Monzer Al Kassar. Der nämlich stand in der syrischen Empfangsdelegation.

Das war vier Monate, nachdem der amerikanische Präsident Ronald Reagan gesagt hatte, er würde »derzeit nicht nach Wien, Rom, Athen und Damaskus fahren«, diese Städte seien ihm zu gefährlich. Daraufhin war die Zahl der amerikanischen Besucher in Wien um 15 Prozent gesunken. Terroranschläge aber gab es seit dieser Syrien-Visite des österreichischen Innenministers nicht mehr in der Donaurepublik.

Zwei Monate nach Blechas Visite in Damaskus berichtete das amerikanische Magazin »Readers Digest« über international tätige Waffenhändler, die mit Unterstützung europäischer Regierungen Kriegsmaterial in Krisengebiete und an

Terroristen lieferten. Einer von ihnen heiße Monzer Al Kassar. Einzelheiten wußte das Magazin nicht über den Syrer. Der amerikanische Geheimdienst CIA freilich schon, in dessen Blickfeld Monzer schon länger gerückt war.

Während der von der bayerischen Polizei geführte Rassouli-Fall – Rassouli war der Mann gewesen, der Autos für terroristische Anschläge präparieren sollte – schon Anfang des Jahres 1986 die terroristische Tendenz der Al Kassar-Brüder deutlich gemacht hatte, ohne daß gerichtsverwertbare Beweise erbracht werden konnten, zeigte das Gerichtsurteil von Paris aus demselben Jahr erstmals seit dem Auftauchen der Kassar-Brüder in Europa zweifelsfrei, daß die Nachrichtendienste und Polizeibehörden keineswegs einer Fehleinschätzung hinsichtlich der Gefährlichkeit dieses syrischen Kriminellen- und Terroristenquartetts unterlagen. Die Verurteilung Monzer Al Kassars zu einer achtjährigen Freiheitsstrafe wegen terroristischer Aktivitäten beweist, da eine Revision abgelehnt wurde, unumstößlich seine terroristischen Absichten und Ziele. Für seine zahlreichen Aktivitäten, von denen viele den Ermittlern bekannt wurden, war die Beweislage jedoch nicht zuletzt wegen des Hemmschuhs des nachrichtendienstlichen Quellenschutzes so miserabel, daß in den meisten Fällen nicht einmal ein staatsanwaltschaftliches Ermittlungsverfahren eingeleitet werden konnte.

Die Al Kassars waren nicht zu fassen. Selbst die achtjährige Freiheitsstrafe dünkt da lächerlich. Sie konnte nicht vollstreckt werden, weil sich keine Regierung bereit zeigte, sie zu vollstrecken. Einen internationalen Haftbefehl gab es aus (zunächst) unerklärlichen Gründen ohnehin nicht. Ebensowenig stellte die französische Regierung einen Auslieferungsantrag an Spanien.

Die Vorkommnisse in Marokko dokumentierten, daß Monzer Al Kassar weiterhin im Rauschgiftgeschäft mitmischte und alle möglichen Aktivitäten entwickelte, um seine Mittäter zu decken. Im Falle des Befreiungsversuchs von

Rommy Henk Orlando liegt allerdings die Vermutung nahe, Monzer habe weniger aus Großherzigkeit, denn aus Eigennutz gehandelt. Denn einer der marokkanischen Justizbeamten hatte nach dem Gefangenenbefreiungsversuch vom 7. September zu Protokoll gegeben, daß er ein Gespräch zwischen dem Rauschgifthändler Orlando und dessen Rechtsanwalt mitgehört habe, in dessen Verlauf dieser gesagt haben soll: »Entweder der holt mich hier raus, oder ich sorge dafür, daß er hier rein kommt und mir Gesellschaft leistet.« Das war die nachdrückliche Aufforderung an Monzer, sich irgend etwas zu Orlandos Befreiung einfallen zu lassen – oder aber damit rechnen zu müssen, daß Orlando Aussagen machen würde, die ihm selbst Strafmilderung, Monzer aber viele Probleme einbringen würden. Vor diesem Hintergrund ist das mit hohem Risiko verbundene persönliche Engagement Monzers denn auch verständlich.

Während des ganzen Jahres 1986 tauchten die terroristischen Schatten der Al Kassar-Brüder erschreckend oft in Europa auf. Die Indizienkette für zahlreiche Aktionen mit terroristischen Zielen zieht sich wie ein roter Faden durch dieses Jahr. Monzer und seine Brüder saßen in Südspanien in ihrem Traumpalast, flogen regelmäßig nach Österreich, in die Bundesrepublik Deutschland, nach Syrien, Libyen und in den Libanon. Sie gingen bei Staatspräsidenten, Ministern und Wirtschaftsbossen ein und aus. Aber auch bei Geheimdienstchefs.

Schon lange eng verbunden mit den Al Kassars waren die syrischen Geheimdienste, allen voran Ali Issa Duba, Chef des syrischen Militärgeheimdienstes, Duzfreund von Monzer und Ghassan und Schwiegervater von Mazen Al Kassar, dem Jüngsten aus dem Clan. Dieses interfamiliäre Terrorgespann sorgte und sorgt international für viel Aufregung. Viele ihrer Spuren führen nach Syrien und Libyen. Längst war den westlichen Nachrichtendiensten bewußt geworden, daß die Zugehörigkeit Ghassans und Monzers zu den beiden palästinensischen Terrororganisationen PLF (Abul Abbas) und PFLP-»Special Command« (Dr. Georges Habasch), ihre persönlichen Beziehungen zu syrischen und libyschen Regierungsmitgliedern und die familiären Bande zwischen den Al Kassars und staatlichen Terrorunterstützern in irgendeiner Weise immer eine Rolle bei Terroranschlägen spielten – wie nachfolgend beschrieben wird. Und sei es nur, daß logistische Unterstützung für Kommandogruppen gegeben wurde.

Hintergrund der ersten, von syrischen Agenten initiierten Terroraktion des Jahres 1986 war eine dreiste Operation der Israeli gewesen. Auf dem Rückweg von Tripolis nach Damaskus hatten israelische Kampfflugzeuge die Maschine des syrischen Parlamentspräsidenten Abdallah zur Landung in Haifa gezwungen, weil sie an Bord der Maschine Abu Maiser, alias Dr. Georges Habasch, vermutet hatten. Doch Habasch saß nicht im Flugzeug. Er war in Libyen geblieben.

Als Revanche ersann der syrische Luftwaffengeheimdienstchef General Mohammed Khouli einen Anschlag auf ein Flugzeug der staatlichen israelischen Fluggesellschaft EL AL. Nezar Hindawi, gebürtiger Jordanier und PFLP-Sympathisant, versuchte am 17. April 1986 mit Hilfe seiner Freundin eine Bombe in eine EL AL-Maschine von London nach Tel Aviv zu schmuggeln. Doch die Bombe wurde entdeckt, Hindawi festgenommen und von einem englischen Gericht zu einer Freiheitsstrafe von 45 Jahren verurteilt. Zeitgleich arrangierte General Ali Issa Duba, Chef des syrischen Militärgeheimdienstes, ein weiteres Attentat. Leiter der Operation war nach Erkenntnissen westlicher Geheimdienste Abu Musa, Oberst Said Mousa Ma'arara, Führer der von Syrien unterstützten Palästinenser, die sich 1983 von der FATAH Yassir Arafats losgelöst hatten. Anfang Juni 1986 schickte Duba beziehungsweise Abu Musa zwei seiner Leute nach Madrid. Geplant war am 27. Juni ein Anschlag auf ein EL AL-Flugzeug in Madrid. Das Attentat mißlang, die Täter wurden gefaßt.

Mit beiden Attentaten in Verbindung standen drei Männer, die in der Bundesrepublik Deutschland bereits für Aufsehen gesorgt hatten: Mahmoud (Ahmed) Hasi, Farouk Salameh und Fayez Sahawne. Hasi war ein Bruder des EL AL-Attentäters von London, Nezar Hindawi. Das Trio schmuggelte im Auftrag des syrischen Geheimdienstes eine Bombe nach West-Berlin. Hasi transportierte sie. Nach allerlei Problemen mit dem Zündmechanismus wurde der Sprengkörper vor dem Büro der Deutsch-Arabischen Gesellschaft in der Adalbertstraße 4 in Berlin-Kreuzberg gezündet. Die fünf Kilogramm schwere Bombe hatten sie von dem syrischen Oberst Haitham Said, dem Vertreter von General Khouli, erhalten. Der Bombenanschlag, bei dem am 29. März 1986 neun Menschen verletzt wurden, galt angeblich israelischen MOSSAD-Agenten, die sich in die Deutsch-Arabische Gesellschaft eingeschleust haben sollten. Nachrichtendienste argwöhnen jedoch, der Anschlag sollte vielmehr die Anhänger Yassir Arafats treffen, die in diesem Zentrum verkehrten. Es spricht einiges für diese Vermutung, daß Syrien damit die Annäherungspolitik Arafats torpedieren wollte. Syrien gilt als eines jener Länder, die eine Anerkennung Israels strikt ablehnen. Ahmed Hasi und sein Mittäter Salameh wurden am 26. November 1986 in Berlin zu 14 beziehungsweise 13 Jahren Freiheitsstrafe verurteilt.

Die nachrichtendienstlichen und polizeilichen Nachermittlungen waren es, die deutlich machten, wie sehr Syrien in diesen Anschlag verstrickt war. Besondere Bedeutung hatte dabei die Aussage des in Zelle 227/Block II der Vollzugsanstalt Moabit einsitzenden Farouk Salameh. 1946 in dem Dorf Silfit (Palästina) geboren, ging er mit Ausbruch des Krieges im Jahre 1967 nach Jordanien und schloß sich der AL FATAH Yassir Arafats an. Er arbeitete beim Sicherheitsdienst Abu Iyads. Nach einer dreieinhalbjährigen in Syrien verbüßten Haftstrafe, in den Jahren 1972–75, ging er nach Berlin – wo er wegen Heroinhandels festgenommen wurde. Nach neunmonatiger Untersuchungshaft wurde er zu einem Jahr Freiheitsstrafe auf Bewährung verurteilt.

Im Gefängnis lernte Salameh seinen späteren Mittäter, Ahmed Hasi, kennen, der wegen versuchten Totschlags einsaß und noch während der Haftzeit einen Asylantrag in der Bundesrepublik stellte. Dies verhinderte seine Abschiebung. Schon bald nach seiner Freilassung gingen bei bundesdeutschen Nachrichtendiensten Hinweise ein, Hasi arbeite für den Terroristen Abu Nidal, habe in der Nähe von Damaskus eine Ausbildung als Terrorist erhalten und sei von Nidal als sogenannter »Schläfer« in der Bundesrepublik eingesetzt, um irgendwann einmal terroristische Aktionen durchzuführen. Farouk Salamehs Geständnis zeigt, wie es im Jahre 1986 schließlich tatsächlich dazu kam. Er berichtete folgendes: Nach einer von dem Londoner EL AL-Attentäter Hindawi (dem Bruder Hasis) arrangierten Reise von Ost-Berlin nach Libyen, wo Hasi Geld für Terrorakte erhielt, flogen Hasi, sein Bruder Hindawi und Salameh im Januar 1986 mit der SYRIAN ARAB AIRLINES von Ost-Berlin nach Damaskus. Nach einem Telefonat Hindawis wurden die drei von einem hohen Offizier des syrischen Geheimdienstes, vermutlich Oberst Haitham Said, abgeholt und ohne Visum oder Einreisestempel ins Land gelassen.

In Damaskus wurde ihnen jene Tasche mit der Bombe gezeigt, die für den Anschlag auf die Deutsch-Arabische Gesellschaft in Berlin verwendet werden sollte. Transportiert wurde die Bombe dann von einem syrischen Diplomaten, der sie später im Diplomatengepäck nach Ost-Berlin brachte und dort an Hasi übergab. Die Bombe wurde von Hasi im Auto nach West-Berlin geschmuggelt.

Daß die Al Kassars in irgendeiner Weise mit dieser Operation zu tun hatten, begannen die Nachrichtendienste erst nach dem grauenhaften Bombenanschlag auf die Berliner Diskothek »La Belle« in der Nacht zum 5. April 1986 zu mutmaßen. Bei dem Anschlag auf die vornehmlich von amerikanischen Soldaten besuchte Diskothek kamen drei Menschen ums Leben, mehr als 200 wurden verletzt.

»Die Spur führt ins Ausland«, kommentierte ein Sprecher des Bonner Innenministeriums den Anschlag bereits zwei Tage später und setzte eine Belohnung von 150 000 Mark für Hinweise zur Ergreifung der Täter aus. Die USA erklärten flugs, es lägen »Beweise« für eine Verstrickung Libyens in den Bombenanschlag vor und sprachen von »einer Funkbotschaft zwischen dem libyschen Volksbüro in Ost-Berlin und Tripolis«. Manfred Ganschow, Leiter des polizeilichen Staatsschutzes in West-Berlin meinte, er könne nicht sagen, daß sich die libysche Komponente aufgrund der Ermittlungen verstärkt habe. Richard Burt, damals US-Botschafter in Bonn, forderte aber die Verbündeten der USA auf, den libyschen Staatschef Gaddhafi vom diplomatischen Verkehr auszuschließen. Er sprach von »klaren Hinweisen« auf eine libysche Beteiligung. Von solcher Klarheit aber konnte nicht die Rede sein. Dennoch bombardierten amerikanische Flugzeuge am 15. April 1986 die libysche Hauptstadt Tripolis und zwei Ziele nahe der Hafenstadt Bengasi als Vergeltung für den Bombenanschlag auf die Diskothek »La Belle« in Berlin.

Wenige Tage später wurde Hasi in Berlin wegen des Verdachtes der Beteiligung an dem Bombenanschlag auf die Diskothek »La Belle« festgenommen. Die Spur Ahmed Hasis führte nach Ermittlungen der Polizei nach Syrien zu den dortigen Geheimdiensten. Und: Der in Berlin wohnhafte Hasi war im Besitz eines kleinen Zettels mit der Telefonnummer der Firma AL KHALID AL KASSAR in Damaskus. Inhaber dieser Firma (mit einer Niederlassung in der syrischen Hauptstadt und in Aleppo), die Waffen, Sprengstoff und militärische Ausrüstungen im- und exportiert, sind Monzer und Ghassan Al Kassar. Mitinhaber ist aber auch Rifaat Al Assad, der Bruder des syrischen Präsidenten. Hasi jedoch bestritt, die Al Kassars zu kennen.

Bei europäischen Nachrichtendiensten gilt es seither als sicher, daß die Bombardierung von Tripolis durch die USA ungerechtfertigt war. Wenn überhaupt, hätte Syrien dafür zur Rechenschaft gezogen werden müssen. Die USA wissen das sehr genau und ebenso bekannt ist ihnen, daß Libyen höchstens eine sekundäre Rolle bei dem Anschlag spielte. Ein Abteilungsleiter des BND weiß: »Libyen hat sich in der Vergangenheit stets als unfähig gezeigt, wirklich große terroristische Aktionen alleine durchzuführen. Dazu gehört nämlich eine perfekte Planung, ein lückenloses Timing. Und dazu sind die Libyer nicht in der Lage – die arbeiten fast immer mit Leihterroristen aus jenen Ländern zusammen, die sich mit solchen Planungen leichter tun.«

Wenngleich sich diese Erkenntnis in der Folgezeit auch in den amerikanischen Medien niederschlug, hielt die Reagan-Administration an ihrer Behauptung fest, Libyen sei hauptverantwortlich für »La Belle«. Genau ein Jahr später jedoch verlangte der ehemalige amerikanische Justizminister, der Rechtsanwalt Ramsey Clark, im Auftrag mehrerer bei dem Bombenangriff in Tripolis verletzter Libyer und der Hinterbliebenen der Toten von der amerikanischen Regierung Schadensersatzzahlungen in Millionenhöhe. Clark bezeichnete die amerikanischen Angriffe als »terroristische Aktion«; es gebe keinerlei Beweise für eine Verstrickung Libyens in den Bombenanschlag auf »La Belle«. Tatsächlich haben die USA bis heute keine stichhaltigen Beweise vorgelegt oder vorlegen können.

Augenfällig sind dagegen die Verbindungen der Al Kassars nach Libyen und Syrien und ihr direktes oder indirektes Auftauchen bei verschiedenen Terroranschlägen. Die Beziehungen des PLF-Chefs Abul Abbas zu Ghaddafi sind eng und vertraut. Bereits kurz nach der letztendlich mißlungenen »Achille-Lauro«-Aktion hatte Abul Abbas – von Tripolis aus – in einem Interview mit dem Magazin »Europeo« neue Anschläge, insbesondere gegen amerikanische Ziele angekündigt. Monzer Al Kassar, Mitglied der PLF, hat seinen Chef und Freund Abul Abbas in letzter Minute gerettet, als er ihn mit einem Lear-Jet den amerikanischen Häschern entriß und in den Südjemen flog. Monzer und Ghaddafi kennen sich ebenfalls sehr gut. So hat Monzer im Auftrag des libyschen Oberst jahrelang für Millionenbeträge High-Tech aus Europa via Polen nach Libyen geschmuggelt. Und zu erinnern ist auch an den Zwischenfall in Österreich, wo Monzer Al Kassar im Auftrag Ghaddafis zehn für Bombenanschläge präparierte Spezialkoffer hatte anfertigen lassen. Da paßte es ins Bild, daß man bei westlichen Nachrichtendiensten davon ausgeht, der Anschlag auf die Diskothek »La Belle« sei vielleicht mit gewisser libyscher logistischer Hilfe (über die libyschen Volksbüros) zustande gekommen, die eigentlichen Drahtzieher aber seien letztendlich Syrien – und die Al Kassar-Brüder. Daß dieses Brudergespann nicht nur rein kommerzielles Interesse am Waffenhandel hat, hatte bereits in den Jahren zuvor ihre aktive Rolle bei Terroranschlägen bewiesen.

Wie sehr sie im internationalen Terrorgeschäft involviert waren, zeigte auch der Fall des Schweizer (Waffen-)Händlers Erwin Egger aus dem Jahre 1986. Erwin Egger, Mitinhaber der Firmen Decobul SA und Dioptra SA in der Schweiz, war ein Freund und Geschäftspartner des Österreichers Udo Proksch, der in die Schlagzeilen kam, als im Januar 1977 der unter panamesischer Flagge fahrende Frachter »Lucona« irgendwo im Indischen Ozean aus unerklärlichen Gründen explodierte und unterging. Sechs Besatzungsmitglieder fanden dabei den Tod. Die Fracht, angeblich eine Uranfabrik, versichert mit 600 Millionen österreichischen Schilling, versank. Doch die Versicherungsgesellschaft wollte nicht zahlen. Sie witterte Betrug.

Dreh- und Angelpunkt aller bis heute durchgeführten Ermittlungen ist der noch immer weltweit per Haftbefehl gesuchte Österreicher Udo Proksch: ein Waffenhändler, Technologieschmuggler – und Besitzer der traditionsreichen Wiener (Hof-)Zuckerbäckerei Demel, wo er jenen »Club 45« gründete, in dem sich Österreichs Polit- und Wirtschaftsprominenz traf, wo aber auch die Syrer Nabil Kuzbari und Monzer Al Kassar ein und aus gingen.

Dieser Erwin Egger, auffällig verstrickt in die LUCONA-Affäre, unterhielt schon in den 70er Jahren dubiose Kontakte zu Waffenhändlern, kannte den damaligen österreichischen Verteidigungsminister Karl Freiherr von Lütgendorf und unterhielt Geschäftsverbindungen mit Syrien. So erhielt er 1977 aus Damaskus den Auftrag über 300 Laser-Zielfernrohre für Schnellfeuergewehre zum Stückpreis von 647 Dollar. Am 24. April 1983 reiste Egger nach Madrid. Nach einer Zusammenkunft mit dem Exil-Österreicher Theodor Soucek, als Führer der militanten neonazistischen »Werwolf«-Gruppe 1947 in Österreich zum Tode verurteilt, später begnadigt, traf Egger Monzer Al Kassar, den er aus dem »Club 45« in Wien, aber auch aus seinen Syrien-Geschäften bereits kannte, wenngleich nur oberflächlich. So jedenfalls steht es in dem Bestseller-Buch »Der Fall Lucona« von Hans Pretterebner geschrieben.

Das änderte sich drei Jahre später. Im Mai 1986 bestellte Erwin Egger im Auftrag von Monzer Al Kassar und dessen Geschäftspartner Marcellino De Brito, Inhaber der auch im Zusammenhang mit Drogengeschäften genannten Waffenfirma DEFEX (Portugal), bei der in Paris ansässigen Firma Danielle Le Gall Distribution (DLD) 983 Zeitzünder. Diese Zünder vom Typ SC7-A-TIMER werden von nahezu allen Terrororganisationen für Bomben verwendet. Egger sollte sie erwerben und dann nach Portugal liefern.

Aber das Geschäft platzte. Die französische Firma DLD, wohl wissend, was sie da produziert, und durch eine Anfrage des französischen Geheimdienstes D. S. T. sensibilisiert, gab den französischen Fahndern einen Tip. Als Erwin Egger am 22. Mai 1986 in Paris erschien, um die teuflischen »Schaltuhren« persönlich abzuholen, wurde er festgenommen und dem Haftrichter vorgeführt. Zu einer Haftstrafe kam es allerdings nicht. Denn der Schweizer, reichlich naiv in dieser Bomben-Angelegenheit, zeigte sich gegenüber den D. S. T.-Männern sehr kooperativ und packte aus. Die Zünder, gestand er, hätten über Mohammed Ghadban (alias »Fahrid« in der Ermittlungssache gegen Marie Sybille Pool) und den Syrer Monzer Al Kassar nach Syrien und Libyen geliefert werden sollen.

Diese Syrien-Connections Monzer Al Kassars beschäftigen nur wenige Wochen nach dem Bekanntwerden der Zeitzünder-Affäre die spanische Regierung auf unangenehme Weise. Der Skandal bahnte sich durch eine Äußerung des linksorientierten spanischen Parlamentariers Ramon Tamames an. Der Politiker und Kandidat für das Bürgermeisteramt von Madrid, wo Monzer Al Kassar eine Wohnung unterhält, beschuldigte inmitten der Wahlkampagne den sozialistischen Politiker Luis Yanez, Kokain zu sniffen. Die Emotionen schlugen hohe Wellen. Ramon Tamames aber tat sich nicht schwer, mit weitaus härteren Vorwürfen aufzufahren. »Die spanische Regierung«, ließ er in einer eiligst anberaumten Pressekonferenz verlauten, »schützt einen der größten Waffen- und Rauschgifthändler der Welt, den Syrer Monzer Al Kassar«.

Der Parlamentarier ließ vorsichtig durchblicken, daß er im Besitz von Informationen sei, die deutlich machten, daß Monzer Al Kassar unter anderem Waffen staatlicher und privater spanischer Firmen an den Iran, aber auch an die »Contras« in Nicaragua verkaufe. Gemeint war damit wohl die staatliche spanische Waffenschmiede ASTRA. Ein geheimes Dossier eines französischen Nachrichtendienstes über Monzer Al Kassar nennt unter »Contrebande d'armes, Fabricantes d'armes et de munition« – ebenso wie ein BKA-Bericht (Tgb.-Nr. 16/86, Seite 23) – als Kontakt an zweiter Stelle eben diese Waffenfirma ASTRA – gefolgt von der portugiesischen Firma DEFEX, mit der Monzer Al Kassar bereits mehrfach

Waffen-, vermutlich auch Rauschgiftgeschäfte getätigt hat. Die Firma DEFEX war ja auch in den Deal mit den 983 Zeitbombenzündern des Erwin Egger involviert.

Die spanische Presse witterte eine Sensation. Insbesondere das Magazin »Tiempo« begann, sich intensiv mit dem schillernden »Prinz von Marbella« zu beschäftigen. Da wurde beschrieben, daß Monzer höchst seltsame Kontakte ins Baskenland (zur Untergrundorganisation ETA) habe, im Nobelviertel »La Florida« für seinen Bruder Ghassan ein Appartement von Vincent Calderon, dem »Besitzer« des weltbekannten Fußballvereins Atletico Madrid gekauft habe und in verschiedene Terroranschläge verwickelt sei. An Fakten aber mangelte es den spanischen Journalisten. Die Regierung zeigte sich zugeknöpft und gab zu verstehen, sie denke nicht daran, aufgrund diverser Zeitungsberichte irgendwelche Maßnahmen gegen den vermeintlichen Waffen- und Rauschgifthändler Monzer Al Kassar zu ergreifen. Und Monzer gab sich gelassen. Befragt, ob an diesem oder jenen Vorwurf etwas Wahres sei, ob er tatsächlich ein Waffen- und Rauschgifthändler und in England und Frankreich deswegen zur Festnahme ausgeschrieben sei, antwortete: »Wenn dem so wäre, warum stellen die englischen und französischen Regierungen dann keinen Auslieferungsantrag?«

Diese Frage beschäftigt freilich auch einige Polizeibeamte und Nachrichtendienstler Europas. Denn Tatsache war, daß Monzer Al Kassar in Frankreich noch immer mit einem nationalen Haftbefehl wegen der Beteiligung an den Terroranschlägen im Jahre 1985 gesucht wurde. Da das Urteil rechtskräftig war, wäre es ein leichtes für die französischen Gerichte gewesen, eine Auslieferung zu beantragen. Denn daß der Syrer in Spanien residiert, wußte man in Paris sehr wohl. Doch nicht genug damit, daß kein Auslieferungsantrag gestellt wurde, nein, auch der nationale Haftbefehl war mittlerweile de facto außer Kraft gesetzt! Monzer Al Kassar reiste regelmäßig nach Frankreich ein. Er hätte festgenommen werden können. Aber offenbar wollte das niemand wirklich. Denn er hatte sich eine neue Variante der »Kooperation« mit europäischen Regierungsstellen ausgedacht. Eine, die sicherstellte, daß man ihn unbehelligt ließ. »Höhere Staatsräson« heißt das Zauberwort.

Daß Monzer Al Kassar mit Waffen handelt, störte weder Spanier, Italiener, Österreicher noch Franzosen. Im Gegenteil. Weil in diesen Ländern einige der größten Waffenschmieden Staatsbetriebe sind, ist es in ihrem eigenen Interesse, Kriegsgerät zu verkaufen. Waffenhändler wie Monzer, die über unglaublich gute Kontakte zu Regierungsrepräsentanten, Geheimdiensten und Militärs im Nahen Osten verfügen, waren und sind für sie von unschätzbarem Wert. Die Österreicher hatten zwar als Reaktion auf Monzers eigentümliche Kontakte zum polnischen Geheimdienst dessen Firma ALKASTRONIC (Handelsregister Nr. 7 HR B 30 633) offiziell am 25. September 1986 geschlossen und aus dem Handelsregister gestrichen. Aber noch am selben Tag erschien eine Frau namens Raghda Habbal, wohnhaft in Casa No. 4, Atalaya de Rio Verde, Marbella, in Wien und ließ unter dem Aktenzeichen 7 HR B 36542 eine neue Firma ins Handelsregister eintragen:

MASCHIBA Bauhandelsgesellschaft mbH
Grund/Stammkapital: 500 000 öS
Geschäftsführer:
Haitham Al Kassar, Wien
Monzer Al Kassar, Wien
Prokura: –

»Gesellschaftsvertrag am 19. September 1986 abgeschlossen, am 25. November 1986 Eintragung in das Handelsregister in Wien.

Zweck der Firma: Handel mit Waren aller Art, insbesondere mit Baumaschinen.

Gründung der Firma durch Frau Raghda Habbal, Hausfrau (499 000 öS bar eingebracht) und durch Rechtsanwalt Dr. Heinz Barazon, Beatrixgasse 8, Wien (1 000 öS eingebracht). Monzer und Haitham Al Kassar (Kaasgrabenstraße 1b/3, 1190 Wien) sind am 19.9.1986 zu einzelzeichnungsberechtigten Geschäftsführern bestellt worden.

Frau Raghda Habbal hat die Rechtsanwältin Dr. Brigitte Birnbaum (Beatrixgasse 3, Wien) ermächtigt, sämtliche Aufgaben und Rechte zu vertreten.«

Firmengründerin Raghda Habbal ist die Ehefrau von Monzer Al Kassar.

Die neue Firma unterschied sich von der gelöschten eigentlich nur im angegebenen Zweck. Während die MASCHIBA mbH vorgab, insbesondere mit Baumaschinen zu handeln, hatte in der Akte der ALKASTRONIC unter »Zweck der Firma« sinnigerweise gestanden: »1. Veranstaltungen, Vermittlung und Durchführung von Reisen jeder Art. 2. Betrieb von Reisebüros und Agenturen. 3. Beteiligung, Erwerb und Errichtung von Unternehmen, deren Gegenstand zu den Zwecken der Gesellschaft in Beziehung stehen. 4. Betrieb aller Art von Geschäften, die unmittelbar und mittelbar geeignet sind, die Gesellschaftszwecke zu fördern.«

Eine beeindruckende Formulierung für Rauschgift- und Waffenhandel. Und (»... Durchführung von Reisen jeder Art«) eine ideale Tarnorganisation für Terroristen. Aber auch ein, wie es im nachrichtendienstlichen Jargon heißt, »ideales Cover« für Aktivitäten, die sich nunmehr parallel zu dem lukrativen Waffen- und Rauschgifthandel entfalteten.

Staats-Streiche

Zu seinem Amtsantritt am 28. November 1985 verkündete der Staatschef und oberste Befehlshaber der Armee des westafrikanischen Landes Sierra Leone, Joseph Saidu Momoh, er werde »den Einfluß zweifelhafter und gewissenloser Privatunternehmen zugunsten des Staates zurückdrängen, um der am Boden liegenden Wirtschaft aufzuhelfen«. Momoh, von seinem Vorgänger und Freund, Präsident Siaka Stevens selbst zum Nachfolger auserkoren und in einer Volksabstimmung bestätigt, meinte es ernst. Der Mann vom Stamm der Limba, 1958 als 21jähriger in die Armee eingetreten und bereits nach 13 Jahren zu deren Oberbefehlshaber avanciert, war rigoros. Wenige Tage nach Amtsantritt legte er ein umfangreiches Sanierungsprogramm zur Eindämmung der 300prozentigen Inflationsrate vor. Das hätte ihn beinahe das Leben gekostet.

Mitverantwortlich war der syrische Waffen- und Drogenhändler, Terrorist, Baumschinen- und Diamantenhändler Monzer Al Kassar.

Vermittelt über die beiden international bekannten Drogenhändler »Bobby« und Hennie Shamel, die in direktem Geschäftskontakt, sprich Rauschgiftgeschäft, mit Monzer Al Kassar standen und sich mit ihm und Rommy Henk Orlando im März 1986 in Wien zur Planung ihrer Haschischgeschäfte getroffen hatten, gab es eine Verbindung des im spanischen Marbella lebenden Syrers nach Sierra Leone. Die beiden Shamels waren nämlich in Freetown, der Hauptstadt des winzigen westafrikanischen Staates, geboren und hatten lange Zeit auch dort gelebt. Für Rauschgiftgeschäfte war ihr Heimatland freilich weniger interessant. Um so mehr aber für den Handel mit Diamanten. Etwa 50 Prozent des Bruttosozialproduktes dieses nur 71 000 Quadratkilometer kleinen und mit 3,7 Millionen Menschen bevölkerten Zwergstaates werden aus dem Diamantenhandel erwirtschaftet. Zumindest war das so bis zum Jahre 1985, als der neue Präsident Momoh an die Macht kam. Binnen kurzem sank der Anteil des Diamantenhandels dann aber auf 15 Prozent des Bruttosozialproduktes.

35 Prozent der Bevölkerung des Zwergstaates sind sunnitische Moslems. Der Anteil libanesischer Staatsbürger ist mit 10 000 auffallend groß. Und insbesondere für sie war Sierra Leone über lange Jahre die Quelle eines unglaublichen Reichtums. Durch Korruption und Intrigen war es der libanesischen Community innerhalb weniger Jahre gelungen, maßgeblich auf politische Entscheidungen Einfluß zu nehmen. Aber eben nur bis zum November 1985. Da nämlich übernahm General Joseph Saidu Momoh die Macht.

Mit dem neuen Präsidenten kamen die schlechten Zeiten für die libanesische Händlerclique in Sierra Leone. Der sozialistisch orientierte General Momoh wußte genau, daß die in seinem ansonsten recht armen und reichlich unterentwickelten Land lebenden Libanesen mit Diamantengeschäften unvorstellbare Gewinne machten. Er bat die Herren Schmuggler zur Kasse und ließ schnell erkennen, daß er nichts auf der Welt mehr hasse als Korruption – und geldgierige Libanesen. Was er nicht wußte: Auch Monzer Al Kassar, der in Beirut und in Damaskus Schmuckgeschäfte besitzt, war an dem bis dahin lukrativen Handel mit Sierra Leone beteiligt. Was er ebenfalls nicht wußte: Monzer Al Kassar hatte/hat in Marbella einen Nachbarn, dem die Probleme der libanesischen Händler in Sierra Leone sehr nahegingen, an sein Portemonnaie nämlich. Dieser Mann heißt Elie F. Aboutaka, ist gebürtiger Libanese und später naturalisierter Sierraleoner. Als »Chargé d'Affaires« tat er an der Botschaft Sierra Leones in Madrid Dienst.

Sein Lebensstil freilich entsprach so gar nicht dem eines Diplomaten mit Monatssalär. Seine Tätigkeiten auch nicht. An der Botschaft seines Landes wurde er stets nur ein paar Tage im Jahr gesehen. Elie F. Aboutaka zog es vor, seine Geschäfte von seinem Feriendomizil in Marbella aus zu tätigen. Daß dort nicht alles mit rechten Dingen zuging, wurde der spanischen Civil Guard und dem spanischen Nachrichtendienst Mitte 1986 durch einen vertraulichen Hinweis bekannt. Unglaublich anmutende Einzelheiten berichtete das spanische Magazin »Interviu« am 24. 6. 1987: Tatsächlich lebte der Libanon-Sierraleoner dem Pressebericht entsprechend auf großem Fuß, in unvorstellbarem Luxus. In Atalaya de Rio Verde, dieser noblen und teuren Wohngegend, südlich Marbellas und oberhalb von Puerta Banus gelegen, nannte er ein bescheidenes Heim mit 3000 Quadratmeter Wohnfläche sein eigen. Er besaß drei Rolls-Royce mit den diplomatischen Kennzeichen CD 82 1, CD 82 3 und CD 82 10, einen Diplomaten-BMW 735i mit dem Kennzeichen CD 82 2, einen Chevrolet Blazer K5 mit britischem Kennzeichen, einen Renault 18 GTS mit einer Zulassung der Provinz Malaga, einen weißen Mercedes mit deutschem Kennzeichen und einen blau-weißen Mercedes 500 SEC mit britischem Kennzeichen. Daß zumindest für die Fahrzeuge ohne Diplomatenzulassung keine Betriebserlaubnis für Spanien vorlag, war der spanischen Polizei zwar bekannt, aber sie übersah es geflissentlich, wenn eines der Fahrzeuge in Marbella herumfuhr. Daß die teuren Limousinen und Geländewagen nicht gestohlen wurden, dafür sorgte die Civil Guard von Marbella allerdings auch. Tag und Nacht stand ein Streifenwagen vor der Residenz des »Chargé d'Affaires« aus Sierra Leone.

Dessen Luxusdomizil »Casa Chadia« liegt direkt neben dem des Syrers Monzer Al Kassar. Wenn Elie F. Aboutaka beim Frühstück auf der Terrasse saß, sich von einem seiner neun Hausangestellten bedienen ließ und aus silbernem Täßlein Tee schlürfte, konnte er aufgrund der Hanglage seines Besitzes der wohlproportionierten Raghda Al Kassar zuschauen, wie sie ihre Runden durch den 200 Quadratmeter großen Swimmingpool ihres »Palacio Mifadil« zog. Den »Waffen« schöner Frauen, in ganz Marbella wußte man es, war der kaum attraktive, dafür aber reiche Elie F. Aboutaka sehr zugetan.

Für Waffen anderer Art hatte er eine bemerkenswerte Schwäche. In seinem von einer bougainvilleabewachsenen Mauer umgebenen Haus hortete er genug Knarren und Munition, um einen kleinen Krieg führen zu können. Dazu gehörten eine israelische UZI-Maschinenpistole, zwei Smith & Wesson-Revolver, ein amerikanischer 45er Colt, eine Beretta 9 mm-Parabellum, eine Browning aus Nickel und eine aus Gold (beide 9 mm), ein Dutzend Gewehre – und kistenweise Munition. Alles legal, versteht sich.

»Verehrter Freund«, schrieb Generalmajor Francisco Javier Cereceda-Colado, ehemals stellvertretender Direktor der spanischen Civil Guard dem reichen Elie Mitte 1986, »in bezug auf Deinen Antrag, Deinem Sicherheitschef Carlos Leon Minana eine Lizenz zum Tragen einer Waffe auszustellen, darf ich Dir mitteilen, daß ich Deinem Wunsche entsprochen und den Antrag heute unterschrieben habe. Das Dokument wird unverzüglich an das zuständige Hauptquartier der 111ten Brigade der Guardia Civil weitergeleitet, von wo es Dir so schnell wie möglich zugestellt werden wird. In der Hoffnung, Dich zufriedengestellt zu haben, sende ich Dir herzliche Grüße, Dein guter Freund ...« Das jedenfalls schreibt »Interviu«.

Elie F. Aboutaka hatte aber noch einen anderen Freund, der sein Faible für Knarren teilte, beziehungsweise seinem Wunsch nach Waffen – vielen Waffen – gerne entsprach: sein Nachbar Monzer Al Kassar.

Irgendwann im August 1986 begann sich Carlos Leon Minana, der Sicherheitschef der Botschaft Sierra Leones, ernsthaft Gedanken zu machen, was sein »Chargé d'Affaires« denn da so treibe. Es fing damit an, daß Aboutaka sichtbar hektisch und überstürzt daranging, Häuser, Grundstücke und Geschäftsbeteiligungen im heimischen Sierra Leone, aber auch in Spanien zu verkaufen und auffallend große Summen auf Londoner Banken zu transferieren. Bald wurde dem Sicherheitschef klar, daß diese Aktivitäten mit der Antikorruptionskampagne des neuen Präsidenten in Sierra Leone zu tun hatten, der rigoros gegen »Kapitalisten«, insbesondere die libanesische Händlerclique vorging. Haftstrafen wegen Beamtenbestechung und Enteignungen waren an der Tagesordnung. War die Beteiligung von Regierungsbeamten nachzuweisen, brummte er seinen korrupten Staatsdienern drakonische Gefängnisstrafen auf. Parallel dazu kündigte der Staatschef die baldige Schließung der diplomatischen Vertretung Sierra Leones in Madrid an – aus Kostengründen. Das Volk jubelte, die »Kapitalisten« suchten das Weite.

Auch der ehemalige Präsident Siaka Stevens sah seine Pfründe in Gefahr und setzte sich ab – mit Hilfe des Madrider »Chargé d'Affaires«, Elie Aboutaka. Der stieg in sein Privatflugzeug, holte Stevens in Freetown ab und brachte ihn ins sichere Spanien-Exil. Als sie in Malaga landeten, wartete bereits ein Rolls-Royce auf ihn. Der Luxus-Bolide erwies sich allerdings als zu klein. Ein zweiter Wagen mit Diplomatenkennzeichen mußte herbeigeholt werden. Denn der Ex-Staatschef hatte allerlei schweres Gepäck dabei. Sicherheitschef Minana gab später bei der Civil Guard von Marbella zu Protokoll: »Die Kisten waren so schwer, daß zwei Mann kaum in der Lage waren, sie zu tragen. Eine der großen Taschen des Ex-Präsidenten platzte, und wir sahen, was wir ohnehin wußten: Daumengroße Diamanten und andere Edelsteine kullerten über das Flugfeld. Der Zollbeamte war sprachlos, unternahm aber nichts, weil es ja ein Diplomat war.«

Ein Teil der Edelsteine war wohl für Monzer Al Kassar als Entlohnung gedacht. Und ein noch größerer Teil war notwendig für die in den folgenden Wochen von Monzer entwikkelten Aktivitäten, die den loyalen Sicherheitschef Carlos Leon Minana alsbald zu der Erkenntnis gelangen ließen, da werde ein Staatsstreich vorbereitet. Alles sprach für diese Annahme. Mal in Monzer Al Kassars Palast, mal beim Nachbarn Elie F. Aboutaka trafen sich vier Männer und besprachen ihr Vorgehen: Monzer Al Kassar, Elie Aboutaka, der ehemalige Chef der Grenzschutzeinheit von Sierra Leone, General Mohammed Kaikai – und der ehemalige Präsident Stevens. Der nämlich sollte nach dem Putsch wieder in sein Amt eingesetzt werden, auf daß die Welt in Sierra Leone wieder in Ordnung sei und die Libanesen und ihre korrupten Handlanger aus Regierungskreisen fortan wieder ungehindert Diamanten schmuggeln könnten. Die Verschwörer waren zu der Erkenntnis gelangt, daß die Lage in Sierra Leone untragbar sei und das Ganze beendet werden müsse.

Carlos Leon Minana, Sicherheitschef an der Botschaft von Sierra Leone und loyal gegenüber seinem neuen Präsidenten, ging zur spanischen Polizei. In seinem ersten Report bei der Civil Guard von San Pedro de Alcantara gab er am 1. September 1986 an: »Ich habe in der privaten Residenz des Herrn Aboutaka in Marbella Beobachtungen gemacht, die ich bislang noch nicht mitgeteilt habe, weil ich Angst vor Repressionen hatte und fürchtete, meinen Job zu verlieren.« Dann teilte er den Polizisten mit, was er über die Putsch-Vorbereitungen wußte, aber auch über Waffen und Munition in der Residenz Elie Aboutakas. Doch nichts geschah von seiten der spanischen Behörden. Die mögen sich vielleicht erinnert haben, daß der großzügige Elie F. Aboutaka ein Jahr zuvor seine Verbundenheit mit Spanien unter Beweis gestellt und anläßlich der Feierlichkeiten zum »Tag der Armee« den Militärs der Region Malaga zwei Millionen Peseten gespendet hatte. Auch das ist im Magazin »Interviu« nachzulesen.

Die Vorbereitungen für den Putsch in Sierra Leone liefen auf Hochtouren. Monzer Al Kassar, selbst im Diamantengeschäft zwischen Sierra Leone und dem Libanon tätig, war für die Beschaffung der Waffen zuständig. Bei einem Treffen in seinem Palast Mifadil, bei dem auch der Sicherheitschef Minana – als Leibwächter für Elie F. Aboutaka – zugegen war, wurde beschlossen, die Waffen für den Coup – größtenteils aus spanischen Staatsbetrieben, insbesondere von der Firma ASTRA –, als Lebensmittel und Ersatzteile deklariert, auf dem Seewege gen Sierra Leone zu bringen. Erfahren in der Organisation solch brisanter Transfers wickelte Monzer den Transport mehrerer Tonnen Waffen und Munition über seine Tarnfirmen »Caribbean International Airways« in Marbella und über die panamesische Firma »Dolmy Business Inc.« ab.

Im spanischen Hafen Santander und dem portugiesischen Hafen Setubal wurde das Motorschiff »Erria« mit dem Kriegsmaterial beladen. Das Endverbraucherzertifikat wies das südlich von Sierra Leone ebenfalls an der westafrikanischen Küste gelegene Nigeria als Empfängerland aus. Tatsächlich schipperte die »Erria« auch gen Nigeria, entlud aber einen Teil der Waffen vor der Küste von Sierra Leone. Der Putschversuch im März 1987 mißlang jedoch. Der Geheimdienst von Sierra Leone hatte Wind davon bekommen, die Mittäter in Sierra Leone verhaftet, diverse Waffen sichergestellt und bei der Durchsuchung mehrerer Wohnungen belastendes Schriftmaterial gefunden. Weil daraus eine Verstrikkung ihres »Chargé d'Affaires« und anderer in Spanien lebender Personen ersichtlich war, sprachen die Geheimdienstler aus Freetown in Madrid bei der Regierung vor. Dort aber zeigte man sich höchst erstaunt – und unwissend. In ihrer Antwort erklärten die Spanier: »Weder das Generalkommissariat des Nachrichtendienstes noch der Geheimdienst der Civil Guard wußte überhaupt davon, daß Ex-Präsident Siaka Stevens sich in der Provinz Malaga aufhielt.«

Sicherheitschef und Loyalist Carlos Leon Minana war

höchst aufgebracht: »Der spanische Geheimdienst wußte von all diesen Aktivitäten in Monzer Al Kassars und Elie F. Aboutakas Häusern in Marbella. Das ist ganz sicher. Genauso sicher ist, daß hohe Beamte spanischer und anderer Nachrichtendienste in Aboutakas Haus waren. Es wäre besser, die Spanier würden nicht behaupten, sie hätten von nichts gewußt ...«

Staatschef Joseph Saidu Momoh zog die einzig mögliche Konsequenz. Er schloß die diplomatische Vertretung seines Landes in Madrid. Sonderlich berührt war die spanische Regierung nicht davon. Monzer Al Kassar wurde bis heute nicht von spanischen Gerichten wegen seiner Rolle in diesem Putschversuch belangt. Der Ärger in Spanien fing für Monzer erst mit der »Gretel« an. Das unter deutscher Flagge fahrende, 3113 BRT große Schiff der deutschen Reederei Jürgen Stahmer KG in Jork (Niedersachsen) war laut dpa-Meldungen Ende Januar 1987 von dem dänischen Reeder J. Poulsen aus Korsör samt der zwölfköpfigen deutschen Besatzung gechartert und nach Portugal entsandt worden. Im Hafen Setubal sollte eine Ladung an Bord genommen und zum iranischen Hafen Banda Abbas transportiert werden. Es handelte sich um insgesamt 400 Tonnen Waffen portugiesischer Herkunft, vornehmlich Mörsergranaten. Lieferanten waren sowohl die staatliche Waffenfirma INDEP (Industria Nacionais De Defensa) als auch die Firmen ARMIBERICA und – natürlich – die DEFEX des Monzer-Freundes Marcellino De Brito. Ende Januar noch hatte Monzer Al Kassar seinen Kumpel aus Marbella unter der Telefonnummer 67 91 24 in Lissabon angerufen, um sich nach dem »Stand der Dinge« zu erkunden. »Alles klar ...« hatte De Brito geantwortet. Gemeint war damit eine gigantische Lieferung von Waffen an das Khomeini-Regime in Teheran. Portugal war zu diesem Zeitpunkt eines der wenigen Länder der Welt, das kein Waffenembargo gegen den Iran verhängt hatte.

Am 5. und 6. Februar rollte ein schier endloser Konvoi

portugiesischer Militärlastwagen zum Hafen von Setubal. Die »Gretel« wurde mit 400 Tonnen Waffen beladen – allerdings unter den argwöhnischen Augen von Journalisten des portugiesischen Blattes »Expresso«. Und die sorgten dann auch mit zwei gegen den Protest der Militärs eilig geschossenen Fotos für viel Aufregung in Europa, besonders in der Bundesrepublik. Ein groteskes diplomatisches Hick-Hack begann.

Der portugiesische General Gravo da Silva, zuständig für die Erteilung der Waffen-Exportlizenzen, wies sehr bestimmt darauf hin, daß nach portugiesischem Recht keine Einwände gegen die Lieferung von Kriegsmaterial in den Iran bestünden, die bundesdeutsche Regierung hingegen verbot dem Kapitän die Auslieferung. Denn die »Gretel« fuhr unter deutscher Flagge, war in der Bundesrepublik registriert, hatte eine deutsche Besatzung und unterlag damit deutschen Gesetzen. Und die verbieten nun mal die Lieferung von Kriegsgerät in Spannungsgebiete. Damit begann die Odyssee des Frachters, der bereits in internationalen Gewässern dem Iran zusteuerte. Das Tauziehen um Recht oder Unrecht endete schließlich irgendwo auf hoher See, wo die Waffenfracht auf einen unbekannten Frachter umgeladen wurde. Eine andere Lösung des internationalen Problems war nicht möglich. Denn Portugal hatte dem deutschen Kapitän schlichtweg verboten, wieder in den Hafen Setubal zurückzukehren. Der Aufforderung der Bundesregierung, einen anderen europäischen Hafen anzulaufen, wäre der Kapitän wohl nachgekommen. Das Problem war, daß Schiffe mit einer Ladung der IMCO-Gefahrgutklasse (Explosivstoffe und Gegenstände mit Explosivstoffen) nur in bestimmten, dafür vorgesehenen Häfen anlegen dürfen. Keiner wollte die »Gretel« haben. Deswegen wurde auf hoher See in internationalen Gewässern umgeladen, womit sichergestellt war, daß die Waffen tatsächlich noch in den Iran gelangten, wo sie dann im Krieg gegen den Irak eingesetzt wurden.

So gesehen konnte Monzer Al Kassar als Vermittler dieses gigantischen Geschäftes zufrieden sein.

Mittlerweile aber hatte ein Heer von Journalisten mit weiteren Recherchen begonnen. Die Spanier wurden als erste fündig.

Die Kommunistische Partei gab am 16. Februar in Madrid bekannt, daß der dänische Frachter »Jotul« mit 400 Tonnen Bomben und Munition beladen – ausnahmslos aus spanischen Waffenfirmen – nach dem Irak unterwegs sei. Die Waffen waren zwei Tage vorher mit 44 spanischen Armeelastwagen von Burgos in den Hafen von Santander transportiert und auf das dänische Schiff geladen worden. Die spanische Regierung bestritt zwar vehement, Waffen in Spannungsgebiete zu liefern, aber Insider des Waffengeschäftes wußten, daß die Endverbraucherzertifikate in diesem Fall auf Jordanien ausgestellt worden waren: Das bedeutete, daß die 400 Tonnen Kriegsgerät im Irak landen würden.

Monzer Al Kassar mag in diesem Moment zwar etwas nervös geworden sein. Aber Anlaß zu der Befürchtung, da drohe wieder ein »Gretel«-Fall, hatte er eigentlich nicht. Das änderte sich drei Tage später.

Ermittlungen in der Bundesrepublik hatten nämlich ergeben, daß der dänische Charterer des deutschen Frachters »Gretel« eigentlich noch ein weiteres Schiff zum Waffentransport von Portugal in den Iran hatte schicken wollen: die unter panamesischer Flagge fahrende »Erria«. Das Schiff lag allerdings noch im dänischen Hafen Korsör.

Ganz unvorhergesehen und letztendlich nur durch eine Verkettung unglücklicher Umstände geriet Monzer Al Kassar in die bürokratischen und diplomatischen Mühlen Europas. Denn die »Erria«, die spanische Regierung wußte das nur zu gut, war es ja gewesen, die im Auftrag Monzers spanische Waffen für den Umsturzversuch nach Sierra Leone gebracht hatte – über den spanischen Hafen Santander und den portugiesischen Hafen Setubal, wo jeweils auch die »Gretel« und die »Jotul« mit Waffen beladen worden waren. Höchst unangenehm war den Spaniern, die, wie erwähnt, offiziell keine Waffen in Krisengebiete liefern, es inoffiziell aber über Monzer Al Kassar doch tun, daß dieser Syrer ganz eindeutig Waffen sowohl in den Iran als auch in den Irak lieferte. Wo immer in diesem Krieg ein Soldat oder ein Zivilist getötet wurde, Monzer Al Kassar verdiente daran. Als etwa zur gleichen Zeit noch amerikanische (Nach-)Ermittler dahinterkamen, daß Monzer Al Kassar gut und gerne 300 Tonnen polnische, spanische und portugiesische Waffen von den Häfen Santander und Setubal zu den »Contras« nach Nicaragua geliefert hatte, und die Amerikaner deshalb die spanische Regierung kritisierten, begann man in Madrid nun ernsthaft darüber nachzudenken, ob die Gegenwart dieses syrischen Waffenhändlers für die spanische Regierung noch tragbar sei.

Richtig unangenehm wurde es schließlich für die spanische Regierung, als sich zusätzlich zu den Rügen aus dem Weißen Haus in Washington in Sachen Waffenlieferungen an die »Contras« und den Iran durch Monzer auch noch die amerikanischen Drogenermittler der DEA meldeten. Monzer Al Kassar, ließen die Rauschgiftfahnder die spanische Regierung wissen, sei einer der größten Kokain-, Heroin- und Haschischhändler der Welt. Seine Aktivitäten steuere er von Marbella und Madrid aus. Diese Mitteilung ging der spanischen Regierung Anfang April 1987 zu. Monzer Al Kassar war zu diesem Zeitpunkt schon einer der von DEA und CIA meistbeschatteten Personen. Rund um den Globus wurden seine Schritte überwacht. Einfach war das nicht. Denn der Syrer flog kreuz und quer durch die Welt.

Am 13. April 1987 bekam Monzer Al Kassar Besuch in Madrid. Die Frau, die da aus Sanaa über Damaskus und Genf nach Spanien einflog und am Zoll einen Diplomatenpaß des Südjemen vorwies, war Nabila Wehbe, Ehefrau von Ghassan Al Kassar, Kurierin von Abul Abbas und der PFLP-»Special

Command«, der ihr Mann angehört. Der Bruder von Nabila Wehbe ist Erster Sekretär an der Botschaft in Sofia. Eine Frau mit einem aufregenden politischen Hintergrund und äußerst undurchsichtigen Aktivitäten. Zwei Tage später reiste sie wieder zurück nach Sanaa.

Aber bereits drei Tage darauf, am 18. April 1987, flog sie vom Südjemen nach Damaskus, von dort via Frankfurt nach Amsterdam und, nach einer kleinen »Stadtrundfahrt«, weiter nach Madrid. Entsprechende Kopien ihrer Tickets liegen deutschen Ermittlern vor. Am Flughafen verließ sie erst gar nicht die Transit-Lounge, sondern wartete – auf Monzer. Gemeinsam flogen beide von Madrid nach Amsterdam zurück, um am darauffolgenden Tag einen sehr langen Flug anzutreten: nach Südamerika, genauer gesagt, nach Rio de Janeiro und Buenos Aires.

Was die amerikanischen Drogenfahnder von DEA zunächst nicht so recht einzuschätzen wußten, bekam wenig später Konturen, als brasilianische und argentinische DEA-Agenten von diversen Treffen zwischen Monzer Al Kassar und berüchtigten südamerikanischen Kokainhändlern zu berichten wußten. Zwischen Madrid, Südamerika und Amsterdam, die DEA-Fahnder erkannten das bald, taten sich Verbindungen mit ganz neuen Dimensionen auf. Nur drei Monate später sollte sich in Amsterdam bewahrheiten, was als Verdacht im Raum stand: Es gab Kontakte, und zwar konkrete Geschäftskontakte zwischen Monzer Al Kassar und dem kolumbianischen Medellin-Kartell, über das 80 Prozent aller Kokainlieferungen in die USA organisiert werden. Im April 1987 wurde den amerikanischen und den europäischen Drogenfahndern klar: Die südamerikanischen Kokainhändler drängten auf den europäischen Markt. Aus einem sehr einfachen Grund. In den USA brachte ein Kilogramm Kokain zu diesem Zeitpunkt nur noch 15 000, in Europa aber 60 000 Dollar. Grund genug, sich dem neuen Markt intensiver zu widmen.

Die beeindruckenden Informationen, die die amerikanische DEA und die CIA in der Folgezeit den spanischen Behörden über Monzer Al Kassar vorlegten, blieben nicht ohne Wirkung. Insider wollen wissen, daß es die USA waren, die Mitte 1987 so starken Druck auf die spanische Regierung ausübten, daß diese sich quasi gezwungen sah, den Syrer, der doch so hervorragend für den weltweiten Absatz spanischer Waffen gesorgt hatte, aus Spanien hinauszukomplimentieren. Ausschlaggebend war dann jedoch ein innerspanisches Anliegen. Nach einer Information des spanischen Nachrichtendienstes hatte sich Monzer Al Kassar nicht an eine Abmachung mit der spanischen Regierung gehalten. In Madrid hatte man Monzer nämlich Anfang 1987 ganz unmißverständlich erklärt, man sei in vielerlei Hinsicht sehr kompromißbereit, was seine geschäftlichen Aktivitäten betreffe. Nur eines müsse man ihm nahelegen: Finger weg von den baskischen Terroristen der ETA. Keine Waffenlieferungen ins Baskenland, forderte man von Monzer Al Kassar. Entsprechende Hinweise auf die ETA finden sich auch in BKA- und INTERPOL-Berichten. Doch er fühlte sich offensichtlich nicht sonderlich an sein Versprechen gebunden. Zumindest hatte es da unter den Augen der spanischen Terroristenfahnder einige Kontakte nach San Sebastian, der Hauptstadt des Baskenlandes, gegeben, die den Spaniern Kopfschmerzen bereiteten. Mit Recht, wie sich bald herausstellen sollte.

Am 17. Juni 1987 teilte der spanische Innenminister José Barrionuevo dem Parlament, das sich mittlerweile mit Monzer zu beschäftigen hatte, mit, es lägen keine Beweise für kriminelle Aktivitäten Monzer Al Kassars vor und kein anderer Staat habe einen Auslieferungsantrag gestellt. Entsprechend könne der Syrer ein- und ausreisen, wann und wie er wolle – jedenfalls solange sein Diplomatenausweis noch gültig sei.

Damit hatte der Innenminister zwei entscheidende Punkte angesprochen: Auslieferungsersuchen anderer europäischer Staaten lagen tatsächlich noch immer nicht vor, und der südjemenitische Diplomatenpaß Monzers, Nr. 002454, ausgestellt am 24. Mai 1982 in Aden, ließ dem Waffen- und Rauschgifthändler weiterhin Immunität angedeihen. Selbst wenn man in Spanien gewollt hätte, eine Ausweisung Monzer Al Kassars wäre auf jeden Fall mit politischen Querelen verbunden gewesen. Einige der spanischen Abgeordneten mögen sich bei dieser Feststellung ihres Innenministers gefragt haben, welche »Querelen« ihr oberster Sicherheitschef wohl gemeint haben konnte: innen- oder außenpolitische. Ein Teil der spanischen Politiker hatte sich spanischen Presseberichten gemäß jedenfalls auffallend stark für Monzer Al Kassar gemacht und mit Nachdruck versucht, dem Syrer eine Privataudienz bei König Juan Carlos und eine Begegnung mit Regierungschef Felipe Gonzáles Márquez zu vermitteln. Der Regierungschef war angeblich zunächst tatsächlich gewillt, den »als Prinz von Marbella« längst in ganz Spanien bekannten syrischen »Geschäftsmann« zu empfangen. Denn politische Freunde in Spanien hatte Monzer Al Kassar als einen »bedeutenden Geschäftsmann mit hervorragenden Verbindungen zu Syriens Präsident Hafez Al Assad und Geheimdienstchef Ali Issa Duba« gewürdigt. Das, so war an den spanischen König, aber auch an den Regierungschef herangetragen worden, könnte sich als sehr vorteilhaft für die wirtschaftlichen und diplomatischen Interessen Spaniens im Nahen Osten erweisen. Wie bei solchen Anliegen üblich, hatte sich Felipe Gonzáles Márquez mit dem Innenministerium in Verbindung gesetzt, um sich die Seriosität seines angehenden Gesprächspartners bestätigen zu lassen. Dazu fühlte man sich aber im Innenministerium nicht in der Lage. An die leidige Angelegenheit vom 15. Mai, als in Spanien sechs hohe Polizeioffiziere (unter ihnen der Chef der Kriminalpolizei in Bilbao und der Leiter der Abteilung für organisierte Kriminalität in Madrid) entlassen worden waren, weil man ihnen »nicht zu verantwortende Kontakte zu Rauschgift- und Waffenhändlern« nachgewiesen hatte, an diese peinliche Angelegenheit wollte man den Regierungschef seitens des Innenministeriums lieber nicht erinnern. Denn schließlich hatte man festgestellt, daß einige dieser hohen Polizeibeamten in Verbindung mit Monzer Al Kassar standen. Weil man aber auch nicht verschweigen wollte, daß der Syrer in Frankreich als Terrorist zu acht Jahren Freiheitsstrafe verurteilt und in Österreich gegen ihn wegen nachrichtendienstlicher Aktivitäten (s. S. 119/120) für den Ostblock ermittelt werde, empfahl das Innenministerium dem spanischen Regierungschef, den Syrer trotz all seiner hervorragenden Kontakte und trotz des vielen Geldes, das er und seine arabischen Freunde in Spanien investiert hätten, lieber nicht zu empfangen.

Aber bereits fünf Tage nach der »kleinen Anfrage« im spanischen Parlament und Innenminister José Barrionuevos Statement, gegen Monzer Al Kassar liege nichts vor, bestätigte der Chef der Polizei, Rodriguez Colorado, man prüfe gegenwärtig, ob eine Ausweisung Monzer Al Kassars aus Spanien möglich sei. Aus nachrichtendienstlichen Quellen sickerte die Information durch, es existiere ein recht kompromittierendes geheimes Dossier über die Al Kassar-Brüder.

Am 25. Juni 1987 wurde plötzlich die Ausweisung Monzer Al Kassars aus Spanien beschlossen. Als gesetzliche Grundlage wurde Artikel 26, Ziffer C/D, angegeben. Danach ist eine »Ausweisung möglich, wenn die Person in und außerhalb Spaniens Straftaten begangen hat, für die mehr als ein Jahr Haft zu erwarten sind...« Monzer Al Kassar hielt sich zu diesem Zeitpunkt gerade in Syrien auf.

Am 23. Juli traf er zusammen mit seinem Bruder Haitham auf einem MEA-Flug von Beirut über Tunis in Madrid ein. In seiner Begleitung war zudem der Bruder des Oberbefehlshabers der syrischen Truppen im libanesischen Bekaa-Tal, Salmon Izz-Edden, jenes Mannes also, der nach Wissen internationaler Drogenfahnder faktisch die Kontrolle über den gesamten Rauschgifthandel im Bekaa-Tal, insbesondere aber über die dortigen Heroinküchen hat. Die spanischen Behörden verweigerten Monzer Al Kassar die Einreise. Zusammen mit seinem Bruder Haitham flog er am nächsten Morgen um acht Uhr weiter nach Wien – wo er ebenfalls Einreiseverbot hatte, aber nicht abgewiesen wurde! Monzers Begleiter Salmon Izz-Edden fuhr nach Marbella in Monzers Haus, wo bereits Rifaat Al Assad wartete, der Bruder des syrischen Präsidenten.

In den darauffolgenden Tagen legte Monzer Al Kassars Rechtsanwalt Gerardo Martini-Morales zusammen mit Ghassan Al Kassar Einspruch gegen die Ausweisung ein. Doch die Begründung, der Chef der Flughafenpolizei, Lorenzo Calatayu habe keine schriftliche Ausweisungsverfügung vorweisen können, wurde von Innenminister Barrionuevo nicht akzeptiert. Die Verfügung, ließ er den Anwalt wissen, liege schon seit Anfang Juni vor, sei aber noch nicht in schriftlicher Form an die Grenzstellen weitergeleitet worden. Das traf zu. Doch der Innenminister vergaß dabei ganz, daß sich Monzer Al Kassar im Juni und Juli – trotz des bereits gültigen Einreiseverbots – in Marbella aufgehalten hatte. Und damit ihm nur ja nichts von bösen Buben angetan würde, hatten bei diesen Aufenthalten spanische Polizisten vor der Villa Monzers über des Syrers Leib und Leben, Hab und Gut gewacht.

Der Grund für dieses widersprüchliche Verhalten der Behörden liegt auf der Hand. Rausschmeißen wollten sie den Syrer mit dem südjemenitischen Paß nicht. Sie warteten lieber, bis er außer Landes war – um ihm dann die Einreise zu verweigern. Das wirbelt weniger Staub auf.

Aus Wien – wo er eigentlich gar nicht hätte sein dürfen – ließ Monzer derweil der spanischen Regierung mitteilen, er »fühle sich betroffen über die unverständliche Reaktion der spanischen Regierung und denke ernsthaft darüber nach, ob er nicht sein gesamtes Vermögen aus Spanien abziehen und all seine arabischen Freunde zu gleichen Schritten bewegen solle«. Das blieb nicht ohne Wirkung. Das Einreiseverbot jedenfalls wurde wenig später aufgehoben.

Wenngleich die spanische Regierung immer wieder betonte, in Spanien selbst seien Monzer Al Kassar keine Rechtsverstöße nachzuweisen, die Ausweisung beziehe sich vielmehr auf Straftaten, die der Syrer im Ausland (Frankreich, England, Österreich) begangen habe, wußte man im Innenministerium in Madrid sehr wohl, wieviel Dreck der Syrer am Stecken hat. Zu lange hatten Polizei und Nachrichtendienste sämtliche privaten und geschäftlichen Telefon- und Telexanschlüsse abgehört und dabei die beängstigenden kriminellen Machenschaften Monzers festgestellt. Gegenstand der Ermittlungen war, wie der spanische Beamte Moreno ja gegenüber seinen europäischen Kollegen auf der INTERPOL-Konferenz zugegeben hatte, auch eine Untersuchung gegen Monzers Verbindung zur BANCO DE BILBAO gewesen. Konkreter Anlaß waren drei Geschehnisse, die es den spanischen Sicherheitsbehörden ratsam erscheinen ließen, den Syrer möglichst dezent loszuwerden, weil sie Monzers Verbindungen zum internationalen Rauschgifthandel aufzeigten.

Im Juni 1987 hatten Fahnder der amerikanischen Drogenbehörde DEA den europäischen Staaten erste Hinweise gegeben, daß eine südamerikanische Gruppe einen größeren Kokaintransport nach Europa vorbereite. Zielland des Kokains seien mit an Sicherheit grenzender Wahrscheinlichkeit Belgien oder die Niederlande.

Das führte am 7. August, es war Mariä Himmelfahrt, zur Sicherstellung von 115 Kilogramm des »Schnees aus Südamerika«. Besonders auffällig war der mit 93 Prozent extrem hohe Reinheitsgrad des Kokains. Verschnitten hätte das Rauschgift einen Verkaufswert von etwa 700 Millionen Mark gehabt. Die Drogensendung, unter drei Tonnen Seife versteckt, war mit einer Linienmaschine der paraguayischen Fluggesellschaft LAP nach Brüssel gebracht und im Frachtbereich des Flughafens Zaventem gelagert worden. Unter den Augen belgischer und amerikanischer Fahnder fuhr am darauffolgenden Tag ein Lastwagen vor, lud die Fracht auf und verließ Brüssel in Fahrtrichtung Amsterdam. Am Steuer des Lkw saß der 43jährige, in Paraguay lebende und in Haan bei Düsseldorf geborene Deutsche Erich Bunte. Als sein Mittäter wurde noch am selben Tag der Paraguayaner Jose Ljubetic-Arrelaga aus Asuncion festgenommen. Mit der Sicherstellung gelang den europäischen Drogenfahndern der bis dahin größte Schlag gegen südamerikanische Kokainschmuggler. Schon die ersten Ermittlungen zeigten den belgischen Polizisten bemerkenswerte Parallelen auf. Erich Bunte, als Drogenhändler bereits einschlägig bekannt, hatte schon bei früheren Rauschgiftgeschäften falsche/echte Pässe besessen, die im brasilianischen Blumenau von dortigen Behörden ausgestellt worden waren. Aus eben diesem Blumenau stammten auch, wie eingangs schon erwähnt, die brasilianischen Pässe der Familie Al Kassar, darunter jener Paß, mit dem Monzer Al Kassar bei seiner Festnahme in Bad Reichenhall angetroffen wurde. Daß Monzer Al Kassar, nach Erkenntnissen der CIA, die im Besitz der Flugscheinkopien ist, zusammen mit Nabila Wehbe Mitte April in Rio de Janeiro, Buenos Aires – aber auch in Amsterdam gewesen war, also in dem Zeitraum, in dem der Drogentransport des Erich Bunte vorbereitet worden sein mußte, wußten die Belgier nicht einmal. Monzer war zwar nicht in Paraguay gewesen, dem Absendeland der 115 Kilogramm Kokain, aber das ist ohnehin kein Kokain-Anbauland. Dafür gilt Brasilien als der bedeutendste Umschlagplatz für Kokain, das nach Europa transportiert wird. Und in Rio de Janeiro war Monzer gewesen. Auf dem Rückflug hatte er zudem einen Zwischenstopp in Amsterdam eingelegt. Nach Amsterdam hatte Erich Bunte das Kokain bringen wollen. Zufall?

Wohl kaum. Die »großen« Rauschgifthändler dieser Welt arrangieren die Organisation der Rauschgifttransporte stets selbst der Ort. Schließlich geht es dabei um große Summen.

Bei dem Transport selbst sind sie dann zwar nie persönlich zugegen, sie beobachten das Geschäft jedoch aus sicherer Entfernung. Beweise aber hatten die belgischen Polizisten für eine Verstrickung des Syrers in den Kokainhandel mit Erich Bunte nicht. Daß hinter dem Deal eine große Organisation stecken mußte, ahnten sie, denn Finanzierung, Ankauf und Absatz solcher Mengen Kokain setzen ein perfekt organisiertes Netz von Mittätern voraus.

Sie hätten aber sicherlich ungläubig den Kopf geschüttelt, wären sie auf dem Wissensstand der amerikanischen CIA und der DEA gewesen. Denn dort wußte man längst, daß es zwischen Monzer Al Kassar und dem meistgesuchten Terroristen dieser Welt, Iljitsch Ramirez Sanchez, bekannt als »Carlos«, eine höchst seltsame Verbindung gab.

Im Februar 1986, also eineinhalb Jahre vor der Sicherstellung des Kokains in Brüssel, hatte der israelische Geheimdienst MOSSAD eine Information erhalten, wonach der weltweit zur Festnahme ausgeschriebene Terrorist »Carlos« in Libyen hingerichtet worden sei. Nach dieser Information sei »Carlos« im Auftrag Ghaddafis liquidiert worden, weil er zu viel über die Verstrickung arabischer Staaten, insbesondere Libyens im internationalen Terrorismus gewußt habe.

Die Israeli argwöhnten sofort, daß es sich bei dieser Nachricht um den Versuch der Irreführung handelte. Ganz offensichtlich wollte Libyen damit erreichen, daß die weltweite Fahndung nach »Carlos« eingestellt würde. Ähnliche Versuche hatte es allerdings schon mehrfach gegeben. Zuletzt im Herbst 1985, als es hieß, »Carlos«, ein gebürtiger Lateinamerikaner und in der UdSSR auf seine terroristischen Aktivitäten vorbereitet, sei bei einer Aktion in Nicaragua ums Leben gekommen. Die MOSSAD-Agenten hatten freilich herausgefunden, daß alle bei dieser militärischen Operation beteiligten Personen bis zur Unkenntlichkeit entstellt (verbrannt) waren. Das war für die Geheimdienstler Grund genug, davon auszugehen, daß der Terrorist sehr wohl noch lebe.

Die Bestätigung kam aus Kreisen der CIA. Iljitsch Ramirez Sanchez, alias »Carlos«, fanden die Amerikaner heraus, besitzt einen südjemenitischen Diplomatenpaß und hält sich unter dem Schutz der syrischen Regierung in Damaskus auf – wo er mit Monzer Al Kassar zusammen gesehen wurde. Es lebe der Zufall, ein Hoch auf die Unwahrscheinlichkeitstheorie: Im Frühherbst 1987, weiß man bei der CIA, flog »Carlos« unter falscher Identität von Damaskus nach Rio de Janeiro und Buenos Aires. In Südamerika, so konnte die CIA – leider erst im nachhinein – ermitteln, traf »Carlos« mit führenden Persönlichkeiten des kolumbianischen Medellin-Kartells zusammen, um über Kokaintransporte zu verhandeln. Zugegeben, eine geradezu unwahrscheinlich anmutende Konstellation: Einer der Top-Terroristen der Welt plötzlich im Rauschgifthandel – und Monzer Al Kassar mitten drin. Also doch Zufall?

Der »Zufälle« gab es in diesem Zusammenhang noch mehr. Erich Bunte, in Anbetracht der 115 Kilogramm Kokain wohl wissend, daß er in Belgien die Höchststrafe von zehn Jahren Haft zu erwarten hatte, zeigte sich recht gesprächig bei seiner Vernehmung. Weil er gebürtiger Deutscher war, hatten die belgischen Behörden um Unterstützung des Bundeskriminalamtes in Wiesbaden ersucht. Von dort wurden denn auch zwei Beamte nach Brüssel entsandt, die Erich Bunte vernahmen. Die Vernehmung zur Sache selbst war es nicht, die den beiden BKA-Fahndern die Tränen in die Augen trieb, sondern das, was Bunte außerdem noch zu berichten hatte.

Wahrscheinlich im Glauben, daß ihm Aussagen zu anderen Drogenhändlern vor Gericht Strafminderung einbringen könnten, begann Erich Bunte in einer Vernehmungspause bei einer Tasse Kaffee zu plaudern. Er sei, so der Rauschgifthändler, Anfang des Jahres für zwei Wochen in Spanien bei einem Mann in Marbella gewesen, den er für einen der größten Rauschgifthändler der Welt halte: Monzer Al Kassar. Getroffen habe er dort allerdings auch noch zwei andere Männer, deren Namen ihm bekannt waren: Jorge Ochoa und Gonzalo Rodriguez Gacha. Was Erich Bunte hernach zu erzählen hatte, wurde nicht als Bestandteil der offiziellen Vernehmung aufgenommen, sondern mit dem Vermerk »Dienstlich wurde bekannt ...« gesondert behandelt. Denn Bunte mußte um sein Leben fürchten, falls seine vertrauliche Aussage in der Öffentlichkeit bekannt würde.

Ochoa ist als das führende Mitglied des kolumbianischen Medellin-(Kokain-)Kartells bekannt. Gacha, aus dem peruanischen Bogota, gilt als Schlüsselfigur für die Herstellung der Grundsubstanz des Kokains, der Kokapaste. In Südamerika als »el dueño del cupo – Inhaber der Lizenz (für Koka)« bekannt, ist er Zulieferer für dieses Kartell.

Daß Ochoa und Gacha bei Monzer Al Kassar in Spanien gewesen sein sollen, war für die BKA-Beamten ebenso eine Sensation wie für die spanischen Drogenfahnder, die darüber informiert wurden. Aber in Spanien waren die Verbindungen des Medellin-Kartells zur Iberischen Halbinsel bestens bekannt. Am 14. Juni 1984 war Ochoa aus Kolumbien geflohen und hatte sich nach Spanien abgesetzt. Mit perfekt gefälschten Ausweisen, Führerschein, American-Express- und Diners-Kreditkarten versehen, ließ er sich zusammen mit seiner Frau unter dem Namen Moises Moreno und Maria Lia Miranda in Madrids noblem Vorort Pozuela de Alarcón nieder. Kolumbien war ihm zu gefährlich geworden. Nach den von ihm in Auftrag gegebenen Morden an kolumbianischen Richtern und Staatsanwälten hatte er es für sinnvoller gehalten, sich abzusetzen.

Aber schon wenige Wochen nach seiner Ankunft in Spanien erhielten die spanischen Drogenfahnder erste Hinweise auf Ochoas Gegenwart und darauf, daß er nun von Spanien aus ein Vertriebsnetz für Kokain aufzubauen versuchte. Observationen und Telefonüberwachungen bestätigten diese Information. Die amerikanische DEA schaltete sich ein, denn die USA hatten in Kolumbien einen Auslieferungsantrag für

Ochoa gestellt. Am 15. November 1984 wurden er und seine Frau in Madrid festgenommen und inhaftiert. Noch am gleichen Tage rief US-Präsident Reagan den spanischen Premierminister an und teilte höflich, aber bestimmt mit, den USA sei an einer Auslieferung Ochoas sehr gelegen. Im gleichen Tenor sprach der amerikanische Generalstaatsanwalt Ed Meese beim spanischen Justizminister vor.

Der aus den USA angereiste Roger Yochelson vom amerikanischen Justizministerium ging in Anbetracht solch massiver Vorsprachen staatlicher amerikanischer Stellen davon aus, daß Ochoa bald in amerikanischen Gefängnissen sitzen werde. Zur Feier der Dingfestmachung eines der größten Kokainhändler aller Zeiten lud er daher die DEA-Agenten in Madrid zu einem ausgelassenen Dinner ein. Das aber war verfrüht. Spanien lieferte Ochoa nicht an die USA, sondern an Kolumbien aus – wo er Mitte August 1986 von einem Richter gegen Zahlung einer Kaution von 11 500 Dollar freigelassen – und nie wieder gesehen wurde.

Im November 1986 schrieb man Ochoa schließlich weltweit zur Festnahme aus. Der als CONFIDENTIAL klassifizierte internationale Haftbefehl, versehen mit den am 16. November 1984 in Madrid angefertigten Fotos sowie den Fingerabdrücken des Gesuchten, ausgestellt unter Aktenzeichen 2205/85 – A-524/11-86 hat folgenden Wortlaut:

Name: OCHOA-VASQUEZ, Jorge Luis
GEB.-DATUM: 3. August 1949 in Cali, Kolumbien
Sohn von OCHOA Fabio und Margerita, geborene VASQUEZ.
BERUF: Verbunden mit oder Besitzer einer Handelsfirma.
PERSONEN-BESCHREIBUNG: 168 cm, schwarze Haare, braune Augen. Spricht Spanisch.
PERSONALDOKUMENTE: 1. Personalausweis Nr. 8298697, ausgestellt am 19. Okt. 1970 in Medellin
2. Reisepaß Nr. 1269236
Hält sich vermutlich in Spanien, Kolumbien, Paraguay oder in Nicaragua auf.
FESTNAHMEGRUND: Gesucht aufgrund Haftbefehl Nr. 84-2130-HSS, ausgestellt am 18. Juli 1984 durch die Justizbehörden von Florida, wegen des Schmuggels von Kokain, Bildung einer kriminellen Vereinigung und Führung einer Drogenschmuggelorganisation. Er ist überführt, zwischen Februar und Juli 1984 mindestens 1500 Kilogramm Kokain von Kolumbien in die USA geschmuggelt zu haben. Benutzt vornehmlich Flugzeuge zum Schmuggel.
ZU ERWARTENDE HAFTSTRAFE: Lebenslänglich
Auslieferung wird nach Festnahme beantragt von allen Staaten, die mit den Vereinigten Staaten von Amerika ein Auslieferungsabkommen haben. Bei Feststellung in einem anderen Land bitte beobachten und unverzügliche Information an:
U. S. National Central Bureau
Shoerham Building, Room 800
US-Department of Justice
WASHINGTON D. C. 20530
Bezug: 84 09-07939/ACM

Das von Bunte mitgeteilte Treffen zwischen Monzer Al Kassar und zwei der größten Kokainhändler der Welt in Marbella war schon Anlaß genug für die Spanier, Monzer Al Kassar des Landes zu verweisen. Als der in Brüssel festgenommene Erich Bunte dann auch noch erzählte, seines Wissens gebe es zwischen Monzer Al Kassar und der baskischen Terrororganisation ETA enge Verbindungen, weil Ochoa, Gacha und Monzer Al Kassar bei ihrem Treffen beschlossen hatten, sich der perfekten Logistik und Infrastruktur der ETA zu bedienen, um Kokain aus Südamerika nach Spanien und von dort mit Hilfe der ETA auf dem Landwege nach Nordeuropa zu schmuggeln, muß es den spanischen Drogenfahndern und Terrorismusbrigaden den Magen umgedreht haben. Von Monzer Al Kassars engen Verbindungen nach San Sebastian durch frühere Waffenlieferungen an die ETA wußten sie. Auch in den BKA-Berichten steht das geschrieben. Daß es aber eine derart unheilvolle Kooperation zwischen den baskischen Terroristen und internationalen Rauschgifthändlern geben sollte, beunruhigte sie sehr. Doch Sinn machte die »Narco-Terrorismus«-Achse. Die ETA hatte nämlich erhebliche finanzielle Probleme.

Die Aussage von Erich Bunte liegt, als STRENG GEHEIM klassifiziert, bei den Terrorismusabteilungen in Brüssel, Amsterdam und bei der DEA in Washington.

Monzer Al Kassar reiste im September 1987 wieder in Spanien ein. Die spanische Regierung gab als offizielle Begründung an, die Ausweisungsverfügung habe einer eingehenderen Prüfung nicht standgehalten, Frankreich lege zudem keinen Wert auf Vollstreckung des dort vorliegenden Haftbefehls.

Das Kokain-Kartell

Über die Drogenhändler Jorge Luis Ochoa Vasquez, Rodriguez Gacha und Monzer Al Kassar führen mehrere Spuren in die Bundesrepublik Deutschland. Nach einem Treffen von Rauschgiftfahndern aus allen Teilen der Welt kommt ein INTERPOL-Bericht vom 17. März 1987 zu folgender Erkenntnis: »Kolumbianische Drogenschmuggler verwenden vermehrt Schiffe zum Transport von Kokain nach Europa: als Fracht getarnt oder in eigens dafür angelegten, geheimen Verstekken. Die gleichen Schiffe werden auf ihrer Rückfahrt für den Transport der zum Herstellen von Kokain notwendigen chemischen Substanzen benutzt.«

Der Bericht, »nur zum dienstlichen Gebrauch für nationale Polizeidienststellen« gedacht, weil »die verwendeten Informationen teils unbestätigt sind«, nennt als Beispiel unter anderem das Schiff M. S. »Polar Kristall«. Am 22. September 1986, einen Tag bevor das Schiff den kolumbianischen Hafen Turbo verließ, wurde der zweite Offizier von Mitgliedern einer kolumbianischen Kokainhändlergruppe angesprochen. Er erklärte sich bereit, 43 Kilogramm Kokain nach Europa zu schmuggeln. Am 11. November 1986 lief die M. S. »Polar Kristall« im Hafen von Antwerpen ein. Der zweite Offizier lieferte das Kokain an den Spanier Garcia Alcantera. Der wiederum versteckte das Rauschgift in den präparierten Tanks eines Renault 12 mit spanischer Zulassung. Fahrer des Wagens war der Italiener Perotti Vagni. Das mit Kokain beladene Fahrzeug sollte nach Palma de Mallorca transportiert werden, wurde aber vorher gestohlen. Als die Polizei das Fahrzeug fand, entdeckte man das Kokain und verfolgte den Weg der Drogen zurück bis zur M. S. »Polar Kristall«.

Am 9. Dezember 1986 wurde das Schiff durchsucht. Die niederländische Polizei fand 3 797 Kilogramm Hydrochlorid-Säure, 4 012 Liter Ammoniak, 23 500 Kilogramm Ethylalkohol, 396 Kilogramm Silikat und 11 Kilogramm Laborausrüstung. Diese Mengen chemischer Substanzen reichen aus, um mehrere Tonnen Kokain herzustellen!

Einen Teil dieser Fracht, der INTERPOL-Bericht sagt das, hatte die in Darmstadt ansässige deutsche Firma Merck aus Darmstadt an die Hamburger Firma Indupro, Spaldingstraße 188, geliefert. Laut Ladepapieren war die Fracht von dieser Firma für die Firma Orobelt Development Corporation in Eldorado/Panama bestimmt. Ermittlungen ergaben aber, daß der wirkliche Empfänger der kolumbianische Kokainhändler Luis Valle De Blumenkranz, genannt »Don Jesus«, war. Nachermittlungen bewiesen, daß bereits ein Jahr zuvor, am 18. Juli 1985 der Frachter »Frigo One« den Hamburger Hafen, beladen unter anderem mit 33 200 Kilogramm Ethylalkohol und 7 000 Kilogramm Chlorhydrat, in Richtung Südamerika verlassen hatte.

Diese chemischen Substanzen waren ebenfalls von der Firma Merck in Darmstadt an die Firma Indupro (Hamburg) geliefert worden und via Panama nach Kolumbien gelangt. Auch damit konnten mehrere Tonnen Kokain hergestellt werden. Nach deutschem Recht ist die Lieferung solcher Substanzen der Firma Merck an die erwähnte Firma in Hamburg jedoch nicht strafbar. Ohne diese Chemie aber wäre die Herstellung von Kokain nicht möglich. Das ist, neben dem schon genannten Kokain-Preisverfall auf dem amerikanischen Markt, ein weiterer Grund, warum sich südamerikanische Kokainbosse für die Bundesrepublik interessieren. Die relativ offenen Grenzen innerhalb der Europäischen Gemeinschaft erleichtern zudem den Schmuggel des Kokains.

Eine zunehmend bedeutende Rolle spielt Spanien bei dem von europäischen Drogenfahndern längst konstatierten Griff der südamerikanischen Kokainbosse nach dem neuen Markt Europa. Die kaum zu überwachende Küste der Iberischen Halbinsel und eine nach Dafürhalten deutscher Drogenermittler völlig desorganisierte spanische Drogenpolizei erleichtern es südamerikanischen Rauschgifthändlern, via Spanien auch die nordeuropäischen Länder relativ risikolos zu versorgen. Der Kampf der Kokain-Kartelle um den europäischen Markt, beim Bundeskriminalamt in Wiesbaden hat man es schnell erkannt, ist längst entbrannt und wird mit allen nur denkbaren Mitteln ausgefochten, mal mit brachialer Gewalt, mal mit List und Verrat. Berühmtestes Opfer dieses Kampfes um den unvorstellbar lukrativen Drogenmarkt Europa war Carlos Enrique Lehder. Beim FBI ist er unter der Nr. 233118K8 mit dem Hinweis »snifft Kokain« registriert.

Lehder, Sohn des aus Hannover gebürtigen deutschen Auswanderers Wilhelm alias Guillermo und Helena Lehder, avancierte innerhalb weniger Jahre zu einem der größten Kokainhändler der Welt. Wenngleich die Behauptung deutscher Magazine, Lehder sei ein führendes Mitglied des kolumbianischen Medellin-Kartells und der größte Kokainhändler aller Zeiten, kaum mehr als Übertreibungen sind, steht außer Zweifel, daß Lehder einer der Großen im Kokainhandel war. Daß er es nicht mehr ist, vielmehr in den USA im Staatsgefängnis von Jacksonville sitzt, ist ein Resultat jenes oben schon erwähnten Treffens zwischen Monzer Al Kassar und dem kolumbianischen »Drogenkönig« Jorge Luis Ochoa im Jahre 1987 in Monzers Haus in Marbella. Dort nämlich wurden Strategien zur »Eroberung« des europäischen Marktes entworfen. Ein Konkurrent in diesem Zukunftsgeschäft, zudem noch ein recht unkalkulierbarer und unliebsamer, war Carlos Enrique Lehder. Dessen Werdegang als Drogenhändler ist ein Beweis dafür, wie hilflos polizeiliche Drogenfahnder im Kampf gegen die international organisierte Kriminalität insbesondere dann sind, wenn politische Rücksichtnahmen die Arbeit der Fahnder erschweren oder gar verhindern.

Ein geheimes Dossier des amerikanischen DEA-Hauptquartiers in Washington (DEA-SENSITIVE – LIMITED OFFICIAL USE) listet auf acht Schreibmaschinenseiten Details zum kriminellen Werdegang Lehders auf, die deutliche Parallelen zu Monzer Al Kassar aufzeigen – und allemal Stoff für einen Thriller hergäben.

Amerikanische Drogenfahnder wurden erstmals im Jahre 1974 auf Carlos E. Lehder aufmerksam. Als Mittäter in einem Marihuanageschäft verbüßte er im US-Staatsgefängnis Danbury/Connecticut unter der Häftlingsnummer 25560-145 eine zweijährige Freiheitsstrafe. Im Gefängnis lernte er George Jung kennen, der beste Verbindungen nach Kolumbien hatte. Schon beim ersten gemeinsamen Kokaingeschäft sollen sie 2,2 Millionen Dollar Gewinn gemacht haben.

Laut Anklage aus dem Jahre 1987 flog Lehder 1979 mit E. H. Ward in die USA und lieferte dort 500 Kilogramm Kokain ab, einen Monat später nochmals 300 Kilogramm. Der Gewinn wurde auf das Konto der gemeinsam gegründeten Tarnfirma »Caribbean Ventures Leasing« überwiesen.

Am 22. Mai 1979 gründete Lehder beim Hamburger Notar Dr. Adam Freiherr von Kottwitz eine deutsche Zweigniederlassung von Lehders Firma »International Durch Ressources Ltd.«, die ihren Hauptsitz in Nassau auf den Bahamas hat. Zweck der Firma war angeblich der Im- und Export von Luxusfahrzeugen.

Tatsächlich brachte Lehder in der Folgezeit mehrere Fahrzeuge, insbesondere Porsche 911 und Mercedes, aus der Bundesrepublik nach Kolumbien und auf die Bahamas. Nach gleichem Muster arbeitete auch Monzer Al Kassar.

Der Schritt hin zum Rauschgift-Großdealer vollzog sich bei Lehder binnen weniger Jahre. Laut Anklage schmuggelte er im Juni 1979 innerhalb von nur einem Monat die unglaubliche Menge von einer Tonne Kokain aus Kolumbien in die USA. Das Rauschgift wurde mit einem zweimotorigen Flugzeug der Marke Twin Beechcraft Bonanza, Reg.-Nr. N 537 ML, nach Florida transportiert, wo die Ware auf einer versteckten Landebahn nahe des Astor Parks in Autos umgeladen wurde. Lehders Verdienst bei diesem Transport: 40 Millionen Dollar! Bei solchen Kokainmengen und -profiten ist es nicht weiter erstaunlich, daß die CIA und die DEA im Jahre 1985 davon ausgingen, daß Carlos Enrique Lehder »einer der größten Kokainhändler ist und eigene Kokainlabors in Nicaragua besitzt«. Schätzungen der Amerikaner gingen davon aus, daß er monatlich mindestens eine Tonne Kokain nach Amerika brachte. Geschätzter Gewinn in einem Jahr: 500 Millionen Dollar!

Der Reichtum und die damit verbundene Macht in Kolumbien rückten ihn aber schon bald ins Blickfeld neidischer Konkurrenten.

Am 12. November 1981 entführten Terroristen der linksgerichteten kolumbianischen »Befreiungsorganisation M-19« Martha Nieves Ochoa-Vasquez, die Tochter eines der mächtigsten Männer Kolumbiens, des Rauschgift-»Papstes« Don Fabio Ochoa, Vater von Jorge Luis Ochoa, des späteren Partners von Monzer Al Kassar. Der Name der marxistischen Gruppe geht auf die kolumbianischen Präsidentschaftswahlen vom 19. April 1970 zurück, die nach Meinung der M-19 manipuliert worden waren. Die Familie Ochoa ging jedoch nicht auf die Lösegeldforderung der Kidnapper ein. Statt dessen arrangierte »Don Fabio« am 1. Dezember 1981 in der Stadt Cali, einem Zentrum der M-19-Terroristen, ein Treffen der 223!! namhaftesten Rauschgifthändler Kolumbiens. Jeder von ihnen zahlte zwei Millionen Pesos (ca. 20 000 Mark) in eine gemeinsame Kasse zum Kampf gegen Kidnapper ein. Am selben Tag wurde auch die Organisation MAS (»Muerte A Secuestradores« – Tod den Kidnappern) gegründet. Jeder Rauschgiftboß stellte zehn seiner besten Männer für diese

Aufgabe zur Verfügung – eine Killertruppe von 2 230 Mann, die im Auftrag der »Kommission« zu allem bereit waren.

In den darauffolgenden Tagen flogen Hubschrauber über die Provinz und warfen Flugblätter ab. Darauf stand unter anderem, daß Kidnapper in der Öffentlichkeit standrechtlich erschossen werden. Man werde sie mit einem kleinen Kreuz kennzeichnen – dem Symbol von MAS. Von nun an würde jeder Fall von Kidnapping untersucht und auf diese Art geahndet. Jeder, der durch Informationen zur Ergreifung von Kidnappern beitrage, erhalte eine Belohnung von 20 Millionen Pesos (umgerechnet 200 000 Mark). Kidnapper, die von der Polizei festgenommen würden, würden von MAS im Gefängnis getötet werden. Sollte das nicht möglich sein, würden an ihrer Stelle Kollegen oder nahe Verwandte hingerichtet.

Unterzeichnet war das Flugblatt: »MAS – Operative Gruppe der Mafia. Bitte dieses Kommuniqué nicht zerreißen. Hängen Sie es an öffentlichen Plätzen aus ...«

Am 18. November 1981 wurde Carlos Enrique Lehder bei einer wilden Schießerei in Armenia (Kolumbien) schwer verletzt. Es war der erste Zwischenfall, der die Differenzen zwischen ihm und anderen kolumbianischen Rauschgifthändlern deutlich werden ließ. Ein DEA-Dossier aus dem Jahre 1983 zeigt auf, warum kolumbianische Kokainbosse versucht hatten, ihn umzulegen. »Protected by M-19«, steht in dem als SENSITIVE klassifizierten Bericht, was nichts anderes bedeutet als: Lehder kooperierte mit eben jenen marxistisch orientierten Terroristen, die für die Entführung der Ochoa-Tochter verantwortlich waren.

Nach dem Attentatsversuch führte Lehder das Leben eines paranoiden, großkotzigen Kokainbosses: in unvorstellbarem Luxus, aber stets bewacht von einem Dutzend schwerbewaffneter Leibwächter – einige von ihnen Mitglieder der M-19.

Zum Verhängnis wurde dem deutsch-kolumbianischen Milliardär letztendlich sein Größenwahn und seine schon in früheren Jahren deutlich gewordene Machtbesessenheit. 1983 gründete er die rechtsradikale Partei MOVIMENTO LATINO NACIONAL – und gewann auf Anhieb elf Sitze in Gemeinderäten und zwei Sitze im Bezirksparlament. Sein Versuch, in den Stadtrat von Bogota gewählt zu werden, mißlang. Danach begann sich die Macht des Geldes auf besorgniserregende Weise mit der politischen Macht in seiner Person zu einen. Seine Zugehörigkeit zum berühmtberüchtigten Medellin-Kartell, das 80 Prozent des Kokainhandels dieser Welt kontrolliert, sei dagegen – Insider behaupten das jedenfalls – nie mehr als ein Zugeständnis der wahren Kokainbosse an den Deutsch-Kolumbianer gewesen. Wen du als Feind nicht schlagen kannst, den mache zu deinem Freund, so etwa mögen die Kartellbosse gedacht haben. Zu den wahren Bossen in Medellin gehörte schon damals Jorge Luis Ochoa. Und den störte der Reichtum und die damit verbundene Macht Lehders allzu sehr.

Der Deutsch-Kolumbianer agierte, dem DEA-Dossier zufolge, zu diesem Zeitpunkt unter 27 Aliasnamen weltweit. Er besaß mindestens fünf verschiedene Pässe, darunter die deutschen Reisedokumente E 194 2153 und D 713 3517. Lehder nannte insgesamt 20 Haziendas, Appartementhäuser und Firmen, einen Jachthafen und drei Flugplätze, aber auch die 200 Meilen vor der Küste Floridas gelegene und zur Festung ausgebaute Insel Norman's Cay sein eigen. Er trug den Präsidententitel von drei Fluggesellschaften und gründete eine eigene Ölfirma. 34 Jahre alt, war er von seiner ersten Frau Yemel Nacel geschieden und unzufrieden mit seiner neuen Angetrauten, der bildhübschen Claudia Patricia Herrera, die ihm die Tochter Natalie gebar. Drei weitere Kinder hatte er (heimlich) mit seinen Geliebten »Chocolate« und »Margerita«.

Die im DEA-Dossier aufgeführte Liste seiner Mittäter (67 Namen) umfaßt alle Mitglieder des kolumbianischen Medellin-Kartells, außerdem die Deutschen Heinrich Rogoll und

Jürgen Schmidt. Rogoll schmuggelte laut US-Anklage Kokain mit Lehder; Schmidt ebenfalls.

Seine politischen Aktivitäten in Kolumbien und der damit wachsende Einfluß Lehders, aber auch seine nach Meinung der Kartellbosse viel zu guten Verbindungen nach Europa, insbesondere in die Bundesrepublik Deutschland, die sich als Hemmschuh für die Europapläne anderer Kartellmitglieder entpuppten, mögen die wahren Herren des Kartells dazu bewogen haben, Lehder auszubooten. Sie taten es auf höchst clevere Weise: Sie lieferten Lehder quasi an die USA aus! Es war ein ungewöhnlicher »Kuhhandel« zwischen amerikanischen Rauschgiftfahndern und dem Medellin-Kartell.

Schon im September 1985 wurde Lehder unter Aktenzeichen -460/9-1985 von INTERPOL weltweit zur Festnahme ausgeschrieben. Der Haftbefehl trug in vier Sprachen den besonderen Hinweis: »Diese Person ist gefährlich«. Rechtsgrundlage des internationalen Haftbefehls war das Festnahmeersuchen der Justizbehörden von Jacksonville/Florida, Nr. 8118 0091 E, ausgestellt am 9. September 1981, wegen organisierten Drogenhandels. Konkret vorgeworfen wurde Lehder in diesem »Warrant« (Haftbefehl) der Schmuggel von drei Tonnen Kokain von Kolumbien in die USA.

Sechs Jahre lang konnte der amerikanische Haftbefehl von 1981 nicht vollstreckt werden. Obwohl die USA ein Abkommen mit Kolumbien geschlossen hatten, das die Auslieferung kolumbianischer Staatsangehöriger nach Amerika erlaubt, und obgleich Lehder nach wie vor seinen Rauschgiftgeschäften nachging, sah sich sechs Jahre lang kein kolumbianischer Polizist veranlaßt, Carlos Enrique Lehder festzunehmen.

Dann aber, am 4. Februar 1987, gab es auf einer Farm nahe der Stadt Medellin ein Feuergefecht zwischen Lehder und der kolumbianischen Armee, die angeblich »einen Tip« bekommen hatte. Binnen einer Stunde saß der festgenommene Lehder in einem (amerikanischen!) Flugzeug mit Zielflughafen Tampa in Florida.

US-Justizminister Edwin Meese sprach von »einem bedeutsamen Sieg der kolumbianischen Regierung im Krieg gegen den Drogenschmuggel«, und die DEA-Agenten in Bogota hatten Grund zum Feiern – noch mehr Grund aber hatten die wahren Rauschgift-»Könige« des Medellin-Kartells, besonders Jorge Luis Ochoa.

Daß da irgendwie ein »fauler Deal gelaufen sei«, argwöhnte nicht nur Lehders amerikanische Verteidigerin, Rosemary Cakmis, sondern auch Lehder selbst. Er machte keinen Hehl aus seiner Vermutung: »Das Kartell hat mich aufs Kreuz gelegt, damit sie Ruhe vor den Amerikanern haben ...« Wie recht er hatte!

Der Hintergrund: Jorge Luis Ochoa, der im Juli 1986 von Spanien nach Kolumbien, und nicht, wie von den Amerikanern erhofft, an die USA ausgeliefert worden war, erwartete in Kolumbien ein Prozeß wegen Rauschgifthandels, Anstiftung zum Mord und Gründung einer kriminellen Organisation. Aber, welch ein Zufall, er fand in Fabio Pastrana einen sehr verständnisvollen Richter. Der nämlich ließ ihn gegen eine lächerliche Kaution frei. Natürlich wurde sofort eine Großfahndung nach dem flüchtigen Ochoa eingeleitet. Und natürlich wurde der Richter seines Amtes enthoben. Und selbstverständlich wurde Ochoa nicht gefaßt.

Das nämlich war der Kuhhandel zwischen der DEA und Ochoa gewesen: (Straf-) Freiheit (und Rückzug aus dem Kokaingeschäft) gegen Carlos Enrique Lehder. Der Deal funktionierte perfekt. Das i-Tüpfelchen der DEA-Perfektion war der am 29. Januar 1988 unter Aktenzeichen NF 2205/86 ausgestellte internationale Haftbefehl folgenden Wortlauts:

»Auf Anforderung von Bogota, Aktenzeichen 282 - 035 K 530: Das Justizministerium bittet um Festnahme und Auslieferung nachfolgender Personen:

1. OCHOA-VASQUEZ, Jorge Luis, geboren 3.8.49 in Cali, Sohn von Fabio und Margerita, Personalausweis Nr. 8298697 Medellin.

2. OCHOA-VASQUEZ, Fabio, geb. 11.5.57 in Cali.
3. OCHOA-VASQUEZ, Juan David, geb. 20.5.48 in Cali ...«

Damit war besiegelt, was clevere DEA-Agenten ersonnen hatten: Der gesamte Ochoa-Clan verschwand offiziell aus Kolumbien. Sie leben heute unter falscher Identität – und nicht irgendwo auf dieser Welt. Wie steht es doch im internationalen Haftbefehl: »May visit Spain ...«. Statt eines vagen »könnte Spanien besuchen«, hätte der Haftbefehl genauer formuliert: »wird Spanien besuchen« heißen sollen. Denn genau dort hat sich der Ochoa-Clan niedergelassen.

Ein kluger Schachzug der Ochoas! Denn wenngleich sie sich offiziell aus dem Kokainhandel zurückgezogen haben, pflegten sie, frei, reich und ohne das DEA im Nacken, weiterhin Kontakte zu all jenen Personen, die als ihre Nachfolger und Stellvertreter das Kokain-Imperium verwalten. Einer der Europa-»Repräsentanten« heißt Monzer Al Kassar.

Doch beinahe wäre die DEA-Operation Ochoa / Lehder gescheitert. Lehder, im Staatsgefängnis von Jacksonville inhaftiert, gab sich noch nicht geschlagen. Seine Macht, die Macht des Geldes, reichte bis nach Europa, genauer: bis in die Schweiz.

Am 29. Januar 1988 trafen sich drei Männer im Mövenpick-Hotel in Zürich, direkt neben dem Flughafen: Ein Venezolaner mit Vornamen Fernando und zwei Kolumbianer, von denen sich einer »Carlo« nannte. Die drei hatten Übles im Sinn, wie aus einem Fernschreiben des BKA in Wiesbaden an die Schweiz, Washington und Wien, datiert vom 24. Februar 1988, hervorgeht. Das als »Urgent – Dringend« eingestufte Fernschreiben bezieht sich auf das Aktenzeichen RG (Rauschgift) 25-240 - Tgb.-Nr. 83/87. In dem Fernschreiben heißt es: »Vertraulich wurde bekannt, daß eine südamerikanische Gruppe, wahrscheinlich Venezolaner und Kolumbianer, die Rekrutierung gut trainierter und qualifizierter Europäer (insbesondere aus der Bundesrepublik Deutschland) für die Entführung einer prominenten amerikanischen Persönlichkeit plant. Eine der gesuchten Personen sollte in der Lage sein, einen Hubschrauber zu fliegen und eine gültige Lizenz dafür besitzen.

Sinn der Entführung soll es sein, den internationalen Kokainhändler Carlos Lehder freizupressen, der in den USA inhaftiert ist.« Und das BKA-Telex fährt fort:

»Am 29. Januar 1988 trafen sich drei Männer, die kurz zuvor in die Schweiz eingereist waren, im Mövenpick-Hotel in Zürich. Die Männer waren auf der Suche nach einem Hubschrauberpiloten, der aber auf keinen Fall ein Amerikaner sein dürfte. Der Pilot soll nach Medellin reisen, um dort seine Qualifikation nachzuweisen. Geld spiele überhaupt keine Rolle. Die drei Männer sind mittlerweile nach Kolumbien zurückgekehrt ...«

Der Hintergrund dieses Treffens in Zürich war unmißverständlich: Irgend jemand aus der Organisation des Carlos Enrique Lehder traf Vorbereitung für die Entführung einer hochgestellten amerikanischen Persönlichkeit. Während zwei der Männer am 12. Februar über Madrid (!) nach Kolumbien zurückkehrten, reiste der Dritte von Zürich nach Wien (!), um dann ebenfalls nach Südamerika zu fliegen. Der weitere Wortlaut des Telex macht deutlich, daß diese Vorbereitungshandlungen für die Entführung eines Amerikaners von Anfang an unter einem schlechten Vorzeichen standen. Denn längst hatten sich Agenten der amerikanischen Drogenbekämpfungsbehörde DEA der Angelegenheit angenommen und eigene Recherchen und Aktivitäten entwickelt. In welcher Weise weiter vorgegangen wurde, lassen die letzten Zeilen des Fernschreibens vermuten:

»Es besteht von hier immer die Möglichkeit, Kontakt zu der Gruppe aufzunehmen und einen geeigneten Helikopterpiloten für sie zu finden ...«

Es wäre wohl ein Helikopterpilot des Bundeskriminalamtes in Wiesbaden gewesen, der im Falle der Entführung den

Hubschrauber der Entführer geflogen hätte. Aber dazu kam es nicht. Die DEA löste das Problem auf eigene Art und Weise, ohne die deutschen Drogenfahnder darüber zu informieren – so ähnlich wie auch im Falle von Jorge Luis Ochoa und dessen Verbindung zu Monzer Al Kassar. Das nämlich zeichnet die DEA-Agenten aus: Sie arbeiten im verborgenen, sind quasi ein Nachrichtendienst im Kampf gegen den internationalen Rauschgifthandel.

Drei Tage vor dem Treffen der drei Männer in Zürich, am 26. Januar 1988, erteilten die österreichischen Behörden Monzer Al Kassar erneut Einreise- und Aufenthaltsverbot. Monzer störte das nicht sonderlich. Seine Reisen in den darauffolgenden Tagen und Wochen zeigen, daß er das mit dem österreichischen Landesverweis nicht ernst nahm – und wohl auch nicht ernst nehmen mußte: So speiste er am 8. Februar, als er eigentlich gar nicht in Österreich hätte sein dürfen, genüßlich im Restaurant »Karawanserei« in der Mahlerstraße 9 in Wien. Zeugen können dies bestätigen. Wenig später, am 13. Februar, flog er von Damaskus nach Wien, weiter nach München, von dort nach Paris (trotz des französischen nationalen Haftbefehls!) und wieder zurück nach Wien, wo er zwei Tage blieb. Ebensowenig kümmerte ihn am 18. Februar das Verbot. An diesem Tag kam er erneut nach Damaskus, machte in Warschau stopp und flog dann weiter nach Wien, München und Paris. Nein, er flog nicht unter seinem echten Namen Monzer Al Kassar! Die Reisen nach Wien am 8. und 13. Februar hatte er unter seinem Falschnamen Maher Kailani, den Wien-Trip am 18. Februar auf den Namen Abdul Rahman gebucht. Die entsprechenden Reisepässe besaß er auch.

Ebenfalls am 26. Januar 1988 hatte man in Kolumbien die Leiche des kolumbianischen Generalstaatsanwaltes Carlos Mauro Hoyos gefunden.

Hoyos war ein entschiedener Bekämpfer der Rauschgiftbosse und Befürworter ihrer Auslieferung an die USA. Zehn

Männer hatten seinen Wagen auf der Fahrt zum Flughafen angehalten, seine beiden Leibwächter erschossen und den 49jährigen Staatsanwalt kurze Zeit später in der Nähe von Medellin mit 14 Schüssen »hingerichtet«.

Seltsamerweise ist es ausgerechnet der bis dahin überhaupt nicht in Erscheinung getretene britische Nachrichtendienst, der den »befreundeten Diensten« mitteilt, der Syrer Monzer Al Kassar sei maßgeblich in diesen Mord an dem kolumbianischen Staatsanwalt verwickelt. Das Prinzip des »Quellenschutzes« verhindert es wohl wieder einmal, daß Monzer Al Kassar dessen nie angeklagt werden wird.

Das Geiselgeschäft mit Paris

Monzer Al Kassars Aufenthalt in Österreich »gefährdet die öffentliche Ordnung, Sicherheit und Ruhe«, erkannte die Bundespolizeidirektion in Wien am 26. Januar 1988, denn »Al Kassar steht im Verdacht, sich schwerwiegender Zuwiderhandlungen gegen Vorschriften, die der Verhinderung beziehungsweise Eindämmung von Drogenmißbrauch dienen«, schuldig gemacht zu haben. Gewußt hatte man das beim österreichischen Inlanddienst zwar schon vor Jahren, aber getan hatte man nichts, um den unliebsamen, kriminellen Syrer endgültig loszuwerden. Daß er nun trotz des Einreiseverbots weiterhin regelmäßig die Alpenrepublik besuchte, entzog sich dem Einfluß der österreichischen Behörden. Zumindest tat man in Wien so. Mindestens zwei Einreisen nach Österreich sind zweifelsfrei, die vom 13. Februar, von Damaskus nach Wien, München, Paris und wieder Wien, mit dem Aliasnamen Maher Kailani, und die vom 18. Februar, mit der Route Damaskus, Warschau, Wien, München, Paris. Bei dieser Reise bediente er sich des Aliasnamens E. Queni.

Außerdem benutzte der Syrer in diesem Zeitraum die Falschnamen Abdul Rahman und Ahmed Tawil.

Er kam nach Österreich und machte von dort Abstecher in andere europäische Staaten, mal unter verschiedenen Aliasnamen, mal unter seinem wirklichen Namen. Besonders auffällig war bei seinen Reiseaktivitäten, daß er ständig nach Paris flog – obwohl er dort per Haftbefehl gesucht wurde, und auch offiziell – gemäß Urteil vom 4. Juni 1986 – fünf Jahre

Aufenthaltsverbot in Frankreich hatte. Entsprechend den von ihm gebuchten und beim BKA bekannten Flügen hielt sich Monzer Al Kassar an folgenden Tagen unter verschiedenen Namen in der französischen Metropole auf: am 23. Januar mit seinem wirklichen Namen Monzer Al Kassar, am 13. Februar unter dem Aliasnamen Maher Kailani und am 18. Februar unter dem Aliasnamen Abdul Rahman.

In Frankreich wie auch in Wien ging ganz offensichtlich nicht alles mit rechten Dingen zu. Monzer Al Kassar konnte sich mehr herausnehmen und hatte weniger zu fürchten als andere Verurteilte. Und das kam so:

Im Juni 1987 erhielt Monzer Al Kassar Besuch aus Paris. Ein 55jähriger Franzose, groß, stark, mit dem markigen Gesicht eines Cinemascope-Fremdenlegionärs, klopfte als Emissär der französishen Regierung an des Syrers Haustür in Marbella an. Nicolas Ignaziew, Reserve-Major der französischen Armee, blieb etwa drei Stunden im »Palacio Mifadil«, trank mit Monzer Tee, zeigte sich sehr interessiert an den beiden riesigen Satellitenanlagen auf dem Dach des Palastes und wurde anschließend von Monzers Chauffeur zum Flughafen nach Malaga gefahren. Er flog mit der AIR FRANCE-Maschine F 567 um 20.00 Uhr und landete um 22.15 in Paris.

Zwei Monate später, im September 1987, saß der französische Reserve-Major wieder bei Monzer Al Kassar. Gegen 13.00 Uhr stiegen die beiden Männer in Malaga in den Privat-Jet Monzer Al Kassars und flogen nach Damaskus, von dort am nächsten Tag weiter nach Beirut. Am Flughafen der libanesischen Hauptstadt wurden sie von einem Offizier des libanesischen Geheimdienstes begrüßt und ohne jegliche Paß- und Zollformalitäten zu einem wartenden Auto geleitet, einem amerikanischen Blazer Pick-up. Auf der Ladefläche des Wagens war ein Maschinengewehr installiert. In Begleitung zweier weiterer Fahrzeuge, in denen schwerbewaffnete Soldaten saßen, fuhren Monzer Al Kassar und der französische Emissär Nicolas Ignaziew in die Innenstadt von Beirut.

Irgendwo dort traf der Reserve-Major an diesem Abend mit Männern zusammen, die bereit waren, mit der französischen Regierung einen Tauschhandel abzuschließen: Geiseln gegen Wohlwollen – und Geld.

Zu diesem Zeitpunkt, im September 1987, befanden sich folgende Geiseln in den Händen diverser Entführer-Gruppen, die den Libanon als Stützpunkt gewählt hatten:

USA:
Terry Anderson, Journalist (entführt am 9.6.1985)
Thomas Sutherland, Dozent (entführt am 9.9.1986)
Frank Reed, Direktor der Internationalen Schule in Beirut (entführt am 12.9.1986)
Joseph Cicippio (entführt am 21.10.1986)
Edward Tracy, Schriftsteller (entführt am 24.1.1987)
Jesse Turner
Robert Polhill
Alan Steen
(alle Dozenten der Uni Beirut)
Frankreich:
Marcel Fontaine, Botschaftsangehör. (entführt am 22.3.1985)
Marcel Carton, Botschaftsangehör. (entführt am 22.3.1985)
Jean-P. Kauffmann, Journalist (entführt am 8.3.1986)
Jean.-L. Normandin, Ingenieur (entführt am 13.1.1987)
Roger Auque, Journalist (entführt am 7.2.1987)
England:
John McCarthy, Kameramann (entführt am 20.1.1987)
Terry Waite, Kirchenbeauftragter (entführt am 17.1.1987)
Bundesrepublik Deutschland:
Rudolf Cordes, »Hoechst«-Manager (entführt am 17.1.1987)
Indien:
Mithileswar Singh, Dozent (entführt am 24.1.1987)
Irland:
Brian Keenan, Dozent (entführt am 11.4.1986)

Italien:
Alberto Molinari, Geschäftsmann (entführt am 11.9.1985)
Südkorea:
Do Chae Sung, Botschaftsangehöriger (entführt am 31.1.1986).

Alles in allem 20 Geiseln! Eine von ihnen, der am 25.3.1985 entführte britische UNO-Mitarbeiter Alex Collet, war von seinen Entführern getötet worden. Einem anderen, dem amerikanischen Journalisten Charles Class, war die Flucht geglückt, eine Ausnahme. Denn für die im Libanon agierenden Entführer sind Geiseln im wahrsten Sinne des Wortes Gold wert – und entsprechend sorgfältig werden sie bewacht. Dem Selbstverständnis und Kalkül der Entführer entsprechend, hatten die Geiselgangster zu diesem Zeitpunkt also noch 20 Männer in ihrer Gewalt, die Lösegeld – und Zugeständnisse der jeweiligen Regierungen einbringen würden. Was auf politischem Weg nicht erreichbar ist – und das ist angesichts der extremen Ziele dieser Gruppen so gut wie nichts –, kann mit dem Druckmittel Geisel schließlich doch noch durchgesetzt werden. Dieses allen demokratischen Prinzipien höhnende Gewaltprinzip macht aus jedem nachgiebigen Staat eine Marionette. Einer von denen, die die Fäden bei diesem menschenverachtenden Marionettentanz in der Hand halten, ist Monzer Al Kassar.

Seine hervorragenden politischen Verbindungen in Syrien, im Libanon, aber auch im Iran sind es, die ihn bei den Regierungen Europas zu einem sehr begehrten und umworbenen Vermittler im Geiselgeschäft werden ließen. Seine Erfolge im Menschenhandel sind beeindruckend:
Im Juni hatte der französische Unterhändler Nicolas Ignaziew den Syrer, der nicht zuletzt seit der VOEST-NORICUM Transaktion mit Waffen für den Iran als Kontaktmann zum Khomeini-Regime bekannt war, erstmals in Sachen Geiselbefreiung in Marbella aufgesucht. Mit Erfolg: Zwei Wochen später verwies nämlich die französische Regierung die von

Frankreich aus operierende iranische Oppositionsbewegung der »Volks-Mudschaheddin« des Landes. Das war eine der Forderungen des Regimes in Teheran gewesen. Die Reise im September 1987, die den Franzosen als Emissär nach Damaskus und Beirut geführt hatte, hat Monzer Al Kassar nie bestritten, jedoch stets – in der spanischen Presse – beteuert, er selbst habe mit dem Geiselgeschäft nichts zu tun. Vielmehr sei der Reserve-Major der französischen Armee in Beirut »für zwei Stunden verschwunden«, von daher könne er auch nicht sagen, mit wem Nicolas Ignaziew in dieser Zeit zusammengetroffen sei.

Monzer Al Kassars Mission als Mittler zwischen dem Iran und Frankreich war erneut erfolgreich: Am 17. November 1987, wenige Wochen nach dem Ausflug nach Damaskus und Beirut, unterzeichneten die französische und die iranische Regierung ein Abkommen, das den Mullahs viel Geld einbrachte, genauer gesagt: eine Milliarde Dollar. Dieses Geld hatte der Schah von Persien Frankreich im Rahmen eines Kredites gewährt. Nach dem Sturz des Schahs durch das Mullah-Regime hatte Frankreich dieses Geld »eingefroren«. Khomeini verlangte jedoch die Rückführung der umgerechnet 1,8 Milliarden Mark. Nach Monzer Al Kassars Vermittlung bei der Geiselaffäre unterzeichneten die beiden Regierungen am 17. November den Rückzahlungsvertrag. Denis Baudouin, Sprecher von Premierminister Jacques Chirac, hatte zwar noch im Oktober 1986 vor der französischen Presse beteuert, es gebe solche Verhandlungen mit dem Iran nicht. Aber offensichtlich war man schließlich doch zu der Überzeugung gelangt, daß der Zweck auch dieses Mittel heilige: Im bevorstehenden Wahlkampf würde es Chirac gut zu Gesicht stehen, wenn er Erfolge bei der Freilassung der Geiseln vorweisen könnte. Der Vertrag wurde unterschrieben. Unterzeichner war unter anderem der iranische Außenminister Ali Akhbar Velayati – der auch schon das Kanonengeschäft mit Österreich signiert hatte. Bei diesem Waffenhandel im Jahre

1984/85 war Monzer ebenfalls als Vermittler tätig gewesen.

Während aus dem französischen Außenministerium mitgeteilt wurde, die Beilegung des Finanzstreites werde als »wichtiger Schritt hin zur Normalisierung zwischen den beiden Ländern« gewertet, ließen die proiranischen Entführer der »Revolutionären Gerechtigkeitsorganisation« in Beirut verlauten, daß man als Zeichen des guten Willens bereit sei, den 1985 im Libanon entführten Protokollchef der französischen Botschaft in Beirut, den 62jährigen Marcel Carton, freizulassen. Weil eine schiitische »Hisballah« (Partei Gottes)-Organisation im Libanon versuchte, die iranisch-französischen Abmachungen zu torpedieren, zog sich die Geiselfreilassung jedoch noch mehrere Monate hin. Im März 1988 flog deswegen Jean-Charles Marchiani, alias Alexandre Stephanie, ein weiterer Emissär der französischen Regierung und enger Vertrauter von Innenminister Charles Pasqua, zunächst nach Beirut, Damaskus und dann nach Wien, wo er mit iranischen Politikern in der Geiselangelegenheit verhandelte. Wieder machte die französische Regierung Zugeständnisse. Diesmal wurde nicht Geld, sondern die Lieferung von Waffen nach Teheran als Gegenleistung für die Geiselfreilassung vereinbart. Das verstieß zwar gegen französisches Recht, das die Lieferung von Waffen in Krisengebiete verbietet, aber die französische Regierung vertraute die Abwicklung der Waffenlieferungen an den Iran einem Mann an, der in solch heiklen Geschäften mit gefälschten Endverbraucherzertifikaten und verschleierten Transportwegen auf eine reiche Erfahrung zurückblicken konnte: Monzer Al Kassar.

Monzers Partner in diesem Geschäft, der Engländer Alain Main, war kein unbeschriebenes Blatt. Main war es gewesen, bei dem Monzer telefonisch von Amsterdam aus unter anderem TNT-Sprengstoff bestellt hatte. Der Sprengstoff war für die im Jahr 1985 zusammen mit anderen Terroristen der PLF in Brüssel, Amsterdam, Paris, Madrid und Wien geplanten Anschläge auf israelische Agenten und jüdische Einrichtungen geordert worden. Und Main war es auch gewesen, an den von Österreich aus 165 Pistolen der Marke Sig-Sauer geliefert worden waren. Auf dem Transport von London über Hamburg und Wien nach Warschau waren unglücklicherweise einige der Waffen gestohlen worden. Eben jene »gestohlenen« Waffen waren dann unter anderem in Monzer Al Kassars konspirativer Wohnung in Amsterdam gefunden worden. Sie waren als Mordwaffen für die Anschläge vorgesehen.

Monzer und Alain Main hatten also Erfahrung mit brisanten Waffengeschäften. Der Deal zwischen der französischen Regierung und dem Iran war so gesehen in guten Händen. Im März 1988, zehn Tage nach der Reise des französischen Emissärs Jean-Charles Marchiani nach Damaskus und Beirut, begann die Aktion. Es war ein gigantisches Geschäft, wie aus dem Telefaxverkehr – der später von österreichischen Behörden in den Büros Monzers gefunden wurde – zwischen Monzers Wiener Büro MASCHIBA und Alain Main, Inhaber der Firma CREATIVE RESSOURCES ASSOCIATED in England, hervorging: Am 24. März verhandelten beide Waffenhändler über Monzers Telefaxanschlüsse 66 41 97 und 66 43 20 in Wien über Preise und Lieferzeiten von 200 Panzern, Stückpreis 1 160 Millionen Dollar »FOB« (Free On Border = Frei Grenze), Lieferung über Polen und Ägypten, Auftragsvolumen: 232 Millionen Dollar. Am 25. März wurde verhandelt über 100 000 Zünder für 133-mm-Artillerie-Sprenggranaten, ebenso viele Zünder für 152-mm-Sprenggranaten, 2 000 Schuß für 14,4-mm-Flugabwehrgeschütze (Blei), 20 000 Schuß 67x32 mm Kalaschnikow-»Tracer« (Leuchtspur) und 30 000 Schuß 67x32 mm (Normal); Lieferzeit laut Monzer Al Kassar »innerhalb vier Wochen«. Am 6. April ging es schließlich um die Lieferung von 5 000 Stück AK-74 Schnellfeuergewehren und 6 Millionen Schuß Munition 5,45 x 39 mm (für das AK-74), »Lieferung via Polen und Ägypten ...«. Wie schon bei früheren Geschäften wurden die Waffen über die polnische Firma CENZIN in Warschau, die schon mehrmals genannte Tarnfirma des polnischen Geheimdienstes, verschoben.

Bei solch gigantischen Waffengeschäften war es nicht verwunderlich, daß sich die iranischen Mullahs versöhnlich zeigten und den proiranischen Entführern im Libanon das Signal gaben, die französischen Geiseln könnten nun freigelassen werden. Die Geiselgangster zeigten sich sehr folgsam:
Am 4. Mai 1988 landete ein Flugzeug der französischen Armee aus Beirut kommend, auf dem Militärflughafen Villacoublay nahe Paris. An Bord befanden sich die seit fast drei Jahren in Geiselhaft gewesenen Franzosen Marcel Fontaine, Marcel Carton und Jean-Paul Kauffman. Die französische Öffentlichkeit jubelte, die Presse feierte Jacques Chirac als Diplomat mit Fingerspitzengefühl.

Der Premierminister interpretierte denn auch flugs die Haltung von Teheran »als ein Zeichen in Richtung Frankreich« und erklärte, die »Geiselfreilassung erlaube die Wiederaufnahme der diplomatischen Beziehungen zwischen Paris und Teheran«. Gleichzeitig bedankte er sich bei dem syrischen Staatspräsidenten Hafez Al Assad – und bei »einem Freund Irans und Frankreichs«. Ob er damit wohl Monzer Al Kassar gemeint hatte?

Vier Tage nach Ankunft der französischen Geiseln in Paris fanden am 8. Mai 1988 die Stichwahlen um das Amt des französischen Präsidenten – Jacques Chirac gegen Präsident François Mitterrand – statt! Die von Chirac clever terminierte Geiselfreilassung nutzte ihm allerdings wenig. Staatspräsident blieb Mitterrand. Es war ein teurer Versuch Chiracs gewesen, sich die Sympathien iranischer Mullahs und französischer Wähler zu erkaufen!

Für Monzer Al Kassar konnte der Ausgang des Geiselgeschäftes, aber auch seiner Waffentransaktionen allemal Anlaß zur Freude sein. Seine Vermittlerrolle hatte ihm nicht nur

Profit durch den Waffen-Deal, sondern auch gewisse Zugeständnisse der französischen Regierung eingebracht. Über den gegen ihn vorliegenden Haftbefehl sprach niemand mehr. Der Syrer konnte kommen und gehen, wann immer er wollte.

Mit Paris verbanden ihn nämlich nicht nur geschäftliche Interessen. So sehr er das Leben im südspanischen Marbella – von ihm als »godgiven country« bezeichnet – auch genoß, seine Liebe zu Paris war seit langem augenscheinlich. Denn wann immer er in die Seine-Metropole kam, nahm er sich viel Zeit für zwei dort lebende schöne Frauen:

Die eine war Giorgina Rizq und galt als die schönste Frau des Libanons. Die Tochter eines libanesischen Bankiers ist eine ehemalige »Miss Libanon«. Schwarzhaarig, mit wallender Mähne bis zu den Schultern und reizvollen Proportionen, hatte sie nicht nur vom Vater viel Geld, sondern auch reichlich mysteriöse Männerbekanntschaften. Auffallend ist allemal, daß die schöne Giorgina – mit Wohnsitz in Beirut, London und Paris – ein Faible für Männer mit dem gewissen Etwas hatte. Und dieses Etwas war die Nähe ihrer Liebhaber zum Terrorismus. Noch als gekrönte Schönheitskönigin vermählte sie sich – oder wurde vermählt – mit Ali Hassan Salama – Mitglied der Terrororganisation »Schwarzer September«, der später für das Massaker bei den Olympischen Spielen in München mitverantwortlich war. Das kostete ihn das Leben: Der israelische Geheimdienst MOSSAD liquidierte ihn. Yassir Arafat sprach daraufhin der Terroristen-Witwe eine Pension aus der Kasse der PLO zu. Deren Trauer währte jedoch nicht allzu lange. Auch bei der Wahl ihres nächsten Freundes orientierte sie sich an dessen Bereitschaft, für die »palästinensische Sache« zu kämpfen. Der Auserwählte war niemand anderes als Abul Abbas! Einige Nachrichtendienste behaupten sogar, daß die libanesische Schönheitskönigin mit dem Terroristenchef verheiratet gewesen sei.

Auch Monzer Al Kassar pflegte jedenfalls heiße Nächte mit der rassigen Bankierstochter Giorgina Rizq zu verbringen.

Gegenüber seiner hübschen jungen Frau Raghda kaschierte Monzer seine L'Amour-Stippvisiten in Paris als Geschäftsreisen. Gut zwei Jahre lang hielt die Liaison der beiden. Dann fand die schöne Giorgina ihren nächsten Liebhaber in Mohammed Ghadban, »Offizier« der PLF, ebenfalls Terrorist. Besonders innig war das Verhältnis zwischen Ghadban und Giorgina freilich nicht. Kaum, daß ihr Mohammed beim Zusammentreffen mit Odfried Hepp in Paris festgenommen worden war, verließ die Ex-»Miss Libanon« Paris und hielt sich vornehmlich in London auf.

An die Stelle Giorginas trat Mitte 1987 eine andere Schöne, die Monzer Al Kassars Parisaufenthalte kurzweilig gestaltete: Madame Raja Al Assad – die Tochter des syrischen Präsidenten-Bruders Rifaat Al Assad. Die große Dunkelhaarige mit der Vorliebe für Champagner-Cocktails bewohnt in der Avenue Foch No. 79–81 im XVI. Arrondissement eine zwei Millionen teure Wohnung. Ihre Telefonnummer (45002640) ist zwar nicht im Telefonbuch zu finden (weil als »Geheimnummer« registriert), findet sich jedoch in Monzers persönlichem Notizbuch, das als Kopie im Besitz eines europäischen Geheimdienstes ist. Rajas Vater Rifaat hat sein Geld ebenfalls in dieses Luxusdomizil investiert, das in einer der nobelsten und teuersten Wohngegenden von Paris steht. Das sechsstöckige Haus ist von einem hohen Zaun umgeben und von Sicherheitsbeamten bewacht.

Monzer besucht die rassige Raja Al Assad in unregelmäßigen Abständen. In den Sommermonaten liegen sie stundenlang auf der Dachterrasse des exklusiven Heims, turteln wie Ringeltäubchen, winken den Inhabern des in der Rue de la Faisanderie gelegenen China-Restaurant Chez Ting zu oder gehen im Bois de Boulogne um die Ecke herum spazieren.

In diesem Bois de Boulogne liegt das Restaurant Pré Catalan, eines der Lieblingsrestaurants von Monzer. Ausgerechnet in diesem weißgetünchten, wie eine spanische Burg wirkenden Schlemmerpalast hat die Belegschaft von INTER-

POL 1988 Weihnachten gefeiert – zum letzten Mal in Paris. Denn im Mai 1989 zieht die internationale Polizeiorganisation nach Lyon um.

Auf Monzers Faible für Paris und die junge Raja wird sich das eher positiv auswirken. Denn ihm ist sicher nicht entgangen, daß manch einer seiner Besuche bei Raja von französischen Observanten beobachtet wurde. Mit einem recht simplen Manöver gelang es ihm gleich mehrmals, die polizeilichen Voyeure abzuschütteln.

Grundsätzlich steigt Monzer Al Kassar im Hotel Royal Monceau, in der Avenue Hoche No. 35 ab. Nahe der schönen Raja und nur 250 Meter vom Arc de Triomphe entfernt, pflegt er stets in der Suite No. 304 zu nächtigen. Luxuriös ist das Hotel zwar nicht gerade, und auch die Einrichtung seiner 5 100 Franc-Suite ist eher Flohmarkt-verdächtig denn dem Preis entsprechend. Doch dafür hat sie im Kleiderschrank hinter der Eingangstür einen Safe. Und noch einen Vorteil hat das Hotel. Es verfügt über einen herrlichen Garten, von wo aus die Champs-Elysées gut zu erreichen sind. Der Trick nun, seine Observanten abzuhängen, beginnt stets im Garten des Hotels. Von dort schlendert Monzer dann zu den Champs-Elysées und weiter zum Restaurant Au Vieux Berlin. Nicht der Schwarzwälder Schinken oder die Schweinshaxe, auch nicht die »Mädels« im blau-weißen Dirndl interessieren ihn dort. Vielmehr benutzt er den Eingang neben dem Haus der »American Legion« – von den dort gerne weilenden US-Diplomaten sinnigerweise die »Pershing Hall« genannt –, um das Berliner Restaurant zu betreten, verschwindet dann aber durch den Hintereingang – und der liegt gegenüber dem Nobelhotel George V. Dreimal hat er so französische Observanten genarrt, bis die dahinterkamen, daß Monzer immer dann in diese Trickkiste griff, wenn er ein geschäftliches Meeting im George V. hatte.

Daß Monzer Al Kassar nicht in diesem berühmtesten Hotel von Paris wohnt, hat nur einen Grund. Das Royal Monceau liegt näher an der Wohnung seiner schönen Raja Al Assad.

Sonst aber ist der Syrer sehr oft in diesem (VIII.) Nobel-Arrondissement im Zentrum von Paris zu finden. Bei »Chafic Rent a car« in der Rue Pierre Charron 46, wo nur die feinsten und teuersten Karossen mit Chauffeur verliehen werden, mietet er sich seinen 500er Mercedes oder trifft sich zum Geschäfts-Plausch an der »Bar Louis« im George V. oder am Tresen in dem nahe gelegenen Hotel mit dem sinnigen Namen »Pavillon Russe«.

Sein Lieblingsrestaurant in Paris, nahe dem George V. gelegen, ist Ajami in der Rue Lincoln. Ob er dort nun aus geschäftlichen Gründen regelmäßig libanesisch speist – um den Kontakt zum Ajami-Clan zu pflegen, der den Drogenhandel im Bekaa-Tal so gut organisiert, oder weil das Essen so vorzüglich ist, sei dahingestellt. Für die französischen Fahnder und Observanten jedenfalls ist das Restaurant einer jener Orte, von dem aus sie ihr »Zielobjekt« immer »aufnehmen« können. Ist Monzer Al Kassar in Paris, trifft man ihn bei »Ajami«.

Für 400 Franc das Menü läßt sich's dort gut speisen – in heimischem libanesischem Ambiente. Nicht nur der Chef spricht arabisch, sondern auch die Angestellten. Und an den Wänden hängen Aquarelle des libanesischen Malers J. B. Khos mit Landschaftsmotiven, die jedem Libanesen das Herz höher schlagen lassen. Auf der Empore pflegt Monzer dann stundenlang mal mit seiner Raja, mal mit »Geschäftspartnern« zu dinieren – im festen Glauben, daß kein Polizist lauscht. Denn für unbekannte Gäste gibt's bei »Ajami« keinen Tisch.

Weil Monzer Al Kassar in diesem Glauben lebt und »Ajami« als den sichersten Ort für vertrauliche Gespräche betrachtet, hat er sich dort im März 1988 zu einer etwas hitzigen Unterredung mit Rifaat Al Assad hinreißen lassen. Wieder saß er auf der Empore über der Küche. Monzer aß »Tabulé à la

Libanaise«, Rifaat »Les huit finesses d'Orient« – und ihre heftige Debatte während des Essens wurde sehr wohl belauscht.

Es ging um Politik, genauer gesagt um, wie Rifaat Al Assad aufgebracht meinte, »die Einmischung der Amerikaner in innenpolitische Angelegenheiten Syriens – eine Frechheit ...«. Hintergrund der Unterhaltung war eine mehr oder minder dezente Äußerung des amerikanischen Botschafters in Damaskus, mit der der US-Diplomat gegenüber Präsident Hafez Al Assad sein Unverständnis für gewisse personelle Entscheidungen in Syrien zum Ausdruck gebracht hatte. Präsident Assad hatte nämlich Mohammed Al Khouli im Herbst 1987 zum stellvertretenden Chef der syrischen Luftwaffe ernannt. Die USA sahen das als Affront an. Denn eben dieser Mohammed Al Khouli war der Grund dafür gewesen, daß die USA 1986 ihren Botschafter aus Damaskus abgezogen hatten. Die CIA und der Bundesnachrichtendienst hatten Beweise dafür, daß dieser General hinter den Bombenanschlägen auf die Deutsch-Arabische Gesellschaft in Berlin (29. März 1986) und den versuchten Bombenanschlag auf eine EL AL-Maschine durch den Palästinenser Nezar Hindawi (17. April 1986) steckte. General Al Khouli war Chef des Geheimdienstes der syrischen Luftwaffe gewesen und als solcher verantwortlich für die Beziehungen zu »befreundeten Befreiungsorganisationen«. Erst nachdem der amerikanische Sonderbotschafter Vernon Walters mit Präsident Al Assad gesprochen und dieser zugesichert hatte, er werde den Luftwaffen-Geheimdienst auflösen und alle in Syrien »stationierten« Terrororganisationen des Landes verweisen, hatten die USA die diplomatischen Beziehungen zu Syrien wieder aufgenommen.

Daß die USA sich plötzlich verschaukelt sahen, beruhte auf der Tatsache, daß der terroristische General Mohammed Al Khouli befördert worden war, statt entlassen zu werden. Zudem hatte die CIA festgestellt, daß die Terrorgruppen des Abu Nidal, Dr. Georges Habasch und Ahmed Jibril (der wahrscheinlich für das JUMBO-Attentat von Lockerbie verantwortlich ist) zwar Syrien verlassen hatten, nun aber in dem von Syrien kontrollierten Bekaa-Tal saßen und von dort ihre Terroraktionen planten. Das war den USA zuviel der diplomatischen Hinterhältigkeiten.

Wie man nach Deutschland kommt

Als Suleiman Haddad Bundespräsident Richard von Weizsäcker am 22. Juli 1987 sein Beglaubigungsschreiben als neuer Botschafter Syriens in der Bundesrepublik Deutschland überreichte, fühlte er sich bemüßigt, dem deutschen Präsidenten mit warmen Worten zu versichern, sein Land lehne »jede Form von Terrorismus ab – solche Taten widersprechen unseren moralischen Prinzipien«. Damit seine verbale Distanzierung vom Terrorismus nur ja nicht angezweifelt würde, erklärte der neue Botschafter im gleichen Atemzug, Damaskus werde »auch weiterhin jede mögliche Anstrengung unternehmen, um die Freilassung von im Libanon gefangengehaltenen unschuldigen Geiseln zu unterstützen – ungeachtet ihrer Identität und Nationalität«. Damit meinte er insbesondere die im Juli 1987 noch als Geiseln im Libanon festgehaltenen Deutschen Rudolf Cordes und Alfred Schmidt.

Der syrische Diplomat Haddad hatte allen Grund, solche verbalen Ergüsse von sich zu geben. Denn immerhin hatte ihn die Bundesregierung mit einer großzügigen Geste in Bonn empfangen: 145 Millionen Mark Finanzhilfe, die gesperrt worden waren, weil nach dem Anschlag auf die Diskothek »La Belle« zunächst geheimdienstliche Informationen über eine Verstrickung Syriens in das Attentat vorgelegen hatte. Zudem war noch gerichtlich nachgewiesen worden, daß offizielle syrische Stellen in Damaskus in den Bombenanschlag auf die Deutsch-Arabische Gesellschaft, am 29. März 1986 in Berlin, verwickelt gewesen waren. Initiator dieses Terroranschlages war nämlich Mohammed Al Khouli, Chef des Geheimdienstes der syrischen Luftwaffe.

Anstatt wegen seiner terroristischen Aktivitäten entlassen zu werden, wurde Al Khouli für seine ehrenvollen Verdienste zum stellvertretenden Luftwaffenchef Syriens befördert – zwei Monate nach Botschafter Haddads Gespräch mit Richard von Weizsäcker. Aber Al Assad konnte wohl nicht anders – Al Khouli war es nämlich gewesen, der ihm geholfen hatte, in Syrien an die Macht zu gelangen. So etwas verpflichtet mehr als diplomatische Etikette.

Die Regierung des Präsidenten Hafez Al Assad bedient sich allerdings schon seit den 60er Jahren terroristischer Taktiken, um zur Führungsmacht im gesamten Nahen Osten zu werden. Präsident Al Assad träumt von einem »Großsyrischen Reich« – und meint damit insbesondere die Einverleibung des Libanons. Faktisch hat Syrien längst die libanesische Region um Tripoli und das Bekaa-Tal annektiert. Durch wechselnde Unterstützung verschiedener »Befreiungsbewegungen« ist der Libanon zudem destabilisiert, ein handlungsunfähiger Staat geworden. Assad steuert über seine fünf verschiedenen Geheimdienste die Unterstützung diverser Terrorgruppen (z.B. die palästinensischen Terrorgruppen PLF und PLFP, Abu Nidal, aber auch die »Armenische Geheimarmee« ASALA), spielt diese oftmals gegeneinander aus, hält sich selbst aber stets bedeckt und gibt sich als großer Friedensstifter und Vermittler – auch zwischen europäischen Staaten und Terrorgruppen/Entführern aus dem Nahen Osten. Das macht ihn auch in Bonn immer wieder salonfähig.

Tatsächlich aber können sich in Syrien noch immer radikale schiitische und palästinensische Gruppen einer wohlwollenden Behandlung durch Hafez Al Assad erfreuen. Sein Einfluß auf diese Terroristen, mit denen er offiziell nichts zu tun hat, ist erstaunlich groß. Das wird immer dann deutlich, wenn Assad den Vermittler spielt – wofür er als Gegenleistung entsprechende wirtschaftliche Zugeständnisse einheimst. Das Ende der blutigen Attentatsserie in Paris im Sommer 1986, an der die palästinensische Terrororganisation PLFP-»Special Command« – zu der auch Ghassan Al Kassar gehört – beteiligt war, lief zeitgleich mit der Zusage von Waffenlieferungen Frankreichs an Syrien. Die Freilassung der deutschen Geiseln Schmidt, Cordes und Schray brachte den Syrern den Dank der deutschen Regierung ein. Bundesaußenminister Genscher bat seinen syrischen Amtskollegen Faruk Scharaa gar, den Dank der deutschen Regierung »insbesondere an Hafez Al Assad« weiterzuleiten. Als Zugabe wurden die 145 Millionen Mark freigemacht und die diplomatischen Beziehungen wieder aufgenommen.

Der in Bonn ansässige und nur einem ausgewählten Personenkreis zugängliche deutsche »Informationsdienst Terrorismus«, dessen hervorragende Verbindungen zu westlichen Geheimdiensten und Regierungsstellen bei monatlicher Erscheinungsweise manch eine brisante Hintergrundinformation indirekt an die Öffentlichkeit brachte, berichtete in seiner Oktoberausgabe des Jahres 1988 aber ausführlich, daß es die syrische Regierung beispielsweise bei der Freilassung der im Libanon verschleppten deutschen Geisel Rudolf Cordes hervorragend verstanden hat, sich als der große Vermittler darzustellen. Mit der eigentlichen Freilassung von Cordes hatte Damaskus nach Angaben des Informationsdienstes lediglich wenig zu tun. Freigelassen wurde die deutsche Geisel nämlich in der libanesischen Hauptstadt Beirut, und zwar am Sklavenbrunnen (Beir al Abed). Von dort war er zum libanesischen Innenminister Rassi gelangt. Der hatte die Syrer informiert. Und prompt kamen drei syrische Offiziere und verschleppten Cordes faktisch nach Damaskus – während der deutsche Botschafter im Libanon, Wolfgang Göttelmann, im Hotel Beau Rivage in Beirut saß und auf Cordes wartete. In der Presse stand hernach stets zu lesen, Syrien habe maßgeblich zur Befreiung des Deutschen beigetragen.

Assad beherrscht das Dreiecks-Spiel perfekt: Seine Geheimdienste unterstützen Terrororganisationen bei ihren Attentaten und Entführungen. Damit sichert sich Assad das Lob der Terroristen. Anschließend vermittelt er die Lösegeldübergabe – und erntet dafür dann das Lob und wirtschaftliche/finanzielle Zugeständnisse europäischer Regierungen. Bei einem Schnitt von 2 Millionen Dollar pro Geisel konnten sich die Entführer im September 1987 ziemlich sicher sein, daß sie für ihre Geiseln insgesamt rund 40 Millionen Mark einsacken würden. Was ihnen tatsächlich auch gelang. Assad bekam von der Bundesregierung als Belohnung die 145 Millionen Mark – und die Genehmigung, die syrische Botschaft in Bonn wieder zu öffnen. Botschafter ist nun Suleiman Haddad.

Der aber hat ganz offensichtlich seine Hausaufgaben als Diplomat nicht gemacht oder schlichtweg vergessen, sich mit den Bestimmungen des »Wiener Übereinkommens über diplomatische Beziehungen« vom 18. April 1961 zu beschäftigen. Dort steht unter Artikel 3 (Aufgaben der diplomatischen Mission):

(1) Aufgabe einer diplomatischen Mission ist es unter anderem,
  b) die Interessen des Entsenderstaates im Empfangsstaat *innerhalb der völkerrechtlich zulässigen Grenzen* zu schützen.

Und in Artikel 41 dieses Übereinkommens (Beachtung der Gesetze des Empfangsstaates) steht:

(1) Alle Personen, die Vorrechte und Immunitäten genießen, sind unbeschadet derselben verpflichtet, die Gesetze und andere Rechtsvorschriften ... zu beachten.
(3) Die Räumlichkeiten der Mission dürfen nicht in einer Weise benutzt werden, *die unvereinbar ist mit den Aufgaben der Mission.*

Der Bundesnachrichtendienst und andere Geheimdienste der Welt verbinden den Namen des jetzigen syrischen Botschafters in der Bundesrepublik aber schon seit geraumer Zeit mit seltsamen Geschehnissen im internationalen terroristischen Umfeld. Der 50jährige Karrierediplomat Suleiman Haddad war nämlich vor seiner Beförderung zum Botschafter in Bonn Leiter der Westeuropa-Abteilung im Außenministerium in Damaskus gewesen. Und dahin führen allerlei Terrorspuren – besonders jene des Monzer Al Kassar und seiner Brüder:

– Am 21. März 1984 teilt die amerikanische Botschaft in Damaskus mit, »daß mehrere Familienangehörige der Al Kassars Visa für England beantragt hätten. Dabei legten sie teils unter Falschnamen Pässe des Südjemen, syrische Diplomatenpässe und syrische Reisedokumente für palästinensische Flüchtlinge vor.
  Sie waren zudem im Besitz von Empfehlungsschreiben des Auswärtigen Amtes in Damaskus, worin bestätigt wurde, daß die »Al Kassars Mitglieder des syrischen Diplomatischen Korps sind«.
– Bei seinen diversen illegalen Einreisen nach Österreich, im Februar 1988 war Monzer Al Kassar im (legalen) Besitz syrischer Pässe auf den Namen E. Queini und Maher Kailani.
– Bei seiner Festnahme in Bad Reichenhall, am 21. Mai 1988, war Monzer Al Kassar im Besitz eines (echten) syrischen »Passeport Speciale« (Diplomatenpaß) auf den Falschnamen Maher Kailani.

All diese syrischen Dokumente waren echt, obwohl die Kassars teilweise falsche Namen benutzten. Faktisch bestätigte die zuständige syrische Stelle also die »Echtheit« der falschen Namen! Als Leiter der Westeuropa-Abteilung des Außenministeriums in Damaskus war Suleiman Haddad zuständigkeitshalber verantwortlich für die Ausstellung all dieser echten/falschen Dokumente der Al Kassars!

Vor diesem Hintergrund drängen sich hinsichtlich der Geschehnisse zu Pfingsten 1988, als Monzer Al Kassar von seinem syrischen Freund A. Haddad in Oberhaching bei München kommend an der Grenzstation in Bad Reichenhall eines falschen brasilianischen Passes wegen zunächst festgenommen, dann nach diplomatischem Tauziehen aber wieder freigelassen worden war, einige Fragen auf. Diese Stippvisite in die Bundesrepublik hätte ihn beinahe acht Jahre seines Lebens gekostet: acht Jahre, die er normalerweise in Frankreich im Gefängnis hätte absitzen müssen. Daß es anders kam, wieder einmal, hat er seinen politischen Freunden in Frankreich, Syrien und ganz offensichtlich auch in der Bundesrepublik Deutschland zu verdanken, die die politischen »Dienste« des Syrers für wichtiger hielten als seine Strafverfolgung.

Immerhin erhielt Monzer Al Kassar nach seiner Entlassung aus der Abschiebehaft Aufenthaltsverbot für die Bundesrepublik Deutschland. Aber das störte ihn nicht.

Am 19. August 1988 teilte die deutsche Botschaft Damaskus dem Auswärtigen Amt in Bonn fernschriftlich mit, der syrische Staatsangehörige Monzer Al Kassar habe einen Antrag auf ein Visum für die BRD gestellt. Weil Monzer »auf der Liste« stand, also Persona non grata – unerwünscht in der BRD – sei, habe man ihm das Visum verweigert.

Kurz danach muß eine hohe syrische Persönlichkeit zuerst in der deutschen Botschaft in Damaskus und anschließend in einem der zuständigen Ministerien in Bonn protestiert und ihr Unverständnis darüber zum Ausdruck gebracht haben, wieso man Monzer Al Kassar ein Visum verweigere. Weil man sich auf Botschaftsebene in Damaskus kaum in der Lage sah, solch offensichtlich hochkarätige Fürsprachen einfach mit dem Hinweis auf das Einreiseverbot zu überhören, telexte Damaskus nach Bonn ins Auswärtige Amt. Dort delegierte man das Problem zuständigkeitshalber ans Bundesinnenministerium. Dieses fragte schließlich beim Bundeskriminalamt als ausschreibender Dienststelle an, was man denn nun mit diesem Monzer Al Kassar machen solle. Die Antwort der BKA-Amtsleitung war unmißverständlich. Man listete wohl mal kurz die im BKA vorliegenden Erkenntnisse über Monzer

Al Kassar auf und schrieb abschließend: »... kann ein Sichtvermerk nicht befürwortet werden ...«. Das war ein Wort!

Es nutzte aber überhaupt nichts. Am 13. September 1988, vier Monate nach dem Zwischenfall in Bad Reichenhall, landete Monzer Al Kassar von Damaskus kommend wieder einmal auf dem Flughafen München – entgegen des eindeutigen Bescheides des BKA. Drei Tage später flog er nach Genf, holte Geld von seinem Nummernkonto und flog am 19. September wieder von Genf nach München, wo er sich bei dem Syrer Artine Haddad in Oberhaching aufhielt. In den Tagen darauf feierte er mit Freunden zünftig-bayerisch auf dem Oktoberfest. Grund zum Feiern hatte er, hatte es sich doch wieder einmal gezeigt, daß seine »Dienste« und Beziehungen zu Politikern im Nahen Osten und offensichtlich auch in der BRD schwerer wogen als seine Verbrechen.

Wann wird endlich Schluß damit sein, daß internationale Verbrecher vom Schlage eines Monzer Al Kassar geschont werden aus politischen Gründen?

Bildanhang

Monzer Al Kassar

Wien, Zelinkagasse 2: Sitz der Al Kassar-Firma ALKASTRONIC

Die Wiener Wohnung der Al Kassars in der Kaasgrabenstraße

Firmenschild der ALKASTRONIC *in der Zelinkagasse 2*

Monzer Al Kassars Traumpalast »Palacio Mifadil« in Marbella

Das Ehepaar Raghda und Monzer Al Kassar

Der Hafen von Marbella

Monzer Al Kassar, rastlos tätig. Wie lange noch?

Serie Piper aktuell

Franz Alt
Frieden ist möglich
Die Politik der Bergpredigt. 119 Seiten. Serie Piper 284

Klaus von Bismarck / Günter Gaus /
Alexander Kluge / Ferdinand Sieger
Industrialisierung des Bewußtseins
Eine kritische Auseinandersetzung mit den »neuen« Medien
227 Seiten. Serie Piper 473

Ulf Fink (Hrsg.)
Der neue Generationenvertrag
Die Zukunft der sozialen Dienste
183 Seiten. Serie Piper 919

Die gespeicherte Sonne
Wasserstoff als Lösung des Energie- und Umweltproblems. Hrsg. von Hermann Scheer. Mit Beiträgen von Wilfrid Bach, Reinhard Dahlberg, Joachim Gretz, Henry Kalb, Konstantin Ledjeff, Harry Muuß, Joachim Nitsch, Rolf Povel, Hermann Scheer, Helmut Tributsch, Werner Vogel und und Hartmut Wendt.
301 Seiten mit 52 Abbildungen. Serie Piper 828

Hildegard Hamm-Brücher
Der Politiker und sein Gewissen
Eine Streitschrift für mehr parlamentarische Demokratie
174 Seiten. Serie Piper 437

»Historikerstreit«
Die Dokumentation der Kontroverse um die Einzigartigkeit der nationalsozialistischen Judenvernichtung
Texte von Rudolf Augstein, Karl Dietrich Bracher, Martin Broszat, Micha Brumlik, Walter Euchner, Joachim Fest, Helmut Fleischer, Imanuel Geiss, Jürgen Habermas, Hanno Helbling, Klaus Hildebrand, Andreas Hillgruber, Eberhard Jäckel, Jürgen Kocka, Robert Leicht, Richard Löwenthal, Christian Meier, Horst Möller, Hans Mommsen, Wolfgang J. Mommsen, Thomas Nipperdey, Ernst Nolte, Joachim Perels, Hagen Schulze, Kurt Sontheimer, Michael Stürmer, Heinrich August Winkler.
397 Seiten. Serie Piper 816

Serie Piper aktuell

Christian Schmidt-Häuer
Michail Gorbatschow
Moskau im Aufbruch
Mit einem Essay »Vom Soll und Haben des neuen Mannes: Etappen und Chancen einer Wirtschaftsreform« von Maria Huber.
367 Seiten. Serie Piper 467

Christian Schmidt-Häuer / Maria Huber
Rußlands zweite Revolution
Chancen und Risiken der Reformpolitik Gorbatschows
208 Seiten. Serie Piper 832

Wolfgang Seiffert
Das ganze Deutschland
Perspektiven der Wiedervereinigung. 377 Seiten. Serie Piper 683

Michael Stürmer
Deutsche Fragen oder Die Suche nach der Staatsräson
Historisch-politische Kolumnen. 211 Seiten. Serie Piper 957

Anders Wijkman / Lloyd Timberlake
Die Rache der Schöpfung
Naturkatastrophen: Verhängnis oder Menschenwerk?
Aus dem Englischen von Christiane Spelsberg und Roger Willemsen.
234 Seiten mit 39 Abbildungen. Serie Piper 551

Michael Wolffsohn
Ewige Schuld?
40 Jahre deutsch-jüdisch-israelische Beziehungen
187 Seiten. Serie Piper 985

Piper 54/7c
PIPER